Rigoberto M. Gálvez A.

PARA ENTENDER
LA TEOLOGÍA

Una introducción
a la teología cristiana

Prólogo de Raúl Zaldívar

Editorial CLIE

www.clie.es

EDITORIAL CLIE
C/ Ferrocarril, 8
08232 VILADECAVALLS
(Barcelona) ESPAÑA
E-mail: libros@clie.es
http://www.clie.es

Para entender la teología · Una introducción a la teología cristina.
ISBN: 978-84-8267-696-8
Depósito Legal: B.12099-2015
Teología cristiana
General
Referencia: 224935

Datos biográficos

El **Doctor Rigoberto M. Gálvez A.** es pastor y teólogo. Licenciado en Teología por la Universidad Mariano Gálvez de Guatemala, posee una maestría en Dirección de Medios de Comunicación (MSc), un doctorado académico en Teología (Ph.D.), ambos de la Universidad Panamericana de Guatemala y un doctorado honoris causa en Divinidad otorgado por Sweetwater Bible College, Arizona. También ha realizado estudios de filosofía. Ha sido catedrático de Teología Sistemática, ha formado parte de ternas examinadoras en el área de Humanidades en las distintas universidades de Guatemala. Comunicador y conferencista, actualmente es rector del Seminario Bíblico Teológico de Guatemala (SETEGUA). Forma parte del consejo doctoral de CONSELA (Consorcio de Seminarios de Latinoamérica). Es parte del consejo consultivo del Canal 27 de Televisión UHF de Guatemala y por muchos años, productor del programa televisivo *Reflexión teológica*. Es autor de varios libros, entre ellos *Teología de la Comunicación. Un acercamiento bíblico a los medios masivos de comunicación*, publicado por la editorial CLIE de Barcelona, España. Sirve en el ministerio pastoral a tiempo completo desde 1987 hasta la fecha. Está casado y tiene dos hijas.

Dedicatoria

A JESUCRISTO, gracias, mi hermoso y dulce Señor;
por haber tenido misericordia de mí, pecador.

A MI LINDA ESPOSA INGRID: fiel, noble, sincera, trabajadora, ayuda idónea.

A NUESTROS ESTUDIANTES que hoy son profesores en la noble y excelsa tarea de enseñar la teología cristiana evangélica en el Seminario Teológico de Guatemala (SETEGUA) y fuera de éste.

Agradecimientos

Agradezco a las siguientes personas por ayudarme con revisiones, sugerencias y apoyo moral para que este libro fuera una realidad: Samuel Berberián, Mario Portillo y Luis Dimas Jolón. También aquellos hermanos que tuvieron a bien escuchar acerca del contenido del libro y el propósito de publicarlo, obteniendo opiniones favorables: Luis Fernando Solares B., Samuel Pagán, Fernando Mazariegos, Danny Carroll y colegas del Seminario Teológico de Guatemala (SETEGUA).

Índice general

Prólogo

En mi época de estudiante era obligatorio leer el libro *Introducción a la Teología Sistemática* de Louis Berkhof, previo al estudio de la Teología. Ahora, con el libro del Prof. Gálvez esto ya no es necesario, tenemos una introducción al estudio de la Teología hecha por un teólogo guatemalteco que escribe al mismo nivel de aquellos que nosotros pensamos eran el *non plus ultra*.

Este libro introduce al estudiante de Teología al fascinante mundo del estudio de Dios. Le da una panorámica de toda una serie de aspectos propedéuticos que pone al candidato en la dimensión correcta. Los principios rectores de los que Gálvez se vale son tres: La Biblia, la Teología Reformada y finalmente, el trabajo de teólogos emblemáticos en las distintas épocas, incluyendo latinoamericanos.

He conocido al autor y su obra por muchos años. He visto su desarrollo en esta noble carrera y puedo afirmar que este libro devela la madurez de un hombre que ha hecho un recorrido de muchos años por estas lides, con lo que en ningún momento demerito su trabajo anterior, sino anunciar que lo que viene después, sin duda, serán obras que marcarán rutas en la reflexión teológica de este continente.

Rigoberto Gálvez tiene todas las credenciales académicas para escribir un trabajo de esta naturaleza. Pero tiene algo más que muy pocos teólogos tienen, él no es un teólogo de balcón, es un pastor comprometido con este ministerio, pero tampoco es un pastor de un ministerio que solo sus feligreses lo conocen, él es uno de los pastores de uno de los ministerios de mayor influencia en Guatemala. Con esto quiero decir que él representa el ideal de lo que debe ser un teólogo y de lo que debe ser un pastor, me explico, un teólogo debe ser un hombre que reflexiona dentro del contexto de la práctica ministerial y un pastor debe ser un hombre que ejerce su ministerio dentro del contexto de la ciencia de la teología. Cuando la anterior ecuación no se da, lo que tenemos es al teólogo frío que no conecta con la Iglesia y por el otro lado, tenemos a un pastor sin contenido y seriedad en su mensaje.

Entrando en materia, el Prof. Gálvez divide su trabajo en siete capítulos siguiendo un orden lógico que va de lo general a lo particular.

En el capítulo I aborda lo relacionado a la naturaleza de la teología, donde nos dice qué es la teología, dejando claramente establecido que las fuentes primigenias de la reflexión teológica son la revelación en especial la Biblia y la revelación encarnada, Jesucristo. De esta manera, el Prof. Gálvez se aparta, de una forma acertada, de cualquier doctrina que no pueda ser probada por las Escrituras. Cuando asevera que el objeto de la Teología es Dios mismo se divorcia *de jure* de todas aquellas teologías antropológicas o sociológicas que pone al hombre y su realidad socioeconómica como el centro de la reflexión teológica. Luego entra a cuestiones meramente académicas de la teología como es su estructura y su metodología, para terminar diciéndonos, qué es lo que caracteriza a la teología evangélica y cuáles son las doctrinas cardinales del cristianismo.

En el capítulo II nos habla de la cientificidad de la teología. Al decir teología sistemática, *ipso facto* ya estamos hablando de ciencia, es decir, de elaboración de conceptos lógicamente ordenados y relacionados puestos en un sistema y siguiendo un método. El Prof. Gálvez nos muestra que no hay una contradicción con el conocimiento que el mundo secular llama ciencia, que la teología se vale de las mismas herramientas y que lo único que cambia es el objeto de estudio. Ambas se valen de axiomas. Deja claro que las ciencias teológicas no tienen la obligación de probar sus aseveraciones, siendo su fuente la Biblia, la cual simplemente afirma las cosas. Esto no menoscaba en ningún momento la cientificidad de la Teología, puesto que también la ciencia secular no puede comprobar muchas de sus afirmaciones.

El capítulo III es un verdadero aporte a la teología. El Prof. Gálvez trata un tema que yo nunca he visto en un tratado de teología y quien escribe es profesor de Teología Sistemática y escritor de una Teología Sistemática. Gálvez nos habla del teólogo, es decir, del hombre, de aquel que observa, estudia, interpreta y comunica a la gente sus estudios. Es completamente cierto cuando asevera que «la vivencia teológica está ligada a la vocación del teólogo», luego conecta al hombre que hace teología con su relación con Dios asegurando que... «sí un teólogo tiene una conducta pública plástica... y al mismo tiempo una vida privada pecaminosa, incidirá negativamente en su teología...» En palabras sencillas nos está diciendo que lo espiritual condiciona lo intelectual y todo lo relacionado con el hombre que estudia la obra de Dios. El profesor Gálvez reivindica el concepto de que no cualquier persona puede ser un teólogo. El deja claro que teólogos solo pueden ser aquellos que tienen grados académicos, que ejercen la docencia, que escriben libros o artículos y que son reconocidos por la sociedad como tales. Termina este capítulo hablándonos del compromiso y la misión que el hombre que hace teología tiene con la Iglesia, la sociedad, pero sobre todas la cosas con Dios.

En el capítulo IV desarrolla lo relacionado a la tarea y la utilidad de la Teología. Este capítulo podemos catalogarlo, en alguna medida, como apologético, puesto que un gran sector de la iglesia ve a los teólogos como estorbo o algo espurio y para justificar su ignorancia arremete contra ellos aseverando que no tienen la *unción* y que hacen cosas que la Iglesia no necesita. Además de lo anterior, vivimos en la época del delirio numérico, de tele pastores, de las mega iglesias, pero sobre todo de un sincretismo religioso nefasto, donde cualquier *parroquiano* que se llama pastor sale con un doctrina que no tiene ningún fundamento en la Biblia pero como tiene una radio de acción importante envuelve a una serie de indoctos en su necedad. Rigoberto Gálvez nos está diciendo aquí que el teólogo es un investigador que descubre, que clarifica y que comunica la verdad. La Biblia enfáticamente señala que Dios ha constituido Maestros en la Iglesia. Y un teólogo es eso precisamente, un maestro por antonomasia, que está puesto para defender la fe, «no con piedras y palos ante la artillería heterodoxa del enemigo» como decía el Prof. ScottGarber, quien también agregaba que «si vamos a defender la fe, tenemos que dar la talla, porque si no, el oscurantismo privado es mejor que la necedad pública». Con este capítulo queda demostrado de una forma palmaria que el ejercicio ministerial de un teólogo es requisito *sine qua non* para la Iglesia.

En el capítulo V nos dice cuáles son las exigencias en la tarea de la Teología y asegura que es *recibir, creer, comprender y expresar el conocimiento de Dios en Cristo a la Iglesia y al mundo… por medio de la fe, la oración, la iluminación del Espíritu y el estudio…* Aquí ubica al hombre que hace teología en el contexto de la vida diaria, sus ejercicios espirituales, el desarrollo de sus actividades personales y su trabajo en el quehacer teológico.

Con el capítulo VI hace que la teología ponga los pies en la tierra. La teología está sujeta a una serie de debilidades, ataques, peligros e imperfecciones que Gálvez hace evidente. Comienza hablando de los ataques de aquellos que la denigran, luego de aquellos que la desprecian y cita una anécdota de Rubén Alves con la cual muestra como la gente nos mira cuando les decimos que somos teólogos de profesión, siguiendo con la línea de pensamiento de la vulnerabilidad de la Teología, afirma que la crisis en la que a veces se encuentra la teología es simplemente porque ésta hace a un lado a la Biblia. Luego nos habla de los peligros en los que puede caer un teólogo, entre otros: la arrogancia y el orgullo en los que prima sus puntos de vista frente a los otros, sin considerar que puede estar equivocado. Finalmente nos advierte de las desviaciones, errores y malas teologías.

El último capítulo es el VII, termina diciéndonos que la teología es singular y es singular *inter alia* porque ha pasado la prueba del tiempo. En este apartado trata el debate de sí la religión cristiana es exclusiva o inclusiva, es decir, ¿Puede una persona ser salva en otra religión? ¿Puede una persona fiel a su religión, pero que no acepta a Cristo ser salva? La respuesta es contundente. No hay salvación fuera de Jesucristo ni de la religión cristiana. De esta manera se decanta por el exclusivismo y es consecuente con lo que está aseverando: la singularidad de la teología evangélica.

No me queda más que decir a las facultades, los seminarios e institutos bíblicos de este continente que un trabajo de esta naturaleza es un verdadero aporte a la teología; por lo tanto debe ser una lectura obligatoria de todos aquellos aspirantes a ser teólogos y felicitar y agradecer a Rigoberto Gálvez por este magnífico trabajo diciéndole que la iglesia de habla castellana aún espera muchas más cosas de él.

Raúl Zaldívar
Chicago, julio 2014

Introducción

Nuestro propósito es lograr que nuestros lectores obtengan un pleno entendimiento de la teología, que saboreen los frutos dulces de una sana teología. Desafiar a todos los creyentes, a los ministros, a los profesionales de las distintas ciencias para que se interesen en el estudio de la teología. También nos proponemos animar, de manera precisa, a los estudiantes de teología, a los educadores teológicos y a los teólogos para que revisemos qué clase de teología es la que estamos aprendiendo y, a la vez, enseñando. Recordarles, con respeto, entre otras cuestiones, que es nuestra santa obligación «… contender ardientemente por la fe que de una vez para siempre fue entregada a los santos» (LBLA Judas, 1:3).

Para ese propósito, abordaremos los aspectos relacionados con la naturaleza de la teología. Nos aproximaremos a la cuestión de la cientificidad de la teología. Veremos las diversas perspectivas de la vivencia teológica, desde la cual se habla sobre la teología. Luego daremos a conocer la utilidad de la teología y su labor. Señalaremos los aspectos que tienen relación con la vulnerabilidad de la teología. Finalmente, abordaremos la singularidad de la teología cristiana y la teología de las religiones. Cada una de estas siete partes contiene siete subtemas cada una, intentando lograr un balance entre contenido, extensión y utilidad.

Nuestra perspectiva es desde la teología cristiana evangélica. Es decir, si es teología tiene que ser teocéntrica… pero no de cualquier *theos*, sino del que tiene la centralidad y la supremacía de la revelación como el Dios absoluto y personal cuyo nombre es «Yo soy el que soy». Si es cristiana es Cristo-céntrica y si es evangélica, se antepone el Evangelio a lo regional.

Decimos con sencillez, sin pretensiones y sin hieles, que nuestro interés es ir por el camino de la teología evangélica bíblica, no por atajos, apoyándonos sobre los presupuestos fundamentales de la Reforma Protestante, sin perder de vista nuestro contexto latinoamericano.

Decidimos lanzarnos a la arena teológica, tomando conciencia que la mejor forma de avanzar no es el *irenismo* teológico, que en nombre de la paz, no hace distinciones, sino concesiones en detrimento de la verdad. Y, lo que nos mueve es, precisamente, el amor por la verdad de Jesucristo, el amor al prójimo y el hacer la voluntad del Señor: «El que quiera hacer la voluntad de Dios, conocerá si la doctrina es de Dios, o si yo hablo por mi propia cuenta» (Juan 7:17).

Estamos conscientes de nuestras propias limitaciones. Todo lo que la teología pueda decir acerca de Dios es apenas un balbuceo ante la vasta sabiduría, el infinito conocimiento y la inagotable verdad divina: ¡Oh profundidad de las riquezas de la sabiduría y de la ciencia de Dios! ¡Cuán insondables son sus juicios, e inescrutables sus caminos! *Porque ¿quién entendió la mente del Señor? ¿O quién fue su consejero?*» (Romanos 11:33-34).

Aunque estamos cobijados por la gracia de Dios, nuestras limitaciones se muestran a semejanza de la desnudez de Adán y Eva después que pecaron. Se cubrieron a medias con hojas de higuera. No queremos caer en el engaño del rey desnudo que se presentó frente a las multitudes, creyendo que estaba vestido con un traje especial que solo los inteligentes podían verlo, cuando en realidad estaba desnudo a la vista de todos, tornándose en objeto de risas burlonas. Creemos que el Señor se nos ha revelado, nos ha buscado y nos ha vestido con su justicia, su gracia, su misericordia y su amor en Cristo. Por eso podemos ver aunque sea como *por espejo* o como *por el ojo de una cerradura*.

Estamos de acuerdo en que toda perspectiva teológica, todo sistema teológico, tienen algún punto ciego. Aunque pretendan ser imparciales, no lo son, se percaten de ello o no los teólogos. Como dice González «... cuando se trata de detectar tendencias o aun prejuicios en un sistema teológico que difiera de las normas establecidas, hay que tomar en cuenta que tales normas conllevan sus propias tendencias y sus propios prejuicios»[1]. ¡Bien! al fin y al cabo a todos los teólogos nos da hipo. Con todo, sabemos que el tener puntos de referencia seguros, luces que nos iluminen el camino, nos ayudará hacer nuestra aproximación lo más certera posible.

Tres luces alumbran todo el camino recorrido de este escrito: La Biblia, la Reforma Protestante del siglo XVI y los teólogos de ayer y hoy que han recorrido los caminos de la teología ortodoxa, en el buen sentido de la palabra, pero con apertura y sensatez.

En cuanto a la primera luz, es de primerísima importancia. No tenemos otros escritos y relatos inspirados que nos hablen con más detalle de la auto-revelación de Dios. Revelación concedida al pueblo de Israel y que alcanza su culmen en Jesucristo, quien es la máxima revelación de Dios. De esta acción divina fueron recipiendarios y testigos los primeros profetas, los apóstoles, los diáconos, los evangelistas, los pastores y los doctores. Estos registros están en la Biblia, por lo que tienen carácter vinculante. La

---

1. Justo González, *Teología liberadora*, p. 7, Kairós, Buenos Aires, 2006.

Biblia es la norma de las normas. Para la teología evangélica es obligatoria la palabra de Dios escrita como asidero.

La segunda luz es la Reforma del siglo XVI. Es ineludible. Su teología se ve, saludablemente, obligada a volver la mirada a los fundamentos. Sus presupuestos esenciales regresan a la fuente de las Sagradas Escrituras, (En algunos casos, la teología se asemeja a esos juegos de mesa, en los que cuando a uno le toca la casilla equivocada tiene que regresar al comienzo del juego). Los reformadores con valentía y visión se dieron cuenta que no importaba el camino recorrido. Había que regresar al principio y comenzar de nuevo. Si esta reforma no hubiera ocurrido, no estaríamos conscientes de la conectividad necesaria con el Jesucristo de la Biblia y la importancia de la fe para conocer la revelación de Dios. Estaríamos hoy, sumergidos, en la ignorancia generalizada de la Iglesia Medieval, época del oscurantismo en cuanto a las verdades gruesas de la fe cristiana. Por consiguiente, es imposible evadirla.

La tercera luz proviene del pensamiento de los teólogos paradigmáticos de distintas épocas, nacionalidades, caracteres y talantes; incluyendo algunos latinoamericanos que han abordado, de alguna manera, esta temática sin negociar las verdades esenciales de la revelación cristiana y que han contribuido al desarrollo de la teología cristiana en sus respectivos contextos, sumando riqueza a la historia de los caminos teológicos recorridos hasta hoy.

Al alinearse esas tres luces podemos avanzar hacia una revisión urgente de la teología, para que sea una teología reveladora, viva, pertinente, orientadora, práctica, útil, y auxiliadora.

Estamos conscientes que la teología es un comenzar de nuevo, es un avivar de nuevo, tomando nuevas perspectivas, pero siempre sobre los mismos cimientos. A comienzos del siglo XX, un teólogo visionario habló sobre la necesidad de un *despertamiento teológico* que conduzca a que el pensamiento se convierta en *un medio* por el cual se escuche la voz que viene «del más allá», reafirmando la primacía de la revelación en la teología, el tema de la misma y su aplicación a situaciones concretas»[2].

De manera justa, en la época actual, se necesita más presencia de la teología en todas las esferas y en los diversos niveles de conocimiento, en los que se desempeña, de cara a una aplicación concreta, influyendo en la configuración del ámbito teológico, eclesial, pastoral, misionológico, social.

Desde afuera la teología cristiana evangélica tiene una connotación puramente religiosa, más que todo un sistema de conocimiento. Si bien es cierto ha crecido un poco el interés por la teología, y ha sido aceptada de

2. Juan Mackay, *Prefacio a la teología cristiana*, p. 27ss, Cupsa, México, 1984.

nuevo en las aulas universitarias, es necesario profundizar en ella; conocerla con detenimiento desde sus diferentes aristas: su particularidad, su parte científica, sus peligros, su existencia, su quehacer, su fragilidad, su singularidad frente a las nuevas corrientes teológicas.

Otro detalle lastimoso es que los mismos estudiantes de teología son imbuidos, desde el principio, en la teología sistemática, histórica, bíblica, y práctica, sin una amplia preparación previa en los presupuestos cardinales de la teología evangélica, que resulta ser esencial para el quehacer teológico. Este es otro de los motivos por el cual se ha escrito este libro.

Presentamos una definición de teología y una propuesta metodológica que intentan ser integrativas, procurando encontrar un balance entre la espiritualidad, la investigación, la práctica y el contexto.

Rigoberto Gálvez

I

La naturaleza de la teología

La naturaleza de la teología se relaciona con su definición, sus fundamentos, su objeto de estudio, su método, su estructura, sus características y sus desafíos inherentes.

1. ¿Qué es la teología?

a) Origen y evolución del concepto teología

El término «teología» es de origen no cristiano. No es una creación teológica. Teología como palabra y como concepto, pertenecía al pensamiento griego. Aparece por primera vez en los escritos de Platón, quien lo aplica a los mitos y leyendas e historias de los dioses[1]. De manera, pues, que los datos que se han rastreado arrojan luz en cuanto a la ligazón del término «theologhía» con el mito griego: «Homero y Hesiodo son llamados «theologoi» por su actividad peculiar de componer y contar los mitos»[2].

En la filosofía de Aristóteles se encuentra en uso el término teología con una connotación distinta de una concepción religiosa. Aristóteles la identifica más bien con la metafísica en cuanto «philosophia perennis», como la ciencia de las cosas divinas o inmateriales, ciencia del ser en cuanto al ser[3].

Con este trasfondo, al principio, los padres de la iglesia y los pensadores cristianos, mostraron desconfianza al término «teología» que señalaba la teología mítica de los poetas[4]. De manera gradual, tanto en el oriente como en el occidente, fue imponiéndose el uso cristiano del concepto teología[5].

Pero no debemos rasgarnos las vestiduras por el origen de la palabra teología, sino aceptarlo con humildad, al igual que Jerusalén tuvo que

1. H. Fries, *Conceptos fundamentales de teología II*, p. 2, 743. Cristiandad, Madrid, 1979.
2. René Latourelle, *Teología fundamental*, p. 1411, Paulinas, Madrid, 1992.
3. Wolfhart Pannenberg, *Teoría de la ciencia y la teología*, p. 15, Europa, Madrid, 1981.
4. Ibíd., p. 20.
5. R. Latourelle, R. Fisichella, *Diccionario de teología fundamental*, p. 1143, Madrid, 1992.

reconocer que su origen y su nacimiento se dan en la tierra de Canaán; que su padre fue un amorreo y su madre una hitita. Con todo y eso la misericordia de Dios la transformó en la niña de sus ojos.

No debemos olvidar, que ya en el pueblo hebreo existía «un hablar acerca de Dios» aunque no en el sentido formal del concepto teología. Ese hablar de Dios ocurre en respuesta a la revelación de Dios a su pueblo por medio de la ley, las promesas y los profetas. En el Nuevo Testamento la palabra teología se rastrea en el sentido etimológico. Están las dos palabras que componen dicho concepto: *Theos* que significa Dios y *Logos* palabra, verbo, discurso. Por eso se define etimológicamente como «discurso acerca de Dios[6]. Pero no debe entenderse solamente como discurso sobre Dios, sino como un discurso cristiano sobre Dios, puesto que muchas religiones, seudo-religiones, hablan de «Dios»: «Si la teología significa el discurso fundamental sobre Dios, la teología cristiana es el discurso cristiano sobre Dios. Esta afirmación es correcta, pero requiere una aclaración. En efecto ni la Biblia, ni los padres apostólicos hablan de teología, solo con reservas se va imponiendo un uso cristiano de la palabra teología»[7].

Lo interesante es que la teología cristiana se aparta de las religiones paganas en cuanto al concepto de lo sagrado. Desde su origen se constituye en una especie aparte, que se encierra dentro de un espacio determinado. Coloca una frontera en la que más allá, todo es profano, pagano o común. Pero «el cristianismo destruye totalmente las barreras que hacían de la «religión» un enclave en el mundo…»[8]. A los hombres paganos los transforma en auténticos cristianos.

b) *Definiciones de teología en el correr de la historia*

1. En las distintas épocas

A la luz de la historia de la teología, a lo largo de dos mil años, existen varias definiciones que reflejan diversos enfoques, la complejidad de sus contenidos y la misma evolución del concepto. En la Época Antigua los padres griegos identificaban a la teología con la doctrina de la Trinidad. En la Edad Media, en general, se le identificaba con la *sacra* doctrina. En la Reforma Protestante del siglo XVI se le define como «la revelación de Dios en la cruz de Cristo». En la Época Moderna se entiende como la empresa de

---

6. Lewis s. Chafer, *Teología sistemática, V. I*, p. 3, *Publicaciones Españolas*, 1986.

7. Hans Waldenfels, *Teología fundamental contextual*, p. 24, Sígueme, Salamanca, 1994.

8. José González, *El cristianismo no es un humanismo*, p. 11, Península, Romanyá/Valls, Barcelona, 1970.

percibir, comprender y explicar lo que Dios ha revelado en Jesucristo del cual dan testimonio las Sagradas Escrituras[9]. En la teología existencialista el tema y el contenido de la teología se reducen a un trascendentalismo de la existencia humana. Para hablar de Dios es necesario hablar de sí mismo, puesto que la trascendencia de la palabra, revela lo inefable de la existencia humana. La teología está condicionada en última instancia por una antropología de carácter filosófico[10].

2. En algunos teólogos paradigmáticos

A lo largo de la historia del pensamiento cristiano existen teólogos destacados que nos dan el oriente del camino que ha recorrido el concepto de la teología y su labor. En el pensamiento de Agustín de Hipona, no hay una definición específica e intencional en sus escritos, se infiere. Así lo manifiesta Moriones[11]: Se puede afirmar que teología, en el pensamiento de Agustín, es «un estudio contemplativo de los misterios aceptados por la fe», es una exploración de los misterios revelados por medio de la contemplación, la fe, la moral, la ascesis, que deben resultar en un deleite y en una sabiduría en las cosas divinas[12]. Tomás de Aquino dice que la teología es una ciencia que está basada en la revelación y que da a conocer verdades que no pueden conocerse a través de la razón; pero pueden ser comprendidas por la razón. No es posible llegar a la fe por medio de la argumentación, pero es por medio de la razón que la fe se puede explicar, lo que es una de las responsabilidades del creyente. Esta teología es inequívoca y tiene mayor certeza que cualquier otra ciencia humana»[13] Lutero al hablar de teología se refiere al Dios que se conoce solo por medio de una revelación paradójica: El Dios que se revela ocultándose y se oculta revelándose en el Cristo crucificado. «... El concepto de teología de la cruz que es la propia teología de Lutero; la teología exenta de cualquier racionalismo, la teología del hombre que desespera de sus fuerzas, de sus cualidades y virtudes naturales, y funda todas sus esperanzas en la cruz de Cristo, sin pensar en las propias obras»[14].

9. Barbaglio-Dianich, *Nuevo diccionario de teología II*, p. 1689, Cristiandad, Madrid, 1982.

10. José Gómez-Heras, *Teología protestante, sistema e historia*, p. 172, BAC, Madrid, 1972.

11. Moriones, Francisco. *Espiritualidad Agustino Recoleta*, p. 189, Augustinus, Madrid, 1988.

12. Ibíd.

13. Tomás de Aquino, *Suma teológica I*, p. 86-93, I.A. Madrid, 1998.

14. Ricardo García-Villoslada, *Martín Lutero*, tomo I, p. 363, BAC, Madrid, 1976.

c) Definiciones más recientes

1) «Es una de aquellas empresas humanas tradicionalmente llamadas «ciencias» que buscan percibir un objeto o el ámbito de un objeto por el camino que éste señala como fenómeno, comprenderlo en su significado y enunciarlo en todo el alcance de su existencia». La palabra teología parece indicar que en ella, como en una ciencia especial «muy especial» se trata de percibir a Dios, de comprenderlo y enunciarlo. Si agregamos a la definición de teología la palabra «evangélica», entonces agregaríamos: «… percibir, entender y enunciar al Dios que se revela en el evangelio»[15].

2) «Teología es la forma de pensar de los cristianos. Y cristiano es el que pregunta qué significa Jesucristo en la dimensión de su propia vida y contexto histórico»[16].

3) «Es aquella disciplina que intenta desarrollar una exposición coherente de las doctrinas de la fe cristiana, basándose principalmente en las Escrituras, situándose en el contexto de la cultura general, expresándose en un idioma contemporáneo y relacionándose con los temas de la vida»[17].

4) «La Teología se ocupa no solamente de Dios, sino de aquellas relaciones entre Dios y el universo que nos llevan a hablar de creación, providencia y redención… es una ciencia porque, como cualquier otra ciencia, ella no crea, sino descubre los hechos ya existentes y sus relaciones mutuas, tratando de mostrar su unidad y su armonía en las diferentes partes de un sistema orgánico de verdad»[18].

5) «El vocablo teología (*theos, logos*) habla de Dios, de su persona y sus obras. Esto significa que la teología no es en primer lugar cosmología, ni antropología, ni sociología, sino el tratado de Dios y de sus actos creadores, reveladores y redentores. Es decir, Dios como punto de partida y como punto de llegada del pensamiento teológico, y entre ambos extremos, la plenitud de su persona y de sus obras»[19].

6) «Desde una perspectiva evangélica, por teología debería entenderse el discurso creyente que se esfuerza por expresar de manera sis-

---

15. Karl Barth, *Introducción a la teología evangélica*, p. 31, Aurora, Buenos Aires, 1986.

16. Marcelo Pérez, *Estímulo y respuesta*, p. 9ss, Aurora, Buenos Aires, 1969.

17. Millard Erickson, *Teología sistemática*, p. 23, CLIE, Barcelona, 2008.

18. José Grau, *Introducción a la teología, curso de formación teológica evangélica*, p. 25, CLIE, Barcelona, 1973.

19. Emilio Núñez, *Teología y misión: Perspectivas desde América Latina*, p. 196, Visión Mundial, Costa Rica, 1995.

temática y ordenada las convicciones de fe que surgen de la revelación divina y que guían la vida del pueblo de Dios»[20].

7) «Teología es lo que la iglesia de Jesucristo cree, enseña y confiesa sobre el fundamento de la palabra de Dios: esto es la doctrina cristiana»[21].

d) Hacia una definición integrativa

«La teología es el estudio acerca de Dios, basado en el conocimiento revelado e investigado; creído, comprendido y experimentado por el teólogo por medio de la fe, la Sagrada Escritura y el ministerio del Espíritu. Y se expresa de dos maneras: De forma hablada, se convierte en una proclamación al mundo; en enseñanza y servicio a la iglesia; en oración, alabanza y adoración al Dios trino. De forma escrita, en un discurso que se articula a través de una investigación metodológica, exegética, hermenéutica, bíblica, histórica, consciente de su contexto. En este proceso investigativo adquiere el carácter de ciencia.»[22]

Partiendo de la definición arriba descrita, podemos ampliar lo siguiente:

1. La teología es aprehender y trasladar conocimiento

Este conocimiento viene de un creer, percibir y comprender un conocimiento singular, que procede de la auto-revelación de Dios. Está plasmado en la Biblia. Es recibido y estudiado por el teólogo, trasladado a la iglesia y a su vez trasladado por ella al mundo. Cobra vida en nosotros por medio del Espíritu Santo y con su poder lo trasladamos al prójimo. Porque cree mos recibimos y trasladamos ese conocimiento.

Este conocimiento singular no viene únicamente a nuestro cerebro, fisiológicamente hablando, o a nuestra mente, sicológicamente hablando, sino que viene a nuestro espíritu. Es lo que la Biblia llama conocimiento espiritual. Todo nuestro ser, incluyendo nuestro cuerpo, es una unidad psicosomática. Por eso hablamos también de un conocimiento que se experimenta, que se vive, no de un cúmulo de ideas aisladas, ni de un conocimiento «archivado» en un compartimiento estanco del cerebro. Este conocimiento se experimenta, pues, el evangelio es objetivo y subjetivo. Objetivo porque parte de la obra de Jesús y subjetivo porque por la fe nos apropiamos de su obra para ser salvos. Las personas que han creído saben

---

20. Gerardo Alfaro, «¿Alguien le importa la teología?», p. 45, en Kairós No. 34 enero-junio, Guatemala, 2004.

21. Jaroslav Pelikan en Michael F. Bird, *Evangelical Theology, a biblical and systematic introduction*, p. 30, Zondervan, Gran Rapids, Michigan, 2013.

22. Definición de teología propuesta por Rigoberto Gálvez.

con certeza que son salvas: «el Espíritu mismo da testimonio a nuestro espíritu, de que somos hijos de Dios» (Romanos 8:16).

El conocimiento del evangelio es doctrina y es experiencia; es palabra y es poder; es conocimiento, pero también es guía e intuición del Espíritu; es palabra pero también es Espíritu. Apela al intelecto, pero no elimina el sentimiento ni la emoción. La experiencia es legítima cuando está subordinada al texto bíblico, correctamente interpretado, sin prejuicios dogmáticos ni denominacionales. La hermenéutica de la experiencia, no solo comprueba el conocimiento, la teología, la doctrina, sino que la hace más clara y viva en la actualidad.

2. Este conocimiento teológico es incompleto

Por más que se aproxime a la verdad, será un conocimiento parcial. Parte de la tarea es una intensa búsqueda y un crecer en el conocimiento de Dios (Colosenses 1:10). Ese conocimiento de Dios es un pensamiento humano y solo una aproximación: «Todo discurso teológico es nada más que una aproximación a la verdad, un pensamiento humano acerca de Dios y el hombre, de Jesucristo, la vida y la historia. Solo la palabra de Dios es verdad, y la teología no es lo mismo que la palabra de Dios»[23].

3. El conocimiento de la revelación de Dios puede ser asequible solo por la Escritura

Aparte de la Biblia, no hay otro libro, no hay otra fuente en la que podamos encontrar los modos en que Dios se ha revelado: en la historia de Israel, en el Jesús histórico. Es cierto que la iglesia del principio vio al Señor Jesús hablando y caminado sobre la tierra. Y nuestra fe tiene sus raíces en esa decisiva revelación producida en la historia. Pero nosotros podemos saberlo únicamente por medio de un registro escrito: la Biblia. Tampoco sabríamos acerca de los apóstoles y profetas. No sabríamos nada acerca del Espíritu Santo, su ministerio, su personalidad y su misión. Tampoco sabríamos de la condición pecaminosa del hombre, ni del plan de salvación de Dios para la humanidad caída, si no fuera por la revelación escrita.

4. El imprescindible ministerio del Espíritu Santo

La Biblia, la palabra de Dios escrita, sin la iluminación y el servicio del Espíritu Santo, no puede hacerse comprensible a los hombres pecadores

---

23. Samuel Escobar, *Heredero de la reforma radical*, en «*Hacia una teología evangélica latinoamericana*», p. 51, Caribe, México, 1984. Este libro fue escrito por varios autores latinoamericanos en honor a Pedro Savage, editado por René Padilla.

para que la reciban y se conviertan. Los cristianos tampoco podríamos ser guiados a la verdad: «Pero cuando venga el Espíritu de verdad Él os enseñará todas las cosas» (Juan 14:26b)»; «Pero cuando venga el Espíritu de verdad, Él nos guiará a toda la verdad» (Juan 16:13ª), «Pero cuando venga el consolador… Él dará testimonio de mí» (Juan 15:26).

5. La importancia de la fe como respuesta a la revelación

La fe es el don por medio del cual podemos responder a la revelación e iluminación y aprehender el conocimiento escondido en el Cristo crucificado: «en quien están escondidos todos los tesoros de la sabiduría y del conocimiento» (Colosense 2.3). Es la fe la que nos abre el entendimiento. Por eso se ha dicho, con razón, «primero la fe luego la teología»; o como dice Kuhn: «No hay teología sin nuevo nacimiento»[24].

6. La necesidad de una teología de carácter científico

Solo cuando hemos conocido algo de Dios por medio de la Escritura, con la iluminación del Espíritu, dando una respuesta de fe, podemos hablar de Dios. Así podemos proclamar y evangelizar, predicar y enseñar, discurrir y disertar de manera elaborada oral o escrita. Luego se nos faculta para sustentar y desarrollar un trabajo con las características de una investigación científica. Tenemos la solvencia para hacer teología cristiana evangélica, por lo que hemos creído, oído, contemplado, palpado y leído. Esta acción exige adentrarse en el estudio concienzudo, racional, histórico, metodológico y amplio de las Sagradas Escrituras. Necesita aproximarse a las perspectivas teológicas de aquellos otros que fueron llamados, al más alto honor de aprehender el conocimiento de Dios. Se obliga sanamente a dar una respuesta de fe y de reflexión, respectivamente a la auto-revelación y a la iniciativa del mismo Dios, de hacerse encontradizo. Todo esto con el auxilio de la oración y la iluminación del Espíritu Santo.

2. Los fundamentos de la teología

a) La revelación

Sin revelación divina no hay teología. Los seres humanos de todas las épocas, razas y regiones han buscado un poder sobrenatural o un dios superior a ellos para adorarlo y recibir sus favores. La razón es que el hombre

24. J. Kuhn, en Evangelista Vilanova, *Para comprender la teología*, p. 7, Verbo Divino, Estella, 1992.

fue creado para adorar. La respuesta bíblica es que ese único Dios, rey del universo, Señor del cielo y de la tierra, creador de todo lo que existe, se ha dado a conocer por medio de la revelación. Así, vemos posible, conveniente y necesaria la revelación[25], porque es la única manera en la que el hombre puede conocerle: «solo podrá ser conocido si de alguna manera él mismo se da a conocer. De otro modo será siempre el *Deus absconditus*, el Dios desconocido de los atenienses»[26].

Erickson define la revelación divina como: «La manifestación que Dios hace de sí mismo a personas particulares y en momentos y lugares concretos, permitiendo entrar a las personas en una relación redentora con él. La palabra hebrea galah… y la palabra griega común para revelar es apokalupto, ambas expresan la idea de descubrir lo que está oculto»[27]. En el Nuevo Testamento hay otra palabra relacionada con la revelación. Es el vocablo *faneroó*. Se traduce «manifestarse» y expresa también la idea de revelar algo que estuvo oculto. De manera que Dios pueda ser «visto» y conocido por lo que el mismo afirma ser[28].

El Dios que se ha revelado no quiere ser Dios en retiro. No es un «llanero solitario». Es un Dios de comunicación. Tampoco quiere ser Dios a costa y en detrimento de los hombres. No tiene su mano alzada lista para castigar drásticamente al hombre que peca o se equivoca. ¡No! Él quiere ser Dios junto al hombre, por el hombre y para el hombre, un Dios solidario, amoroso, perdonador, compañero, y por si fuera poco: padre, hermano, amigo y compañero[29].

El Dios que se ha auto-comunicado no es un dios mitológico de porte griego, mitad hombre y mitad animal, que maneja los hilos de la historia con bajas pasiones, caprichos y en venganza de los hombres. No es un Dios trascendente y lejano, como el dios de los filósofos, el absoluto, el inaccesible. Tampoco es el *Deus Absconditus* de la Edad Medieval, el de la religión mediadora[30]; un dios al que no se podía tener acceso, por lo que había que recurrir a la veneración de las reliquias, a la súplica de los cientos de santos intercesores o a la compra de perdones, para ganarse el favor de ese dios escondido.

El Dios que se ha auto-comunicado en el evangelio, es el *Deus Revelatus* del que habla Martín Lutero al comentar los siguientes textos: «A Dios

25. Jerry Sandidge, *Atrévete a pensar*, p. 104, ICI, Texas, 1997.

26. José Martínez, *Fundamentos teológicos de la fe cristiana*, p. 21, CLIE-Andamio, Barcelona, 2001.

27. Millard Erickson, *Teología sistemática*, p. 201, CLIE, Barcelona, 2008.

28. Pedro Arana, *La revelación de Dios y la Biblia* en Pablo Hoff, *Teología evangélica*, p. 46, Vida, Miami, 2002.

29. Karl Barth, *Introducción a la teología evangélica*, p. 38, Sígueme, Salamanca, 2006.

30. Jaime Antúnez, *Crónicas de las ideas*, p. 144, Ed. Andrés Bello, Santiago, 1989.

nadie lo ha visto nunca, pero el hijo único que está en el seno del Padre, nos lo ha dado a conocer (Jn. 1:18) Al Dios que habita en una luz inaccesible (1 Ti. 6:16) lo conocemos por medio del hijo (Cf. Mt. 11:27) por eso, quien quiera conocer al Dios incomprensible tiene que atenerse al hijo»[31].

El Dios que muestra su grandeza, su santidad, su omnipotencia, su omnisciencia, su perfección, es el mismo que decide en su libre voluntad, abajarse y habitar entre los hombres para amarlos, buscarlos y salvarlos. En la modalidad humana se hacen alianzas entre personas o instituciones que tengan características semejantes: los fuertes con los fuertes, los nobles con los nobles, los sabios con los sabios. De manera contraria a estas realidades humanas, Dios hace alianzas con los inferiores, los pecadores, los indigentes de salvarse por sus propios medios. Esto es extravagante a la mente humana. Dios hace alianza con el hombre no porque lo necesite, sino porque lo ama. Esta es la única razón posible.

La revelación de Dios es polifacética. Acontece en tres formas: la revelación general, la revelación especial y la revelación encarnada[32].

b) La revelación general

La revelación general la constituye la creación, los hechos de la historia colectiva. Ésta se encuentra limitada por su propia naturaleza. No revela un propósito redentor, sino solo vislumbra la existencia de Dios. La revelación general se ha distorsionado a causa del pecado del hombre[33].

La teología evangélica acepta que hay una revelación general que produce en los hombres la idea un Dios creador, pero nada más. Tiene muy claro que esa revelación es incapaz de identificar al Dios personal cuyo nombre es «Yo Soy el que Soy» que se identifica con Jesucristo.

Chafer afirma que Dios se ha revelado de manera general, no solo a través de la naturaleza, la historia, sino por medio de la constitución del hombre, la providencia, la preservación y los milagros[34].

c) Revelación especial

En la definición y clasificación generalmente expresadas la Biblia es la revelación especial. Son los registros fidedignos de un Dios trino y

31. Wolfhart Pannenberg, *Teología sistemática* I, p. 367, Ortega, Madrid, 1988.

32. Raúl Zaldívar, *Teología sistemática, desde una perspectiva latinoamericana*, p. 130, CLIE, Barcelona, 2006.

33. Emery H. Bancroft, *Fundamentos de teología bíblica*, p. 14, Portavoz, Michigan, 1997.

34. Lewis Chafer, *Teología sistemática, tomo I*, p. 54-60, Publicaciones Españolas, WI, 1986.

personal que se revela al pueblo de Israel, a los profetas hebreos y luego a los apóstoles, extendiéndose a los pueblos gentiles. Algunos teólogos incluyen dentro de la revelación especial a Jesucristo. Nosotros optamos por la identificación de la Biblia como la revelación especial y Jesucristo como la revelación encarnada de la cual da testimonio la Biblia.

En la revelación especial se conoce el carácter propio del mismo Dios, su transcendencia, su inmanencia, su intervención en la historia, su grandeza, su amor, su misericordia, todo con el propósito de mostrar su gloria en la redención del hombre. Las formas específicas de la revelación especial se dan como suceso histórico, como palabra divina, como culminación de la revelación en evento y palabra, la comprensión de la revelación especial acontece por la guía e iluminación del Espíritu Santo, el Espíritu de verdad. Según Grau, se incluyen otras formas de revelación especial tales como las teofanías, las comunicaciones directas y los milagros[35].

La revelación especial y su reflexión del conocimiento provienen de esa manifestación dosificada de Dios. Esa auto-comunicación está respaldada por los primeros receptores que se convirtieron en testigos, y estos, a su vez, dejaron por escrito el conocimiento revelado acogido. Esos escritos se fueron acumulando, y finalmente se agruparon, con ciertos criterios, con la inspiración del Espíritu Santo, constituyendo las Sagradas Escrituras. Por consiguiente, reconocemos la autoridad del texto bíblico como revelación especial de Dios. Ese es nuestro punto de partida. Si la revelación de Dios no la tuviéramos en un libro, hace mucho tiempo que nos hubiéramos desviado a causa de la transmisión verbal y las falsas profecías.

La Escritura nos da a conocer que Dios se auto-revela y espera una respuesta de fe. Esto resulta en la puerta del conocimiento divino[36]. Este conocimiento da pie a «un hablar de Dios». Allí comienza la teología cristiana.

La singularidad de la revelación judeocristiana en el Antiguo y Nuevo Testamentos, la hace única ante cualquier otra pretensión de conocimiento, iluminación, creencia o sabiduría humana. Es superior y opuesta a todo sistema, concepción filosófica o religiosa que parte de la razón o la invención. «… la revelación se contrapone a cualquier sistema filosófico articulado por pensadores que han tratado de responderse a las preguntas existenciales… también se contrapone a cualquier sistema religioso inventado por los hombres… la revelación es Dios hablando la verdad, tocante a sí mismo y tocante a los seres humanos y cómo debemos relacionarnos con Él y entre nosotros»[37].

35. José Grau, Óp. Cit., p. 15ss.
36. Wiley y Culberston, *Introducción a la teología cristiana*, p. 49, CNP, Kansas, 1969.
37. Manuel Valverde, *El gobierno, una perspectiva judeocristiana*, p. 19, Litogres, Guatemala, 2012.

1. La Biblia es la norma de las normas

La fuente primaria de la teología es la Biblia como revelación y como autoridad de la revelación. Esta verdad no está en discusión dentro del ámbito evangélico y protestante ortodoxo. Uno de los puntos de convergencia de todos los evangélicos, teólogos y no teólogos, es que la Biblia es la autoridad en asuntos de revelación, fe y vida. Esto ha sido manifestado en varias confesiones. Una de las más importantes es la confesión de Westminster que dice así: «Todo lo referente a Dios, referente a todas las cosas necesarias para su gloria, la salvación del hombre, fe y vida, o se encuentran expresamente en la Escritura, o por consecuencia buena y necesaria pueden deducirse de la Escritura: a la cual nada en ningún tiempo será agregado, ni por las nuevas revelaciones del Espíritu, o tradiciones de los hombres[38].

La tradición y las confesiones no deben tomarse con la misma autoridad y el mismo nivel de la Biblia: «Las sagradas Escrituras y las confesiones de fe no se encuentran en el mismo plano. No hay que respetar con igual reverencia y amor a la Biblia y a la tradición, ni siquiera en sus manifestaciones más venerables. Ninguna confesión de fe de la Reforma o de nuestros días puede tener la pretensión de reclamar el respeto de la respectiva Iglesia en la medida en que lo merece la Escritura con su carácter único»[39].

Núñez reafirma la primacía de la Escritura en una teología que quiere ser evangélica: «La teología auténticamente evangélica se esfuerza por arraigarse en la revelación escrita de Dios. Por lo tanto, la Biblia tiene que ser para el teólogo evangélico su principal fuente de conocimiento y su máxima autoridad. No es lo que dice fulano… sino lo que dice el Señor en su palabra»[40].

Su autoridad también se manifiesta por su testimonio interno. La Biblia no se esfuerza en demostrar la existencia de Dios. La afirma. En ninguna parte de ella se muestra el intento humano de hallar a un dios que no se ha revelado. No existe en ella, como sucede en otras religiones y seudo-religiones, un testimonio humano que busca los caminos secretos de la verdad, el conocimiento, la iluminación, la liberación, el sentido de la vida y comprender los misterios. Más bien, el mensaje esencial, que recorre toda la Biblia, es la «acción» de Dios de darse a conocer al hombre, en su amor sentido, expresado y demostrado en Jesucristo. El propósito de la Biblia, es revelarle al hombre el plan de salvación, su libre decisión de buscarlo, encontrarlo y liberarlo. La Biblia es clara en que la iniciativa

38. Confesión de Westminster, I, VI. http://www.ensenadareformada.org/uploads/9/5/6/2/9562861/confesic3b3ndefedewestminster.pdf
39. Karl Barth, *Esbozo de dogmatica*, p. 20, Sal Terrae, Santander, 2000.
40. Emilio Núñez, *Teología de la liberación*, p. 185, Caribe, Miami, 1986.

de buscar y salvar viene de Dios, no del hombre. Porque cuando el hombre busca a Dios por sus propios medios, lo hace a tientas, y no llega a Dios sino al ídolo.

2. La Biblia es la fuente de la teología.

Desde la antigüedad ha sido la fuente de la que ha bebido la teología. Los Padres de la iglesia no solo afirmaron esa verdad, sino que la defendieron. Justino Mártir que murió en el año 177 afirmaba: «Cristo mismo nos enseñó que no debemos poner fe en las doctrinas humanas, sino en las que Él y los profetas nos enseñaron». Basilio Magno declara: «El anular cualquier cosa que se haya en las Sagradas Escrituras, o introducir cualquier otra cosa que no está en ellas, es una apostasía de la fe y un crimen presuntuoso». Eusebio en el concilio de Nicea en presencia de 318 obispos exclamó: «Creed las cosas que están escritas, las cosas que no están escritas, ni penséis en ellas, ni las examinéis». Juan Crisóstomo dice: «pone en gran peligro la salvación aquel que ignora las Sagradas Escrituras. Esta ignorancia ha introducido desorden y corrupción en la iglesia»[41].

La teología reformada redescubre la palabra de Dios en la Biblia, como aquella que dimensiona el mensaje y conforma la vida cristiana, que la percibe en la conciencia individual por lo que la teología se sitúa en solitario frente a la revelación, sin que medien otras instancias como tradicionalismos, concilios, intercesores y las obras del hombre indigente[42].

Martín Lutero puso la Biblia muy por encima de la tradición, los comentarios de los padres de la iglesia y otros escritos que para él habían sido importantes en su formación inicial: «El que está bien familiarizado con el texto de las Escrituras es un distinguido teólogo. Porque un pasaje o texto de la Biblia tiene mayor valor que los comentarios de cuatro autores… Estos amados padres nos quisieron guiar por medio de sus escritos a las Escrituras, pero nosotros los usamos de tal manera, que nos alejan de ellas, aunque las Escrituras son nuestra viña, en la cual todos debemos trabajar y esforzarnos[43].

41. Samuel Vila, *a las Fuentes del cristianismo*, p. 139, CLIE, Barcelona, 1968.

42. Martín Lutero, *De servo Arbitrio*, 1525, considerada por el mismo Dr. Lutero como su mejor obra. «Las demás pueden quemarlas, si quieren», afirmó. Para profundizar los temas de la fe sola, las Escrituras, la revelación de Dios en Cristo, el Dios oculto que se revela, la inutilidad y el estorbo de la razón, la sabiduría y el conocimiento humanos en el encuentro en solitario con Dios, por medio de la fe, se puede acceder a la edición digital de publicaciones Escudo, 1976, de la Iglesia Evangélica Luterana Unida.

43. John Piper, *El legado del gozo soberano, la gracia triunfante de Dios en las vidas de Agustín, Lutero y Calvino*, p. 105, Unilit, Miami, 2005.

3. La Biblia resulta en un cimiento insustituible

No hubiera sido posible hacer teología después de quinientos años, mil años o dos mil años, sin un texto sagrado en el cual está plasmada la revelación. Es a través de esta palabra inspirada, de carácter normativo, que con fe y con auxilio del ministerio del Espíritu Santo, podemos aproximarnos a las verdades auto-manifestadas de Dios en Cristo. Si no tomamos en serio los principios de la «sola» y «toda» Escritura, caeríamos, como dice Emilio Núñez, en un relativismo teológico[44].

Emil Brunner, uno de los prominentes teólogos neo-ortodoxos, vio con claridad que era prácticamente imposible saber de Cristo, sino fuese por la Biblia. Declara que es por medio de ésta que es factible entrar en relación con él, con su enseñanza, su ejemplo, sus instrucciones y el conocimiento acerca de Dios. La fe cristiana es una fe bíblica y la fe bíblica es parte de la teología evangélica y cristiana[45].

La teología evangélica, dice Barth, «procede de la Escritura y retorna a ella». Pues Cristo dice «es la que da testimonio de mí». Y ese testimonio es múltiple: cuarenta autores, de distintas épocas, diversas formaciones, particulares capacidades, escrita a lo largo de mil seiscientos, pero mostrando un hilo conductor y apuntando hacia el cumplimiento de todas las cosas en una persona: Jesucristo nuestro Señor el logos, la palabra de Dios: La teología encuentra, no obstante, en la sagrada Escritura un testimonio polifónico, no monótono de la obra y de la palabra de Dios[46].

De este cumplimiento dan testimonio, los apóstoles y profetas; maestros y evangelistas en los escritos neotestamentarios. Éstos registran la doctrina cristiana y la vida de la iglesia del primer siglo que proceden del mensaje y la obra de Jesucristo. Por eso sin la Escritura del Nuevo Testamento no hay teología Cristiana[47]. No importa cuántos siglos han pasado, el cimiento firme es el mismo: «la fe una vez dada a los santos».

Es un compromiso santo para toda teología hacer un peregrinaje de vuelta a la Escritura. La teología responde a la palabra de Dios, al hacer su mejor esfuerzo de escuchar a Dios y ponerse al servicio de la palabra: predicando, haciendo discípulos, evangelizando, hablando, testificando, diciendo, divulgando y enseñando. Ese celo por el Evangelio es el que da fuerza a la teología y que lleva a decir un sí contundente a la «sola Escritura» y «toda Escritura», y un no enfático a toda otra instancia que reclame autoridad y carácter normativo que ponga trabas a la misma.

44. Emilio Núñez, Óp. Cit. p. 185.

45. José Grau, *Introducción a la teología*, p. 160, CLIE, Barcelona, 1973.

46. Karl Barth, *Introducción a la teología evangélica*, p. 53, Sígueme, Salamanca, 2006.

47. Gerardo de Ávila, *Volvamos a las fuentes*, p. 33, Vida, Florida, 2001.

Rovira afirma de manera categórica que sin Escritura no puede haber teología: «La Escritura aporta todos los hechos y testimonios que constituyen la materia prima de la teología. La Escritura es cimiento, alma y guía de la teología»[48].

4. La Biblia y la revelación de Dios en el pueblo de Israel

Para hablar con propiedad de los fundamentos de la teología evangélica y cristiana, tenemos que arrancar de la revelación de Dios en la historia de Israel y los profetas hebreos del Antiguo Testamento. Dios tomó la iniciativa de manifestarse a los patriarcas, a los reyes, a los sacerdotes, pero en especial a los profetas del pueblo de Israel. Se comunicó con ellos de diversas maneras: «un cara a cara», por sueños, visiones, señales y prodigios, por los diez mandamientos, por el *Urin* y *Tumin*[49]. Por consiguiente el pueblo de Israel podía hablar de un «conocer a Dios». La revelación de Dios produjo ese hablar en esos primeros testigos. Inspirados por el Espíritu escribieron los libros del Antiguo Testamento: el Pentateuco, los Salmos y los profetas. En todas esas Escrituras se repite la frase «Así ha dicho el Señor» dándole carácter de palabra de Dios. Allí comienza realmente el germen de la auténtica teología.

Dios se revela al pueblo de Israel como el que desea habitar con ellos y quiere acompañarlos. Dios les dice: «Y harán un santuario para mí, y habitaré en medio de ellos»[50]. «Y pondré mi morada en medio de vosotros, y mi alma no os abominará; y andaré entre vosotros, y yo seré vuestro Dios, y vosotros seréis mi pueblo»[51].

Dios mismo da la orden al pueblo de Israel de construir un santuario para Él. El diseño del tabernáculo y de los utensilios que lo llenarían, Él los proporcionó. El pueblo de Israel y Moisés no participaron, en absoluto, en el diseño del santuario y sus utensilios. No tenían de qué gloriarse.

La dedicación de este templo era, de modo justo y específico, para la gloria, el honor, la alabanza, la adoración del Señor. Tenía que ser consagrado con exclusividad. Esto se refleja en la frase: «para mí». Es claro que, el propósito primordial del santuario y demás utensilios era que Dios iba a habitar en medio de ellos. ¡Qué privilegio tuvo el pueblo de Israel! ¡Dios moraba en el tabernáculo junto a ellos, cerca de ellos! Estaba en medio de

---

48. José Rovira, *Introducción a la teología*, p. 207, BAC, Madrid, 2007.
49. Rigoberto Gálvez, *Teología de la comunicación*, p. 29-36, CLIE, Barcelona, 2001.
50. Éxodo: 25:8.
51. Levítico: 26:11-12.

ellos para socorrerlos en todas sus necesidades y peligros. Para proveerles comida y agua. ¡Qué buen Dios el Dios de Israel!

Este acontecimiento significó mucho para Israel. Dios descendía compasivamente en el tabernáculo que estaba en medio del pueblo. Si éste se movía, Dios se movía con ellos, si se paraba, Él también se detenía. Si caminaban hacia el valle, Dios los acompañaba. La presencia solidaria de Dios les escoltaba literalmente.

Dios no se manifiesta como un Dios inmóvil. Él es un Dios vivo, no es un Dios rígido, no está encerrado en sí mismo, tampoco está demasiado lejos. Está resueltamente de camino junto al hombre.

La historia de Israel es la historia de Dios interviniendo a favor de ellos. Dios es protagonista de la historia cercano a los suyos. Dios no quiere ser Dios a distancia de los hombres, ni en detrimento de ellos. Es más, no quiere reinar solo, Él anhela que su pueblo reine junto a Él. ¿Acaso eso es comprensible?

Dios seguía caminado entre su pueblo cuando éste se asentó en la tierra de Canaán. Su presencia estaba donde estaba el arca del pacto, que había estado en el tabernáculo. Llegó el día en que Salomón construyó para Dios un templo con estructuras sólidas. Dios llenó el templo con su presencia, como una muestra de que Él seguía habitando con su pueblo.

Con todo lo extraordinario de este acompañar de Dios a su pueblo, el propósito de Dios de caminar en medio de los hombres se cumplió de manera parcial. Si ellos permanecían cerca del santuario, entonces podían ser guiados; si el arca del pacto estaba en medio de Israel, entonces podían estar confiados; si acudían al templo que Salomón construyó para adorar a Dios, entonces él respondía sus ruegos. ¿Pero qué pasaba con aquellos que por cualquier circunstancia no podían estar cerca del tabernáculo, o no podían ir a adorar al templo? No disfrutaban, a plenitud, de la presencia de Dios.

5. La Biblia y la revelación de Dios a los profetas y a los apóstoles

Los profetas y los apóstoles son otros de los fundamentos del conocimiento de Dios. Sobreedificaron sobre nuestro Señor Jesucristo: «Edificados sobre el fundamento de los apóstoles y profetas, siendo la principal piedra del ángulo Jesucristo» (Efesios 2:20). Los profetas vieron hacia el cumplimiento de la venida del mesías: Jesucristo, el «Dios con nosotros». Los primeros apóstoles fueron testigos de la gloria del padre, en su unigénito hijo Jesucristo porque ellos lo vieron, lo oyeron y lo palparon.

Barth, refiriéndose a los profetas y apóstoles, hace énfasis en el papel decisivo de estos primeros receptores de la revelación de Dios. De suma importancia, son estos testigos, afirma, porque lo que comunican tiene carácter normativo. Lo acontecido con ellos es irrepetible, su lugar es privilegiado. Aún el más insignificante de ellos o el más destacado como Pablo son superiores a los teólogos más prominentes posteriores a ellos: «La palabra viva de Dios, de los testigos oculares elegidos por Dios y de la existencia del pueblo de Dios en el mundo, es el fundamento, su justificación y su destino. El poder de su existencia es el poder que se centra en los enunciados que hemos formulado acerca de la palabra de Dios, de los testigos de Dios y del pueblo de Dios»[52]. «Incluso el más pequeño, el más extraño, el más sencillo o el más anónimo de los testigos bíblicos, tiene una incomparable ventaja acerca de la palabra de Dios reveladora, por encima incluso del más piadoso, del más docto y del más sagaz de los teólogos posteriores»[53].

En el caso de los fundamentos del cristianismo, estamos de acuerdo en que los apóstoles ocupan un lugar único: «*Son los testigos privilegiados, elegidos de antemano (Hechos 10:41) y separados (Romanos 1:1), para ser ministros de la palabra y el fundamento de la Iglesia (Efesios 2:20-21)*»[54].

Pero hay que matizar el enfoque sobre el hecho de que los primeros receptores de la revelación de Dios ocupen un lugar prominente, pues eso no los hace superhombres. Ellos eran personas comunes y corrientes, con sus propias historias humanas llenas de debilidades, contradicciones, errores y diversidad de limitaciones. Es más, mucho de lo que recibieron y transmitieron no lo comprendieron en su justa dimensión y pleno cumplimento. Cuando hablaron y escribieron por el Espíritu, esa palabra tuvo, y en algunos casos tendrá, doble cumplimiento. Todos tenían diferente capacidad, preparación. Así que cumplieron, hasta donde entendieron, su misión, como vasos frágiles de barro. Eran sencillamente hombres como los demás, que oyeron la Palabra y dieron testimonio desde su entorno, su lenguaje, su imaginación y su pensamiento empapados de su humanidad, restringidos por el espacio y el tiempo. Eran teólogos que diferían, a pesar de tener una orientación idéntica hacia un objeto idéntico, porque cada quien tenía su punto de mira[55].

Tenemos que aceptar con humildad que todos los demás teólogos posteriores, hemos de sobre edificar la construcción teológica sobre el primer y gran fundamento: Cristo. Luego sobre el segundo fundamento de los apóstoles y profetas. Tampoco debemos tener el atrevimiento de pasar desapercibidos a los teólogos que nos han antecedido y aún los de nuestra época.

---

52. Karl Barth, Óp. Cit., p. 71.
53. Ibíd., p. 51.
54. René Latourelle, *Teología de la revelación*, p. 464, Sígueme, Salamanca, 1993.
55. Karl Barth, Op. Cit., p. 50.

Ese sobre edificar, con todo y nuestras propias limitaciones, se espera que lo levantemos con buenos materiales: macizos y duraderos. Para que, finalmente, el día en que sea probada, con fuego purificador, nuestra labor teológica, no nos encontremos con la desagradable realidad que construimos solo con madera, cartón, heno, paja, hojarasca. Y al observar esa tragedia exclamemos como Caín «grande es mi castigo para ser soportado».

Barth asegura que la teología no puede conocer de primera mano. Es un sobre edificar. Tampoco la teología puede situarse, de alguna manera, por encima de los testigos bíblicos. «La teología no es a pesar de todo, ni profecía ni apostolado. Su relación con la palabra de Dios no puede compararse con la posición de los testigos bíblicos, porque la teología puede conocer únicamente de segunda mano la palabra de Dios, vislumbrándola tan solo en el espejo y oyéndola en el eco del testimonio bíblico… La teología ocupa en su totalidad una posición por debajo de los escritos bíblicos… pese al carácter humano y condicionado de dichos escritos… Esos escritos están seleccionados y separados; merecen y exigen respeto y atención de carácter extraordinario, porque tienen relación directa con la obra y la palabra de Dios»[56].

Entonces la teología existe porque Dios ha hablado. Ese es el punto de partida de la teología. El teólogo hablará acerca de Dios, pero solamente lo que Dios ha querido dar a conocer por medio de sus testigos: «Dios, habiendo hablado muchas veces y de muchas maneras en otro tiempo a los padres por los profetas, en estos postreros días nos ha hablado por el hijo, a quién constituyó heredero de todo, y por quien asimismo hizo el universo»[57].

6. La Biblia y los distintos conceptos de «Palabra de Dios»

Sabemos que dentro de los mismos teólogos cuando hablan de «la palabra de Dios» están hablando con ciertos matices y diferentes significados. Es pertinente tener en mente que existen los siguientes conceptos[58]:

La palabra de Dios como discurso. Es equivalente a los decretos de Dios expresados en la creación, por ejemplo: «Sea la luz», «Por la palabra del Señor fueron creados los cielos, y por el soplo de su boca, las estrellas» (Salmos 33:6).

La palabra de Dios como comunicación directa. Ocurre en los casos que Dios habló directamente a Adán, a Eva y algunos de los patriarcas.

---

56. Karl Barth, Op. Cit., p. 52.

57. Hebreos 1:1-2.

58. Wayne Grudem, *Teología sistemática,* p. 47ss, Vida, Miami Florida, 2007. Hace una buena distinción de los conceptos de «palabra de Dios».

La palabra de Dios por medio de labios humanos. Éste es el caso de los profetas que hablan inspirados por el mismo Espíritu de Dios. Es la palabra profética que anuncia un acontecimiento divino

La palabra de Dios viviente. Se refiere al logos de Dios, a Jesucristo como la palabra viva: «En el principio era la palabra, y la palabra estaba con Dios, y la palabra era Dios» (Juan 1:1).

La palabra de Dios en forma escrita. Ésta se refiere a la Biblia. Es la palabra de Dios que finalmente queda plasmada por escrito por medio de hombres que fueron inspirados por el Espíritu.

La palabra de Dios proclamada. Es el anuncio, la predicación en boca de la iglesia del Señor, pues entendemos que cuando se proclama un mensaje es la palabra de Dios que estamos comunicando.

7. La preeminencia de la palabra de Dios escrita

A pesar de los embates que ha sufrido la Escritura, en distintas épocas, sigue ocupando el lugar de honor en la teología. Por ejemplo: ha superado el ataque de la alta crítica, aunque las convicciones de muchos tambalearon como resultado de la autonomía del método histórico crítico frente al texto bíblico, abandonaron la inspiración de la Biblia, dando discontinuidad a la palabra de Dios[59]; sin embargo, muchos seguimos sosteniendo la preeminencia de la Escritura en la fe y la teología cristianas.

Por otro lado, los neo ortodoxos tienen un concepto diferente y único de la Biblia y la «palabra de Dios». Afirman que la Biblia no es la palabra de Dios, sino que «contiene palabra de Dios». Esta creencia da pie para aceptar que hay palabra de Dios fuera de los registros divinos-humanos de la Biblia. Este concepto hace que la Biblia no sea la completa autoridad decisiva e infalible en asuntos de fe y conducta. Además, ésta debe interpretarse, según ellos, de manera existencial. Llega a ser palabra de Dios solamente a través de la experiencia. Aunque esta última afirmación tiene parte de verdad, tiene muchas implicaciones que no aceptan los conservadores en el buen sentido de la palabra[60]. Así, la Biblia para ellos es la palabra de Dios en un sentido indirecto, no como la revelación misma de Dios, sino como un indicador y testigo de la revelación.

Pero es interesante que Barth dedique, en su dogmática de la iglesia, una sección entera de su discusión referente a la Biblia titulándola «La

---

59. Harvie Conn, *Teología contemporánea en el mundo*, p. 11, SLC, Iglesia cristiana reformada, Michigan, 1973.

60. Carlos Jiménez, *Crisis en la teología contemporánea*, p. 65ss, Vida, Florida, 1985.

palabra de Dios Escrita»[61]. Esa afirmación da pie para retomar la Escritura como medio de la revelación y como el material esencial de la teología. Y ésta existe porque tenemos una revelación segura, de parte de Dios, depositada en su palabra escrita.

d) La revelación encarnada

Jesucristo es la revelación y la palabra encarnada de Dios: «... a partir de la encarnación aparece el carácter eminentemente lingüístico de todo el amoroso vuelco de Dios hacia los hombres que se llame palabra a Dios»[62]. Así Jesucristo es al mismo tiempo el centro, la expansión y la máxima revelación de Dios. Fue anunciada proféticamente con el nombre de Emanuel, que traducido es «Dios con nosotros».

Juan lo dice con estas palabras: «En el principio era Verbo, y el Verbo era con Dios, y el Verbo era Dios»[63]. «Y aquel Verbo fue hecho carne, y habitó entre nosotros (y vimos su gloria, gloria como del unigénito del Padre), lleno de gracia y de verdad»[64]. «Lo que era desde el principio, lo que hemos oído, lo que hemos visto con nuestros ojos, lo que hemos contemplado, y palparon nuestras manos tocante al Verbo de vida»[65]. Pablo expresa este mismo misterio con palabras sublimes e inspiradas: «E indiscutiblemente, grande es el misterio de la piedad: Dios fue manifestado en carne, justificado en el espíritu, visto de los ángeles, predicado a los gentiles, creído en el mundo, recibido arriba en gloria»[66].

Estos pasajes dicen claramente que el Verbo era Dios; que se hizo carne y habitó entre nosotros. El sentido del texto griego que habla del Verbo que se hizo carne, dice literalmente que «el Verbo vino a poner su tienda», «su tabernáculo», junto a los suyos. La palabra traducida por Verbo, en el griego es *Logos* y significa también «Palabra». Jesús es la palabra hecha carne, esta palabra en el principio estaba con Dios y la Palabra era Dios.

La Palabra solo puede ser el resultado de la acción de una persona, por lo tanto representa a esta persona. Si en el Antiguo Testamento la presencia de Dios descendía en medio del tabernáculo, ahora en el Nuevo Testamento se nos da testimonio que por amor Dios se hace persona, toma forma de hombre, se hace siervo y viene a buscar y salvar a los hombres para salvarlos.

---

61. Bernard Ramm, *Teología contemporánea*, p. 102, CBP, El paso, Texas, 1990.

62. Evangelista Vilanova, *Para comprender la teología*, p. 32, Verbo Divino, Estella, 1992.

63. Juan: 1:1.

64. Ibíd., 1:14.

65. 1 Juan 1:1.

66. 1 Timoteo 3:16.

Otro texto que nos habla del abajamiento de Dios al hacerse hombre, es el siguiente: «Haya pues entre vosotros este sentir que hubo también en Cristo Jesús, el cual siendo en forma de Dios, no estimó el ser igual a Dios como cosa a que aferrarse, sino que se despojó a sí mismo, tomando forma de siervo, hecho semejante a los hombres; y estando en la condición de hombre, se humilló a sí mismo, haciéndose obediente hasta la muerte y muerte de cruz»[67].

Aunque en los versículos descritos no se mencione el nombre Emanuel, el significado de «Dios con nosotros» si está claramente apoyado.

El Emanuel nació en el establo de un mesón. Fue puesto en un pesebre, vistió pañales y tomó sopa. Creció en sabiduría, creció en gracia y creció en estatura. Se mantuvo en sujeción a sus padres, convivió con su vecindario, participó en las fiestas enseñadas por Moisés, discutió de manera sabia con los doctores de la ley. Cuando llegó el cumplimiento del tiempo para iniciar su ministerio dejó a sus padres y a sus hermanos. Comenzó a enseñar que el Reino de Dios se había acercado. Fue a buscar a los pecadores indigentes a las plazas, a los mercados, a las calles, a las casas, a los lugares desiertos, a las sinagogas, para amarlos, salvarlos, sanarlos, liberarlos y estar con ellos.

Jesús se condujo de modo intachable: su vida, su carácter, su enseñanza, su mensaje acompañado de señales y milagros son sublimes e irrepetibles. Pese a su buen proceder, unos lo rechazaron abiertamente, otros lo aceptaron de modo pleno, otros lo consideraron únicamente como un buen judío y un maestro ejemplar.

Para muchas instituciones, religiones y personas, de todo el mundo, hoy, el nombre de Jesús causa rechazo, para otras, aceptación plena y «para otras» solo es un maestro de moral. En muchos lugares el nombre de Jesús ha llegado a ser una palabra común. Aparece en toda clase de escritos, revistas, boletos, libros, enciclopedias, sitios *web*; considerándolo como cualquier otro fundador de religiones. Pero para la teología cristiana y los creyentes Jesucristo es el hijo eterno de Dios[68] y la máxima revelación de Dios.

La identificación plena de Dios con Cristo es un principio constitutivo y diferenciador del Evangelio con otras creencias y religiones. Él es la encarnación de Dios entre los hombres, el que revela al Padre, el único mediador del plan de salvación entre Dios y el hombre. Es la culminación de la esperanza profética de Israel y el fundamento del nuevo Israel. Es así como Cristo se constituye en el punto concéntrico de toda teología y

---

67. Filipenses 2:5-8.

68. Gordon R. Lewis, and Bruce A. Demarest, Integrative theology, V. II, p. 251, Zondervan Publishing House, Grand Rapids, Michigan, 1995.

espiritualidad cristianas. Cristo es el punto de enlace entre lo divino y lo humano, de la transhistoria[69] y de la historia, del descubrimiento y encubrimiento. Cristo no señala algún posible camino, Él es el camino. Él no busca la sabiduría, en Él están escondidos todos los tesoros de la sabiduría; Él no busca la vida, Él es la resurrección y la vida; Él no busca la verdad, Él es la verdad. Él no busca revelación oculta y privilegiada para llegar a Dios, Él es la revelación plena.

Todo procede de Cristo, el logos del padre. Estas verdades esenciales reveladas están formuladas en el Evangelio, que viene a ser el Señor de la Iglesia, por cuanto Dios y Cristo son el Evangelio mismo, que exige reconocimiento de validez absoluta. Cristo, la revelación encarnada, es suficiente para la abolición de toda religiosidad, superstición e idolatría abierta o solapada. La fortaleza de la teología es reconocer a Dios como Dios, aceptar la divinidad de Dios, se trata de no tocar el honor y la soberanía de Dios, la suficiencia de Jesucristo, de no permitir obstáculos de origen humano al libre actuar de Dios en Cristo. Solo Dios es el Señor, el creador de las cosas, quien posee soberanía sobre las mismas. El Evangelio está impregnado de este carácter teocéntrico, y de él quiere beber la teología evangélica. Cristo es el punto central de referencia del Evangelio. Es el principio de concentración, expansión y máxima expresión de la interpretación evangélica del cristianismo[70].

También Cristo por sus obras, por sus milagros se coloca en el centro de la revelación: «los signos de la revelación no son piezas separadas, argumentos que garanticen desde fuera una relación con la que no parecen tener más que unos vínculos jurídicos. Al contrario, los signos emanan de ese centro personal que es el propio Cristo; con la irradiación multiforme de la epifanía del hijo entre los hombres[71].

Todo lo cristiano, procede de Cristo. El testimonio de muchos teólogos es que ni doctrinas ni los valores éticos, ni las actitudes piadosas, ni ningún orden vital puede separarse de la persona de Cristo y del que pueda decirse que es cristiano. «Lo cristiano es Él mismo, lo que a través de Él llega al hombre y la relación que a través de Él puede mantener el hombre con Dios. Un contenido doctrinal es cristiano en tanto que procede de su boca. La existencia es cristiana en tanto que su movimiento se halla determinado

---

69. Término que se refiere a lo que está fuera de la historia humana. Es lo que no se mide en tiempo lineal –cronológico– sino lo que corresponde al ámbito de la trascendencia divina.

70. José Gómez-Heras, Teología protestante, sistema e historia, p. 42, BAC, 1972.

71. René Latourelle, Milagros de Jesús y teología del milagro, p. 24, Ediciones Sígueme, Salamanca, 1990.

por Él. En todo aquello que pretende presentarse como cristiano tiene que estar dado o contenido Él. La persona de Jesucristo, en su unicidad histórica y en su gloria eterna es la categoría que determina el ser, el obrar y la doctrina de lo cristiano»[72].

Jesucristo es el único que da sentido pleno a la revelación. La teología tiene que ser conformada y conducida en su propio camino por la historia cristiana de la salvación. Pero el camino de la revelación y de la historia cristiana es solo uno: Cristo, el camino, la verdad y la vida[73].

La humillación de Cristo manifestada en Filipenses 2: 6-7 «El cual siendo en forma de Dios, no estimó el ser igual a Dios como cosa a que aferrarse, sino que se despojó a sí mismo, tomando forma de siervo, hecho semejante a los hombres». Presenta la verdad y el obrar divinos a la lógica humana como algo contradictorio. Lo que parece irracional a la mente humana es lo racional ante Dios, el no saber representa la verdadera ciencia. El comportamiento paradójico de Dios en su hacer salvador hace que la teología posea una estructura esencialmente antitética, dialéctica y paradójica. Por lo que no se puede tener acceso por medio de la lógica humana, el razonamiento, el conocimiento natural, porque no sirven para recibir esa sabiduría y demostración de poder espiritual, revelado en el misterio de la cruz de Cristo. El Dr. Lutero, al igual que Pablo, no se propone saber, cosa alguna, sino a Jesucristo y a este crucificado.

La Palabra se ha hecho carne y vida en Jesucristo. La palabra se identifica con una persona. Por esta razón, la fe con la cual el hombre acepta la palabra de Dios no es un creer un conjunto de doctrinas, creencias, prácticas religiosas, tradiciones, méritos humanos o conocimientos teóricos, sino en Cristo con el que se ha tenido un encuentro personal por medio de la sola fe.

Cristo, como único y exclusivo mediador, es la encarnación de la verdad y el obrar salvadores de Dios, es el punto focal de toda teología. Por tanto el protestantismo quiere ser, en primer lugar, cristianismo. Y la esencia de éste consiste en la presencia de Dios, el soberano, en Cristo. Fuera Jesucristo no existe asidero alguno que dé sentido a la existencia humana. Cristo es el único mediador entre Dios y el hombre. El es actor único en el escenario de la salvación, nadie más. De su ofrecimiento suficiente y gratuito se deriva toda liberación del hombre; la redención acontece, en la paradoja del Dios encarnado, muerto y crucificado. Por Él nos llega el perdón del pecado y la nueva vida en Dios[74].

---

72. Eduardo Malvido, La perspectiva de la teología cristiana, p. 14, San Pio X, Madrid, 1993.

73. Gottlieb Söhngen, *El camino de la teología occidental*, p. 90, Castilla, Madrid, 1961.

74. José Gómez-Heras, Óp. Cit., p. 43.

Jesucristo es la piedra angular de la teología. Él es la roca más importante de la construcción teológica. Es en esta roca, en la que convergen el cimiento y las paredes que se unen y se amarran para que queden afirmadas. Y así se edifique la construcción del edificio teológico. Así viene a ser Él, su vida y su enseñanza; su muerte y su resurrección; su señorío y su sacerdocio, muestras de que Él es el fundamento por excelencia de la teología: «Porque nadie puede poner otro fundamento que el que está puesto, el cual es Jesucristo» (1 Corintios 3:11).

En esa misma vena, Barth insiste: «La teología responde a la Palabra que Dios pronunció, sigue pronunciando todavía y volverá a pronunciar en la historia de Jesucristo, el cual consuma la historia de Israel. Invirtiendo el enunciado podemos afirmar que la teología responde a aquella palabra hablada en la historia de Israel que llega a su culminación en la historia de Jesucristo. Dado que Israel está orientado a Jesucristo y dado que Jesucristo procede de Israel»[75]. Pero no olvidemos que podemos tener acceso a toda esta información solamente por medio de la Biblia.

La máxima revelación de Dios en Cristo exige, de parte de la teología, una respuesta de fe para ir en pos del conocimiento de Cristo. Conocer más a Cristo es una de las cuestiones fundamentales de la teología. Desde nuestro contexto, John Sinclair afirma, resumiendo el contenido del clásico libro El otro Cristo Español, «Mackay solía referirse a la condición espiritual de América Latina, como un desierto espiritual. Esta obra deja para la comunidad evangélica latinoamericana una herencia espiritual y un desafío de presentar, junto con los cristianos del resto del mundo, el mensaje sencillo de conocer a Cristo ante todo»[76].

Pablo afirmó en repetidas ocasiones en sus escritos que ese era su objetivo y máximo deseo: «Pero cuantas cosas eran para mí ganancia, las he estimado como pérdida por amor de Cristo. Y ciertamente, aún estimo todas las cosas como pérdida por la excelencia del conocimiento de Cristo Jesús, mi Señor, por amor del cual lo he perdido todo, y lo tengo por basura, para ganar a Cristo» (Filipenses 3:7-8).

e) La revelación y la trinidad

Es interesante que en el judaísmo supieran que Dios, Espíritu y palabra creadora, no eran tres dioses sino un solo Dios. No tenían inconveniente con la doctrina creadora de Dios por medio de su Espíritu, ni la doctrina del Espíritu de Dios que se comunicaba a los profetas.

---

75. Karl Barth, *Introducción a la teología evangélica*, p. 38, Sígueme, Salamanca, 2006.

76. John Sinclair, *En el prólogo de El otro Cristo español de* Juan Mackay, p. 17, Cupsa, México, 1989.

Los cristianos recibieron esa herencia y partieron de la premisa que Jesús de Nazaret, era la revelación máxima de ese mismo Dios y se manifestó en el poder de Dios, la sabiduría de Dios, la enseñanza creadora de Dios, la imagen misma de Dios. Así Dios creador, Dios salvador y el Espíritu, fueron entendidos en las primeras iglesias cristianas no como tres dioses sino uno solo, el único y mismo Dios[77].

La historia de las intervenciones reveladoras de Dios se dan como Dios Creador, Jesucristo como Dios salvador, y el Espíritu Santo como Dios santificador. Por lo tanto el contenido de la revelación, en el que se basa la teología cristiana, es al mismo tiempo cristológico y trinitario: «El verbo en la carne es el hijo eterno que ha entrado en la historia… es el resplandor de su gloria e imagen perfecta de su ser (Hebreos 1:3). Y esta relación es vívida y manifestada en el Espíritu Santo: Jesús es el ungido por el Espíritu Santo… La trinidad es el objeto puro de la revelación: El Dios cristiano al revelarse se manifiesta y se comunica así mismo»[78].

En la revelación, tanto el actuar creador de Dios, el actuar salvífico de Cristo y el actuar santificador del Espíritu Santo son fundamentales. Lacueva habla de esa interrelación y esa interactuación: «Tampoco el Espíritu Santo obra por su cuenta, independiente del plan del Padre, la obra del Hijo, antes bien el texto muestra que «todo lo que hubiere» recibido del Padre y del Hijo es lo que hace el Espíritu Santo»[79].

f) La revelación reiterativa

Es aquella que se hace real, viva y aplicable en individuos en cada generación. No obedece a un conocimiento y repetición mecánicos de lo que es la revelación especial y encarnada. No tiene que ver con lo oído y lo leído de la revelación, sino con el encuentro real con dicha revelación. Es un experimentar esas verdades que ocurrieron miles de años atrás, que han recibido las generaciones e individuos en las épocas anteriores, pero que ahora cobran vida, frescura y actualidad en el creyente moderno. Eso lo hace identificarse con los creyentes que le antecedieron y que han reflexionado sobre la revelación especial y encarnada, dando testimonio de ellas. Ahora no solo cree, sino que comprende porque lo ha experimentado[80].

77. Claude Tresmontant, *Introducción a la teología cristiana*, p. 353, Herder, Barcelona, 1978.

78. Bruno Forte, *Teología de la historia*, p. 46, Sígueme, Salamanca, 1995.

79. Francisco Lacueva, *Espiritualidad trinitaria*, p. 42, CLIE, Barcelona, 1983.

80. Leon Morris, *Creo en la revelación*, p. 26ss, Caribe, Miami, 1979.

g) La teología reformada y su retorno a la auto-revelación de Dios, a la Escritura y a Jesucristo crucificado

Está teología es otro de los fundamentos. La Reforma Protestante del siglo XVI retorna a las verdades esenciales de la fe cristiana. Las condensa en sus presupuestos fundamentales: *Solus Deus, Solus Christus, Sola Scriptura, Sola Fides, Sola Gratia, Eclessia Semper reformanda*, el Sacerdocio Universal de los creyentes. Estos presupuestos afirman la soberanía de solo Dios en contraposición al hombre pecador, depravado e indigente de salvación; la suficiencia de solo Cristo para reconciliar al mundo con Dios en contraposición a la mediación e intercesión de la iglesia, los santos y la virgen María; la autoridad de la sola y «toda Escritura» en contraposición a concilios, papas, y tradicionalismos. La confianza de la sola fe, en contraposición a la capacidad de la razón filosófica para llegar a Dios. La gratuidad de la sola gracia en contra posición a la «revelación natural» y las obras; la continua reforma de la iglesia como organismo vivo en contraposición a una iglesia institucionalizada y rígida; la inclusión de todos los creyentes como un *laos* en el servicio en contraposición a la división del pueblo en sacerdotes y laicos[81].

De esa manera los reformadores sacaron, sin titubear, a la filosofía, cargándola en hombros, lanzándola fuera de su teología y su reforma. Los filósofos griegos no tienen arte ni parte en esa magna empresa. A los reformadores y a la teología evangélica no les interesa saber del dios de los filósofos en términos sutiles, confusos y sofisticados como el impulsor inamovible de Aristóteles. Tampoco les hubiera interesado saber los actuales conceptos filosóficos de Dios: la base de todo ser de Tillich, el imperativo categórico trascendental de Kant, la verdad sustancial de Hegel, que corren el riesgo de caer en un reduccionismo racionalista y antropológico.

Felipe Melanchthon, sistematizador de las doctrinas de Lutero, aunque disentía con algunas de ellas, advierte sobre la confusión, y en algunos casos, la sustitución de la Escritura por la filosofía: «… Éste es solo uno de los muchos casos en los que las enseñanzas claras de las Escrituras han sido abandonadas en pro de la filosofía. El resultado es que aparte de las Escrituras del canon, no hay literatura fidedigna en la iglesia». En general, lo que nos ha sido dado en los comentarios apesta a filosofía»[82].

Es pertinente afirmar que la iglesia y la teología occidentales, desde la Reforma del siglo XVI, se han inclinado más hacia la *Theologia crucis*, resaltando la verdad «se entregó por nosotros y nuestras transgresiones». La iglesia y la teología orientales han hecho énfasis en la *Theologia Gloriae*,

---

81. José Gómez-Heras, *Teología protestante, sistema e historia*, p. 13ss, BAC, 1972.

82. Justo González, *Historia del pensamiento cristiano III*, p. 108, Caribe, Miami, 1993.

resaltando «que ha resucitado para nuestra justificación»[83]. Esas verdades son bíblicas y complementarias entre sí.

Guste o no, la Reforma Protestante es un punto de referencia obligatorio multi-convergente para toda aquella teología que quiera ser cristiana y evangélica.

h) La revelación de Dios en la cruz

Es lo que Lutero quiere manifestar en su forma predilecta: «teología de la cruz». La paradoja y el escándalo determinan la primacía de la fe en teología. El encuentro entre Dios y el hombre no se lleva a cabo mediante el conocimiento de los griegos, la filosofía, el idealismo, la ley mosaica y las tradiciones de los hombres. Tampoco sobre la plataforma del mundo o de la subjetividad, menos por mediaciones sacramentales, prácticas religiosas, intercesión de los santos, sino sobre la fe en un Dios manifestado en Cristo. Es en la muerte de Cristo en la cruz que revela el misterio de la salvación, que resulta en tropiezo para los judíos y un escándalo para los griegos al escuchar que el «El verbo se hizo carne» y fue crucificado. Pero a Dios le agradó, precisamente, salvar a los hombres, por la locura de la predicación del Cristo crucificado y resucitado, que anuncia su muerte hasta que el venga otra vez[84].

La teología de la cruz ve en la paradoja y la antítesis dialéctica el estilo teológico por excelencia del protestantismo y del cristianismo. Es una ley interna propia de toda teología cristiana que toma en cuenta el modo de cómo Dios se revela en el Cristo crucificado. En ese carácter antitético el sí y el no se implican mutuamente, el sí al Evangelio que el cristianismo pretende ser, exige el no protestante a lo que juzga infidelidades al mismo Evangelio[85].

En esta teología de la cruz no tiene cabida la suposición y el obrar humanos, tampoco la religión y la especulación filosófica, que nunca conducen al verdadero Dios. Luego, la filosofía en sus mejores momentos, como dice Barth, apuntó de lejos al centro de la teología. Y además, falló, agregaríamos nosotros. Esos intentos le llevaron no al Dios vivo y soberano, sino al ídolo, que más bien atentan contra la suficiencia de la revelación de Dios en Cristo. Al Dios oculto en la paradoja de la cruz, bullicio y contradicción, que se accede solo por la fe en el misterio, que es Cristo.

Esa paradoja se articula en torno al binomio palabra-fe. Y con ello adquiere un intenso carácter dialógico e interpersonal. La dialéctica palabra-fe

83. Karl Barth, *Esbozo de dogmática*, p. 134, Sal Terrae, Santander, 2000.
84. Gómez Heras, Óp. Cit. p. 45.
85. Ibíd.

expresa la apertura total de Dios en Cristo al hombre y la respuesta integral del hombre a esa palabra. Semejante dialéctica permite al hombre liberarse de las superestructuras mundanizadas de la Iglesia, para ir en solitario al encuentro inmediato con Dios en Cristo. Se suprimen los elementos mediadores entre el actuar salvador de Dios en Cristo y su aprobación subjetiva por parte del hombre. No hay lugar para la mediación de la Iglesia sacramental, los santos intercesores, tampoco para las obras del hombre pecador. Tal supresión conduce a una economía inmediata y personal que se unen para tener el encuentro con «solo Cristo» por medio de la «sola fe» provenientes de la «sola gracia»[86].

La concentración cristológica de la teología programada por Lutero y centrada en los misterios de la encarnación y de la cruz, da una peculiar estructura al pensamiento protestante. Dios se revela al hombre en Cristo y se manifiesta de modo paradójico: La vida, la fortaleza, la victoria, la santidad y la sabiduría de Dios se ocultan tras la muerte, debilidad, derrota, pecado y locura de la cruz. Dios revela su omnipotencia en la impotencia; su soberanía en la crucifixión. A esta revelación se accede solamente por la fe en Jesucristo. Hay que creer para entender y no entender para creer[87].

Se ha dicho con razón que la teología de la cruz ha permanecido, visible o no tan visible, desde la época del Nuevo Testamento hasta nuestros días; tomando prominencia en la Reforma del Siglo XVI y recuperándose en las teologías actuales: «En la teología actual es claro el esfuerzo por mantener la cruz en el puesto central; no se trata solo de darla un relieve especial en un capítulo particular, sino de construir toda la teología en torno a ese punto, exactamente como hace el Nuevo Testamento. La teología ha de mantener la «trinidad staurológica que consiste en: palabra (Logos), locura (Môria), potencia de Dios (Dunamis theou)»[88].

3. El objeto de la teología

El objeto de la ciencia teológica es Dios mismo. El Dios hecho hombre, revelado en Jesucristo, el logos divino. Son su obra y su palabra que inician y culminan, se expanden y retornan a Jesucristo. Él es el punto concéntrico de la teología que desciende al hombre encarnando a Dios y es el que asciende al Padre como verdadero hombre. Es el Dios que se abaja y se abre a nosotros en misterio: «El objeto de la teología es Dios mismo en su movimiento de apertura hacia nosotros, que consiste en la revelación del

---

86. Gómez Heras, Op. Cit. p. 42.
87. Gómez Heras, Op. Cit. p. 31.
88. Francisco de Mier, *Teología de la cruz*, p. 153, San Pablo, Madrid, 1996.

misterio;... el propósito y el designio salvífico de Dios para el hombre, el cual revela a lo largo de su realización (oikonomía), el ser mismo de Dios (teología)»[89].

Para muchos teólogos no está en discusión que el objeto de estudio sea Dios mismo, pero hay que reconocer que, ningún teólogo ha insistido tanto como Barth en que el objeto de estudio de la teología es Dios mismo en Jesucristo. Quizá por los rumbos que había tomado la teología en su tiempo, la sacudida que estaban atravesando los presupuestos doctrinales esenciales, herederos de la Reforma Protestante; el menosprecio de las Escrituras y la desconfianza del Jesús histórico. Barth en lugar de apabullarse y retroceder levanta la bandera del Cristo como único y verdadero Señor: «*Es el* único que representa al Dios único entre los hombres y el propio hombre ante el acatamiento del único Dios. El es el único siervo y Señor que fue esperado, que llegó y que ahora es sumamente esperado. El conocimiento teológico, orientado hacia Él, *que es su punto de partida y su meta*, se convierte en un conocimiento que expresa la unidad de la diversidad»[90].

Jesucristo es el fundamento del evangelio y por lo tanto de la teología. Es, bajo cualquier circunstancia, el que tiene la preeminencia, el punto primario, lo demás se congrega alrededor de Él. El que no recoge con Jesucristo, desparrama, el que no está con Él contra Él está. Todo lo que se separa de Él, cae en el sectarismo, en falsedad y hasta en la apostasía[91]. Pero es hermoso saber que el único Dios verdadero como el objeto de estudio de la teología, no existe en soledad, aislamiento e independencia, sino en su unión con el único hombre verdadero. Y el único hombre verdadero existe igualmente en completa dependencia en unión con el único Dios verdadero: «El objeto de la teología es, en realidad, Jesucristo. Ahora bien esto significa que tal objeto es la historia del cumplimiento del pacto entre Dios y el hombre. En esta historia, el gran Dios se dio y se ofreció a sí mismo en su propia libertad original para ser el Dios del hombre pequeño. Pero, en esta historia, el hombre pequeño se dio y se ofreció a sí mismo en su propia libertad que le fue concedida por Dios para este acto con el fin de ser el hombre del gran Dios»[92].

La teología se aproxima a su objeto de estudio desde la perspectiva de lo milagroso: la encarnación de Dios en Jesucristo es portentosa, es irrepetible e irracional. No encaja dentro de lo racional, sino dentro de lo que no tiene parámetro pre-establecido como es lo milagroso: «la aparición, la

89. Ángel Cordovilla, *El ejercicio de la teología*, p. 42, Sígueme, Salamanca, 2007.
90. Karl Barth, *Introducción a la teología evangélica*, p. 110, Sígueme, Salamanca, 2006.
91. Ibíd., p. 112.
92. Ibíd., p. 234.

presencia y la actividad de lo que es básicamente y definitivamente incompatible con la norma de la experiencia». Jesucristo y su obra, que son en sí mismos portentosos, desempeñan un papel importante en los registros divinos de la Biblia. Los milagros son aquellos sucesos en el tiempo y en el espacio que no tienen analogías[93].

Insistiremos que el objeto de la labor teológica no es una cosa, no es una doctrina, no es una expresión religiosa, sino alguien. Él no es algo elevado en grado sumo o absoluto, inalcanzable e incognoscible. Ese objeto no es un ello, un esto, un aquello, sino un Él. Hay singularidad irrepetible. Es y se manifiesta como un Dios laborioso y comunicador, activo y hablante, abierto al hombre, centrado en su obra que es su palabra, y su palabra es Jesucristo[94].

Todos los otros temas de la teología, son puntos adyacentes: la fe, la piedad, la revelación general, la historia de la iglesia, el amor, la oración, la santidad. El objeto de la teología no es la fe. La teología no es un tratado de la fe, como ciencia y la doctrina de la fe cristiana. Tampoco es primeramente una inteligencia de la fe. Bien es cierto que la fe es la *conditio sine qua non* de la ciencia teológica, pero no es su objeto ni su tema central[95].

Incluso temas que algunos piensan que son de carácter vinculante, tales como: la religión, la filosofía, la filosofía de la religión, la sociología de la religión o la realidad social[96], más que temas periféricos de la teología, pueden ser ajenos a la teología, y en todo caso, bajo reserva, subordinados a la teología cristiana. Pero si se pensara que son parte de la teología, resultaría en una mezcla agria de antropología, sociología, filosofía y teología: Mixofilosoficoteologiaantropologicosocial. Este engendro de cuatro cabezas, al final no satisfará al que represente o abogue por alguna de estas ramas. Solo en Jesucristo hay teología cristiana y evangélica: «Dondequiera que El Señor todo poderoso sea el objeto de la ciencia humana, y como tal sea el origen y la norma de ese saber, allí habrá teología evangélica»[97].

El objeto de la teología es Dios, la fuente primaria es la Biblia, el acceso al conocimiento de ese objeto es por la fe con el auxilio del Espíritu. La explicación y sistematización de dicho conocimiento es por la razón y la investigación rigurosa.

93. Ibíd., p. 109.
94. Ibíd., p. 190.
95. Ibíd., p. 123.
96. Ibíd., p. 14.
97. Ibíd., p. 23.

4. La estructura de la teología

La teología posee una estructura y un orden en el conocimiento de sus distintas áreas. Este orden en la teología es importante porque marca la primacía de su arreglo y la disposición de sus disciplinas para ser una teología conservadora, en el mejor sentido de la palabra, pero progresista. Así resultará en una teología vigilante, pero abierta a los tiempos actuales; con buena estructura, pero con belleza; profunda pero útil, con claridad teórica, pero práctica; universal pero ligada a nuestro contexto. Es una teología de porte teocéntrico, cristocéntrico, y evangélico que busca la aprobación divina, para que sea sostenida e impulsada por el Espíritu, sea acogida por la iglesia y proporcione un impacto positivo en la sociedad.

La estructura de la teología se refiere a sus campos importantes de conocimiento, así como con sus clasificaciones[98].

a) Características de la estructura

Por su contenido particular

Teología bíblica: (teología del Antiguo Testamento, teología del Nuevo Testamento, teología Paulina, Juanina y Petrina); Teología fundamental, teología histórica, teología pastoral- algunos todavía la equiparan con la teología practica.

Por el método que emplea

Teología dogmatica, teología exegética, teología polémica, teología sistemática.

Por el nombre del iniciador de un sistema teológico

Teología agustiniana, teología luterana, teología calvinista, teología arminiana, teología Barthiana.

Por la fuente de su material

Teología revelada, teología natural, teología católica, teología ortodoxa, teología evangélica.

Por su lugar de origen

Teología ginebrina, teología de Mecersburgo, teología de Oxford, teología de la Nueva Inglaterra, teología occidental, teología oriental, teología africana, teología latinoamericana.

98. Lewis Chafer, Op. Cit. p. 4ss, *No existe un criterio unificado para clasificar las partes y las disciplinas de la teología. Hay varios enfoques y diversas maneras sugeridas. Según nuestra opinión Chafer hace una buena organización de la estructura de la teología y de sus diversas maneras de clasificarla. Es la que tomamos de base.*

Por la época
Teología patrística, teología monástica, teología medieval, teología escolástica, teología reformada, teología ortodoxa, teología pietista, teología moderna, teología racional liberal, teología neo-ortodoxa, teologías del siglo XX.

b) Teologías que conforman la teología evangélica

Según nuestro parecer las siguientes teologías debieran formar parte de
la estructura de la teología evangélica y participar en el proceso de producir dicha teología.

La teología exegética: La teología evangélica debe iniciar con la exégesis
que se define como «aquella ciencia que tiene como meta que la Escritura
diga lo que el Espíritu quería que significara en su contexto original, siendo analizado cada texto por el exégeta en el contexto social e histórico, el
género y otros factores literarios, y los detalles de comprensión proceden-
tes del idioma original»[99].

Barth afirma la prioridad de la teología exegética: «en los distintos
campos y ámbitos de la teología, de las denominadas asignaturas o disciplinas de la investigación teológica, la primera que debe mencionarse
evidentemente es la exégesis bíblica. Debe considerarse como la tarea
primaria y fundamental de todo estudio teológico. En ese sentido la teología es ciencia del Antiguo y Nuevo Testamentos»[100].

La teología bíblica: «Esta clase de teología hace uso solo de los materiales que se encuentran en la Biblia. Su objeto es clasificar y presentar de
una manera certera las enseñanzas en las discusiones de las varias doctrinas bíblicas»[101]. «La ciencia de la teología bíblica debe esclarecer, con
imparcialidad y esmero constantemente renovados, lo que se halla escrito
de hecho en las Escrituras y lo que todos piensan que ha sido escrito en
ellas... Debe emplear conscientemente todos los medios conocidos y disponibles, todos los criterios y reglas que sean aplicables a la gramática, a la
lingüística y a la estilística»[102].

La teología histórica: «Es una ciencia que traza el desarrollo de la doctrina
y se ocupa, además, de las distintas variaciones sectarias y el abandono de
la verdad bíblica por parte de grupos herejes que han aparecido durante
la era cristiana»[103].

---

99. Stanley Horton, *Teología sistemática*, p. 53, Vida, Florida, 1996.
100. Karl Barth, *Introducción a la teología*, p. 203, Sígueme, Salamanca, 2006.
101. G. H. Lacy, *Introducción a la teología sistemática*, p. 20, CBP, México, 1989.
102. Karl Barth, Óp. Cit., 204.
103. Lewis Chafer, *Teología sistemática* Vol. I, p. 5, Publicaciones Españoles, WI, 1986.

La teología reformada: Es aquella teología que se fundamenta en las reformas llevadas a cabo en el siglo XVI. Se condensa en los presupuestos fundamentales de «la divinidad y la soberanía de solo Dios», «la exclusividad y la singularidad de solo Cristo», la «gratuidad de la sola gracia», la «suficiencia de la sola Escritura», la «libertad de la sola fe». Estos presupuestos se condensan a su vez en las fórmulas: *«Solus Deus»*, *«Solus Christus»*, *«Sola gratia»*, *«Sola Scriptura»*, *«Sola fides»*[104].

Lutero es el reformador más emblemático del siglo XVI. Sus principios rectores iníciales más potentes son claramente definibles: La Escritura es la fuente suprema y la autoridad de la teología y la justificación es por gracia sola por medio de la fe sola; Cristo solo, es el fundamento y mediación exclusiva para con el padre. Toda doctrina, toda enseñanza proclamada en la iglesia Cristiana debe derivarse de la revelación de Dios en su palabra y todo debe hacerse para exaltar la gloria de Dios[105].

Calvino destacó dos aspectos de todos sus temas teológicos: la supremacía y magnificación de la gloria de Dios y las Sagradas Escrituras. En cuanto al primer tema, no existe otra razón más sublime y necesaria que exultar la gloria de Dios. En la segunda resaltó el lugar de la Escritura en toda su teología. Fue uno de los protagonistas más destacados de la teología reformada, que no aceptaba, sin más, los conceptos de los padres de la iglesia por más piadosos que fueran. Todo lo sometía a la Escritura. De ahí que su teología fuera enteramente apegada a la Escritura. Su principio básico hermenéutico lo evidencia: «Trate de no decir más que las sagradas Escrituras, porque ello sería especulación; trate también de no decir menos que las escrituras, porque eso sería empobrecer la palabra de Dios»[106].

Ulrico Zuinglio es otro de los reformadores destacados y más polifacéticos: «teólogo, predicador, pastor de almas, pedagogo, renovador político y social, fino estilista en prosa latina y alemana, poeta y músico. Menos impetuoso que el león de Wittenberg, menos sistemático que Calvino, supera, sin embargo, a ambos en inteligencia natural y les iguala en capacidad de trabajo»[107].

La teología dogmática: Toma de base la palabra griega *dokein* que se traduce como dogma. Significa: decreto, acuerdo, certidumbre verdad evidente, opinión fundamentada. Por lo que «un dogma» llega a considerarse como una ordenanza oficial o como un artículo de fe bien formulado. La

---

104. José Gómez-Heras, *Teología protestante, sistema e historia*, p. 13, BAC, Madrid, 1972.

105. David Buschart, *Exploring protestant traditions*, p. 42ss, IVP Academic, Illinois, 2006.

106. Gordon Spykman, *Teología reformacional*, p. 6, *The Evangelical Literature League*, MI, 1994.

107. M. Gutierrez, *Zuinglio, Antología*, p. 10, PND, Barcelona, 1973.

palabra *dógmasin* aparece como decretos y decisiones de Dios en las cartas de Efesios 2:15, Colosenses 2:14; y en Hechos 16:4 en el primer concilio de Jerusalén la palabra *dógmata* como acuerdos. Para la iglesia cristiana el dogma llegó a significar la enseñanza que se consideraba autoritativa. La teología dogmatica se enfoca, sostiene y estudia aquellas verdades creídas con certeza de carácter normativo. Algunas de esas verdades, a partir de la Reforma, tomaron forma de artículos de fe[108].

Según Barth, un fiel promotor de la dogmatica en lugar de la teología sistemática, la dogmática tiene que ver con una doctrina pura en la medida que sea una franca referencia a su fuente, a la sagrada Escritura y al nombre de Jesucristo, en ella testimoniado... la dogmática sirve a la doctrina pura, no la brinda, y menos aún la codifica... es un esfuerzo por copiar lo que tiene lugar allí donde la doctrina pura es un acontecimiento»[109].

Barth considera una ciencia especial a la dogmática: «Es una ciencia en el sentido de un intento de comprensión y representación, de investigación y enseñanza referido a un objeto y un ámbito determinados... el sujeto de la dogmática es la iglesia cristiana que a su vez se da razón a sí misma del contenido de su predicación. La dogmática solo podrá cumplir su tarea de acuerdo con la respectiva situación de la iglesia... mide la proclamación de la Iglesia con la medida de la Sagrada Escritura»[110].

La teología sistemática: «Tiene como propósito sistematizar los hechos de la Escritura, exhibiéndoles en su orden y relación apropiados con los principios o verdades generales involucrados en los mismo hechos, y que impregnan y armonizan en todo»[111].

Aunque no existe una lista universalmente aceptada de sus componentes y sus subdivisiones en la teología sistemática, el hecho más aceptado es que construye sobre las disciplinas bíblicas la historia de la iglesia y la teología histórica. Sus subdivisiones, dependiendo del tipo de teología sistemática, por su método, su confesión o grandes movimientos teológicos, van desde ocho hasta las diez siguientes: 1) Prolegómenos o teología propia, 2) Bibliología, 3) Cosmología, angelología y demonología, 4) Antropología, 5) Hamartiología, 6) Cristología, 7) Pneumatología, 8) Soteriología, 9) Eclesiología, 10) Escatología[112].

---

108. VA., *Nuevo Diccionario de teología*, p. 303, CBP, El Paso Texas, 1992.

109. Karl Barth, *Esbozo de dogmatica*, p. 185, Sal Terrae, Santander, 2000.

110. Ibíd., p.19ss.

111. Charles Hodge, *Teología sistemática* I, p. 36, CLIE, Barcelona, 1991.

112. James Leo Garrett, *Teología sistemática, bíblica, histórica y evangélica*, p. 30ss, CBP, El Paso Texas, 1996.

Han existido ciertas objeciones contra la teología sistemática. Barth es uno de sus atizadores. Afirma que ésta disciplina es una contradicción en sus propios términos[113], y que toda formación de un sistema será temporal: «… será en todos los casos algo en borrador, algo fragmentario. La diferencia entre los tiempos y las situaciones en los que se realiza el acto teológico del conocimiento se opone a una radical y consecuente sistematización»[114].

La teología práctica: «La teología práctica es como se puede servir a la palabra de Dios por medio de palabras humanas. Se da en orden a la labor práctica de la iglesia y a la proclamación. La teología práctica se estudia para buscar, hallar, aprender y practicar este lenguaje que es esencial para la proclamación del evangelio y la evangelización. Por esas razones mientras uno viva también habrá de estudiar teología práctica»[115]. La teología práctica se ha llamado tradicionalmente teología pastoral.

5. El método en teología

a) Consideraciones generales sobre el uso del método en teología

Tellería reflexiona, de manera precisa, sobre el que hacer teológico de cara al siglo XXI; previamente hace un recorrido, partiendo del Nuevo Testamento hasta hoy, resumiendo XX siglos de historia de la teología cristiana y sus teólogos, teniendo como hilo conductor la cuestión del método en teología. Afirma de entrada, y de manera categórica, que el método es ineludible y que "… *No hay un método único en teología; no existe un solo instrumento de trabajo en exclusiva que le ayude a esta especialidad a obtener lo que se propone, ni lo podrá haber jamás. Si eso sucediera, podríamos afirmar entonces la muerte de la teología como ciencia y como disciplina del pensamiento"* [116].

1. El método es necesario

Aunque resulte incomodo el término método para algunos y sospechosos para otros o suene muy calculador, frío, estático y, relativamente fácil, para todo aquel que quiere obtener resultados en el estudio de la teología, es necesario definir un procedimiento a seguir para la investigación y la adquisición del conocimiento de Dios.

113. Karl Barth, *Introducción a la teología*, p. 109, Sígueme, Salamanca, 2006.

114. Ibíd., p. 111.

115. Ibíd., p. 210ss.

116. Juan M. Tellería Larrañaga, *El método en Teología. Reflexiones sobre una metodología teológica protestante para el siglo XXI*, p.7, Mundo Bíblico, Canarias, 2011. Este libro es uno de los mejores escritos en cuanto al abordaje de la cuestión del método en teología, desde una perspectiva protestante e histórica.

2. El método es solo un instrumento

El solo hecho de tener un método, conocerlo, dominarlo, ¿nos garantizará invariablemente un buen resultado? La respuesta es negativa. El método es solo una de las herramientas de la construcción teológica. Es imposible que se pueda conocer a Dios dependiendo solo del método, pues Dios es Espíritu. Entonces se tiene que partir de lo espiritual, las condiciones acordes a la naturaleza del objeto de su estudio y a la tarea de la teología. Estamos de acuerdo en que el método en teología, en general, «es la ley con arreglo a la cual el teólogo tiene que proceder», y conducido por amor a la verdad, que de forma ordenada lleva al teólogo a «investigar, pensar y hablar»[117].

3. El método es abierto

Por la singularidad del objeto de estudio de la teología no puede afirmarse que el método es completamente cerrado. Tiene que ser, en cierta medida, abierto y flexible. No puede hablarse de tres, cinco, siete o diez pasos inquebrantables en el desarrollo de la investigación. Es claro que algunos de los pasos no se podrán pasar por alto, pero otros sí, en determinado momento y en determinada circunstancias. Es más, en el camino, podrá incorporarse algún otro paso no establecido de acuerdo a la luz que venga de la oración o la guía del Espíritu de verdad. «Ni el término método ni el término ley deben entenderse como una carga impuesta sobre el teólogo, como una reglamentación carcelaria que le obstaculice o, una palabra, como una coacción que se le imponga»[118].

4. El método es congruente con su objeto de estudio

Nada más sensato que el objeto de estudio y el método sean afines y coherentes mutuamente. Por eso en teología al hablar de conocimiento y de método, primero se habla de revelación de Dios al hombre, luego de la condición espiritual de quien se adentrará en el estudio de la teología y después del método apropiado a emplear. Solo así, según nuestro criterio, el resultado será satisfactorio, útil, bello y agradable al Señor.

Los métodos de los otros campos del saber no sirven para la teología: métodos matemáticos, naturales, sociológicos, filosóficos, epistemológicos y ontológicos. Es imposible percibir y aprehender lo divino usando esos medios. Sería como usar un trozo de metal unido a un trozo de madera para conducir electricidad. «Si la teología utilizara los métodos de las ciencias

---

117. *En este párrafo las dos frases en cursivas son de Karl Barth citadas de su obra Introducción a la teología*, p. 108ss.

118. Karl Barth, Op. Cit., p. 108.

mencionadas estaría construyendo una casa de naipes»[119]. Es claro que la teología tendrá que usar, en parte, lenguaje, imágenes, frases, conceptos corrientes y paganos prestados para explicar el conocimiento del misterio de Jesucristo. En ese sentido, no es totalmente diferente, a las otras ciencias. Así como el Señor quiso usar el idioma pagano griego koiné para escribir la revelación del Nuevo Testamento, el teólogo puede usar, en cierta medida, la lengua de Canaán para reflexionar, elaborar, enseñar y hablar el contenido de la revelación divina.

5. El método es una guía

El método nos dirige por el camino de la investigación. Nos ayuda a plantear, buscar, encontrar, ordenar, canalizar, concluir, proponer. Nos ahorra tiempo mostrándonos los pasos a seguir para comprender mejor a su objeto de estudio en lo que ya ha ocurrido a través de la revelación. El método marcará la ruta de las afirmaciones, las propuestas y las respuestas; ayudará a hacer más claro el conocimiento que ha venido por la fe, y luego, se comprende por la razón lo que ha venido por el Espíritu, se hace vivencial lo que ha venido por medio de oración, se suma el resultado de la investigación y la reflexión teológicas. El método teológico nos debe auxiliar para buscar, pensar y explicar el conocimiento que viene del estudio de la Escritura, las reflexiones teológicas posteriores. Éste nos debe alumbrar desde la Escritura, desde la fe, usando la razón, respectivamente, para comprender el estado de las realidades espirituales, doctrinales, dogmáticas e influenciar las cuestiones económicas, políticas, sociales, antropológicas y culturales.

6. El método de investigación tiene su momento de aplicación

El método de investigación propiamente comienza a utilizarse una vez que se tienen claros los fundamentos: La autoridad de la Escritura, el Cristo crucificado fuente del conocimiento y la sabiduría, el testimonio interno del Espíritu, la necesidad de la revelación, el don de fe como respuesta, luego se da la parte positiva de la espiritualidad: oración, adoración, meditación.

7. El método de investigación le da carácter científico a la teología

Al admitir el carácter científico singular de la teología en su segunda fase de investigación, racional, histórica y sistemática de sus materiales y sus hechos, es importante procurar que el cumplimiento de los pasos sea el correcto, así como una atinada aplicación. Una mala aplicación o descuido

---

119. Ibíd.

en la utilización del método de investigación resultará en errores doctrinales, herejías, exageraciones y deformaciones[120].

b) Sobre la diversidad del método teológico

Muchos teólogos afirman que no existe unanimidad en cuanto a un solo método en teología. Aún cuando dos teólogos aborden la cuestión de la teología con el mismo método, habrá algunas variantes, matices o sellos personales. Uno de los especialistas del método en teología, pese a que propone un método específico, está consciente que se pueden usar otros: «la reflexión sobre el método puede hacerse en una de las tres formas siguientes: La primera como arte que se aprende más en los seminarios y con los maestros que en los libros. La segunda manera es buscar una ciencia de mayor éxito, estudiar sus procedimientos, formular leyes y finalmente se propone una concepción analógica para la teología». Y la tercera forma es la que Lonergan llama el método trascendental, que se conforma de los siguientes pasos: la investigación, la interpretación, la historia e historiadores, la dialéctica, la explicitación de los fundamentos, el establecimiento de las doctrinas, la sistematización y la comunicación[121].

Otros ven más el método teológico como el *camino de vida* situándolo especialmente en el contacto con un grupo notable de teólogos paradigmáticos, considerándolos más bien como compañeros de viaje con el propósito de prolongar el objetivo teológico en la época actual[122].

c) Perspectivas del método ilustradas con metáforas

1. La teología de rodillas

Es aquella que se realiza no solo hablando de Dios, sino hablando con Él a través de la oración, la comunión del Espíritu. Para hablar de Dios de manera eficaz, tenemos que hablar primero con Él. Esta metodología parte de la espiritualidad.

2. La teología sentada

Es la que se realiza no como un juego de palabras, en medio de emociones y sentimientos, ni con una larga lista de exigencias prácticas. Es la teología científica y seria que usa el intelecto, la razón, en lectura e investigación. Se hace sentado.

120. Juan Banks, *Manual de doctrina cristiana*, p. 21, CLIE, Barcelona, 1988.
121. Bernard Lonergan, *Método en teología*, p. 9ss, Sígueme, Salamanca, 1988.
122. Jared Wicks, *Introducción al método teológico*, p. 7ss, Verbo Divino, Navarra, 1998.

3. La teología en marcha

Es la teología que tiende un puente entre el conocimiento y la práctica, a semejanza del médico que tiene que poner en práctica todo su conocimiento en los hospitales en el tratamiento de las enfermedades de los pacientes. Esa práctica, a su vez, va enriqueciendo el conocimiento intelectual de la teología[123].

4. La teología del balcón

Es la teología que se hace sin compromiso, es la teología clásica, es el símbolo del espectador que dice cómo hacer, pero no hace. Es el que critica y señala los errores, pero no hace nada por cambiarlos. Dicha teología ve la vida y el universo únicamente como objetos de contemplación y estudio. Se queda en la reflexión fría y dura[124].

5. La teología del camino

Esta forma de hacer teología afirma: «que es el lugar en que la vida se vive tensamente, donde el pensamiento nace del conflicto y el serio interés, donde se efectúan elecciones y se llevan a cabo decisiones. Con el camino se busca un fin, se corre el riesgo, se derrama a cada paso la vida[125].

d) *Perspectiva histórica del método*

Como diversos han sido los asuntos e intereses de la teología en las distintas épocas, así han cambiado paradigmas y los recursos metodológicos que se han utilizado. Es curioso que no haya habido una constante en los aspectos relevantes de las doctrinas que destacan los profetas, Jesús, las epístolas paulinas, petrinas y juaninas, pese a la instrucción que se transmitieran con fidelidad, de la misma manera que las habían recibido.

La realidad muestra lo contrario. Han sido varios los giros de los temas de la teología y sus metodologías. Berzosa hace un buen resumen de los variados temas y los recursos metodológicos a lo largo de la historia de la teología[126].

---

123. Antonio Hortelano, *Teología de bolsillo, cuestiones esenciales del misterio cristiano*, p. 337ss, Cobarrubias, Madrid, 1991. Describe con más amplitud estas tres formas metafóricas de hacer teología.

124. Juan Mackay, *Prefacio a la teología cristiana*, p. 38, Cupsa, México, 1957.

125. Ibíd., p. 38.

126. Raúl Berzosa, ¿Qué es teología? Una aproximación a su identidad y a su método, p. 14ss, Desclée, Bilbao, 1999.

1. Los asuntos o temas que ha destacado la teología

Kerigma-Cristo-Trinidad (S. I-XII), Dios (S. XIII), salvación y unión inmediata con Dios (S. XV-XVI), libertad y gracia (S. XVI-XVII), razón y fe (S. XVIII), historia y revelación (S. XIX), persona humana y sociedad (S. XX). Creemos que hay que incluir y destacar el potente influjo que tuvo en el siglo XX, y sigue teniendo, la teología de la Palabra.

2. Las categorías metodológicas relevantes en la historia

Gnosis sapiencial (S. I), alegoría (S. II- IX), gramática (S. X), lógica (S. XII), metafísica (S. XIII), retorno a las fuentes (S.XVI), razón y fe (S. XVIII), historia y sentimiento (S. XIX), psicología-sociología-hermenéutica (S. XX)[127]. Según nuestro criterio, hay que incluir el recurso metodológico de la dialéctica de la revelación en el siglo (S. XX).

3. Los métodos en las diferentes épocas

3.1. Método en la época patrística
En general, prevalece el método sapiencial aunque tiene variantes: «No es completamente uniforme, y presenta a veces notables variaciones. Pero se aprecian elementos generales y comunes en todos ellos: reflexión sobre la fe revelada en la Escritura, con fines polémicos y apologéticos. Es exégesis y exposición narrativa de la salvación». A sus expositores, los padres de la iglesia, se les debe el nombre de «teología patrística». Se les consideró, en esa época, como padres de la fe[128].

3.2. Método en la época escolástica
Esta época trata de encontrar un equilibrio entre la fe y la razón filosófica. Éstas se explican y se delimitan detalladamente. El modo de hacer teología es que la fe cristiana es pensada por la razón con respeto pero también con rigor de ciencia en el sentido aristotélico[129].

3.3. Método en la época de la reforma.
Es un retorno a la Escritura, al Dios soberano, a Cristo, a la fe, a la gracia, utilizando la dialéctica de opuestos, –no de síntesis hegeliana– o paradójica del Dios que se oculta revelándose y se revela ocultándose. La

127. Ibíd.
128. José Illanes, *Historia de la teología*, p. 17, BAC, Madrid, 1995.
129. José Morales, *Introducción a la teología*, p. 236ss, Eunsa, Navarra, 2008.

clave hermenéutica metodológica es la teología de la cruz[130]. Martín Lutero especifica los detalles de su método teológico en respuesta a la revelación de Dios en la cruz: *Oratio, Meditatio, Tentatio* que se derivan de los preceptos del salmo 119. Así el orar pidiendo al Señor la iluminación, el meditar de manera continua, golpeando los textos para que finalmente viertan sus preciadas verdades, y soportando el sufrimiento que ocasiona los ataque del diablo, son un excelente método para convertir en un buen teólogo al que los vive y practica[131].

3.4. Método en la época Ilustrada

El método teológico se fundamenta en la razón que se convierte en la suma autoridad. Algunos de los rasgos prominentes son la inmersión de la teología dentro de los cánones del humanismo moderno, de la ciencia y de la crítica histórica. La teología tiende a ser racionalista, moralista, llegando a posturas extremas, como en el caso de Reimarus, que niega toda revelación, lo sobrenatural y los milagros[132].

3.5. Método en la época de la modernidad

Friedrich Schleiermacher es la figura destacada del quehacer teológico en la modernidad. Él acepta la filosofía moderna, la crítica histórica, acepta y ama la literatura, el arte y el trato social modernos. Se relaciona con los círculos altos románticos de Berlín. Es un teólogo que se relaciona de manera libre e íntima con escritores, poetas, filósofos, artistas, políticos. Su horizonte se amplía y se convierte en el vértice para unir la religión del corazón con la cultura científica. De resultas, la reducción de la ciencia sagrada y su método a antropología es la llave que abre el secreto de la teología schleiermacheria-na. Sentimiento, emotividad, intuición, experiencia religiosa, piedad como absoluta dependencia, afectividad, sentir, son las columnas que sostienen dicha teología y sus recursos metodológicos. Este modelo de hacer teología se fragua en un contexto del movimiento cultural de amplios vuelos llamado el Romanticismo, que establece los parámetros para tener acceso a Dios: el conocimiento no es teoría ni práctica, no es arte ni ciencia, se percibe por el gusto y el sentido de lo infinito. Llegamos a éste, por medio de la contemplación y el sentimiento. Es la religión del corazón. El hombre se deja conmover, impresionar, colmar y emocionar en lo más íntimo de sí mismo y en su totalidad, por lo infinito que actúa en todo lo infinito[133].

---

130. José Gómez-Heras, *Teología protestante, sistema e historia*, p. 52ss, BAC, Madrid, 1972.

131. John Piper, *El legado del gozo soberano, la gracia de Dios triunfante en las vidas de Agustín, Lutero y Calvino*, p. 114, Unilit, Miami, 2008.

132. José Gómez-Heras Óp. Cit., p. 100ss.

133. Hans Küng, *Grandes pensadores cristianos, una pequeña introducción a la teología*, p. 162, Trota, Valladolid, 1995.

3.6. Método en la teología del siglo XX

En el siglo XX destacan los métodos teológicos de una pléyade de pensadores y teólogos de gran talla. Los métodos corresponden a la creatividad, el talante y los intereses de cada teólogo, pero se agrupan bajo la llamada teología contemporánea. El más destacado es sin duda Barth. En su peregrinaje teológico, analizado en base a sus cartas y textos autobiográficos, es claro que Barth al principio fue un decidido partidario de la teología moderna. Más adelante fue un acérrimo crítico del paradigma ilustrado moderno. Su teología personal evoluciona a una teología de la crisis al finalizar la segunda guerra mundial, con todas las secuelas y caídas simultáneas de otros movimientos, dejando en ruinas a Alemania. Así se derrumba la época moderna con su confianza en la razón, en la ciencia y en la teoría del progreso[134].

Barth se dio cuenta que era imposible sostener las mismas concepciones teológicas después de los acontecimientos catastróficos: «Movilizó… la fuerza crítica de la fe y exigió programáticamente –partiendo de la epístola a los Romanos– el giro hacia una teología de la palabra, llamada a menudo «teología dialéctica»[135].

En esta teología, su metodología se convirtió en una dialéctica de la revelación. Así llegó a las siguientes conclusiones: «a) Dejar el antropocentrismo y acercarse de nuevo al teocentrismo, b) Dejar la auto interpretación histórica-psicológica del hombre religioso y la teología como ciencia natural e histórica y avanzar hacia la propia palabra de Dios, documentada en la Biblia, c) Dejar el discurso religioso sobre el concepto de Dios y avanzar hacia la predicación de la palabra de Dios, d) Dejar la religión y la religiosidad, y avanzar hacia la fe cristiana, e) Dejar las necesidades religiosas del hombre para acercarse a Dios, revelado solo en Jesucristo (el Dios-hombre en el sentido bíblico), f) Los textos bíblicos no son unos simples documentos objetos de investigación filológica-histórica, sino que hacen posible el encuentro con el totalmente distinto, g) Lo que se le exige al hombre es fe, h) La misión de la iglesia consiste en hablar en la sociedad sin hacer concesiones a través de la palabra humana de la predicación, de esa palabra de Dios que puede aceptar el hombre confiando una y otra vez»[136]. Así el método teológico parte de la revelación, de la fe, es un «creer para entender». Primero creer, para, indagando después en las posibilidades de esa fe, comprenderla. Así, Barth alza vuelo con el método dialectico de la revelación: La revelación de Dios en la persona

134. Ibíd., p. 193ss.
135. Ibíd., p. 95.
136. Ibíd., p. 196ss.

y la obra de Jesucristo en quien se conjuga paradójicamente lo divino y lo humano[137].

Bultmann atrae para sí, la admiración y el escándalo con su método de la dialéctica existencial y desmitización en la interpretación de la Escritura, afirmando que los contenidos bíblicos son enunciados de meros sucesos de la existencia humana que envuelven el mensaje cristiano en un ropaje mítico cultural. Y, su método le sirve para descubrir el verdadero mensaje para el hombre moderno[138].

Paúl Tillich destaca por su enfoque filosófico, mediador entre religión y cultura. Su teología del ser, su método de correlación, que une el mensaje y la situación, y la dialéctica de su binomio condicionado-incondicionado, le proveen los medios para entender la revelación de lo incondicionado en lo incondicionado –Jesucristo es el símbolo de esa revelación–, y responder a las preguntas de las realidades del hombre tomando de ejemplo a Jesucristo[139].

Bonhoeffer va por el camino de una teología de la secularización, «una interpretación arreligiosa del mundo» en la que intenta retomar a Dios como la más seria e insondable realidad de la existencia humana. Es un Dios en medio de la vida, que se encuentra en el centro de la vida y no solo en la muerte, en la salud y no solo en la enfermedad; el éxito y no solo en el sufrimiento. Dios se hace presente en Cristo para resolver los problemas que los hombres no pueden resolver[140].

Moltmann alza la voz con su teología de la esperanza, en medio del movimiento de la «muerte de Dios». Afirma que la teología y la iglesia deben sostenerse a través de la esperanza de la consumación del reino. Debe vivir en apertura hacia el futuro, pero con los pies puestos sobre la tierra, participando de modo activo en su entorno y en la sociedad. Es necesario que se aferre a las afirmaciones de la promesa que nos hablan de esperanza que anticipan el futuro. «El futuro oculto se anuncia ya en las promesas, y a través de la esperanza despertada influye en el presente»[141].

Pannenberg propone con su teología de la historia, que es necesario volver a la fe en la revelación como historia, en cuanto que la fe no puede vivir aparte de la revelación que le llega al hombre mediante acontecimientos históricos. Así, la historia, en general, es el medio único de la re-

---

137. Harvie Conn, *Teología contemporánea en el mundo*, p. 25ss, Desafío, Michigan, 1992.

138. Ibíd., 38ss.

139. Paul Tillich, *Teología sistemática I*, p. 21, Sígueme, Salamanca, 1982.

140. Ibíd., p. 51ss.

141. Jürgen Moltmann, *Teología de la esperanza*, p. 22, Sígueme, Salamanca, 1981.

velación. Y ésta revelación de Dios en su acción histórica anticipa la futura consumación de la historia[142].

3.7. Método en la época actual

Ha habido de nuevo un giro antropológico en la teología bajo el signo de la nueva teología, de la historia y de la acción, de la hermenéutica y de la práctica liberadora, de lo contextual, de lo ecuménico y de la teología de las religiones.

En el contexto latinoamericano la teología de la liberación ha descollado. C. Boff afirma que la razón es por las grandes dimensiones que alcanzó y los claros desafíos que planteó la teología de la liberación dejando huellas indelebles en la historia de la teología. Su método va desde: a) Confrontación del evangelio y vida b) Ver, oír y juzgar, hasta c) Mediaciones socio-analíticas, hermenéuticas y prácticas[143].

Gutierrez define la teología de la liberación «como la reflexión crítica de la praxis histórica es así una teología liberadora, una teología de la transformación liberadora de la historia de la humanidad y, por ende, también de la porción de ella –reunida en ecclesia– que confiesa abiertamente a Cristo. Una teología que no se limita a pensar el mundo, sino que busca situarse como un momento del proceso a través de cual el mundo es transformado abriéndose –en la protesta ante la dignidad humana pisoteada, en la lucha contra el despojo de la inmensa mayoría de los hombres, en el amor que libera, en la construcción de una nueva sociedad, justa y fraternal– al don del reino de Dios»[144]. Pese a su prominencia, la teología de la liberación se considera una teología superada.

c) Síntesis de los grandes métodos en la historia

Una buena síntesis de todos los recursos metodológicos es la de Martínez, un especialista en el método teológico. Afirma que existen varios métodos para hacer teología, tal y como lo hemos descrito, con varios nombres, dependiendo de la época que se trate, ya sea antigua, medieval, moderna y contemporánea Para Martínez todos estos métodos encajan, dependiendo de sus características, en uno de estos tres grandes grupos, que se suceden correlativamente desde los inicios de la teología hasta la época actual. Son los siguientes:

142. Wolfhart Pannenberg, *Teología sistemática I*, p. 278, Upco. Madrid, 1992.

143. Leonardo Boff-Clodovis Boff, *Cómo hacer teología de la liberación,* p. 22, Paulinas, Madrid, 1986.

144. Gustavo Gutierrez, *Teología de la liberación, perspectivas*, p. 40-41, Sígueme, Salamanca, 1987.

1. Sabiduría desde Dios

Este primer método lo inicia el apóstol Pablo y se trata de un saber por revelación del Espíritu en misterio y como un saboreo desde el don de la fe. Es una escucha del interior de Dios creciendo en la comprensión. Es una respuesta de fe a la revelación de Dios en el Cristo crucificado, que resulta en escándalo para los griegos y tropiezo para los judíos. Pero para los que conocemos de esa manera es poder de Dios. Este conocimiento crece por medio de la oración, la adoración y la meditación de las Escrituras.

2. Teología para el hombre

Este segundo se cristaliza e inicia en la teología de Tomás de Aquino, como su máximo representante. Su punto de partida es la razón filosófica, que deduce esforzadamente con la razón desde la palabra de Dios.

3. Antropología para llegar a Dios

El tercero se desarrollará en la segunda mitad del siglo XX. Su punto de partida es el hombre, desde sus expectativas, apuros, y angustias, desde sus búsquedas de sentido, se va a intentar una llegada a Dios como respuesta[145]. Aquí las Ciencias Sociales juegan un papel importante, para aquellos que bregan en este camino teológico, para captar mejor las necesidades y las realidades sociales, políticas, económicas y culturales desde las cuales se harán las preguntas para hallar las respuestas.

f) Hacia una propuesta metodológica integrativa[146]

Esta propuesta trata de integrar las condiciones previas para utilizar los recursos metodológicos, el método desde la sabiduría, el método de investigación, el método comunicativo y finalmente, el método vivencial que es la aplicación del conocimiento, para suplir las necesidades espirituales, intelectuales, físicas y materiales, en las realidades concretas de la vida de las personas.

1. El encuentro con Dios (Condiciones previas)

Se refiere al nuevo nacimiento que ocurre por la iniciativa divina de revelarse en Jesucristo, buscando al hombre perdido para salvarlo. Lo único

---

145. Luis Martínez, *Los caminos de la teología, historia del método teológico*, p. 25ss, BAC, Madrid, 1998.

146. Propuesta metodológica hecha por el autor Rigoberto Gálvez.

que tiene que hacer el hombre es dar una respuesta de fe. El hombre salvo está en la condición de iniciar el camino del conocimiento.

Iniciativa divina: Busca al hombre por medio de: Jesucristo – El Espíritu – La Escritura – La misión de la iglesia – La predicación de la Palabra – La evangelización.

Respuesta humana: Oír – Creer – Invocar – Confesar.

2. Conocimiento revelado no normativo

Este conocimiento está en la Escritura. Es posible recibirlo por la iluminación del Espíritu en respuesta a nuestra fe, oración y meditación, pues éste viene en misterio y por medio de paradojas, por ejemplo: Dios está oculto a los sabios de este mundo, pero se hace visible a los ignorantes; Dios viene a buscarnos en forma de hombre; Dios es santo, pero viene a buscar a los pecadores; nos da vida por medio de la muerte de cruz; somos libres, pero esclavos por amor; somos santos, pero todavía pecadores; etc., este conocimiento resulta en degustar, en medio del sufrimiento, una sabiduría divina oculta para los modos de conocer humanos.

Este *Método paradójico - revelado en misterio -* acontece más o menos en este orden.

Escritura – Cristo crucificado - Espíritu – Iluminación – Fe – Oración – Meditación – Sufrimiento – Conocimiento espiritual – Sabiduría – Saboreo.

3. Conocimiento investigado

Toda vez que alguien nace de nuevo, que adquiere un conocimiento fundamental, que viene por la iluminación, puede pasar a la etapa de la investigación en fondos bibliográficos. En esta etapa se usa el método de investigación, con sus pasos respectivos en los escritos bíblicos, en la bibliografía relacionada con la historia de la iglesia, en la bibliografía escrita por los teólogos: Obras generales, monografías, revistas especializadas, artículos y sitios específicos en la Web. Se sacan conclusiones sobre el tema bíblico-teológico investigado, luego se dan recomendaciones.

Primera etapa

Diálogo bíblico

Método inductivo:

Elección del tema, recopilación del material, unificación de materiales relacionados, lectura tomando en cuenta contexto, ambiente histórico, idioma original, pasando por los siguientes pasos: análisis, interpretación, identificación esencial de doctrina, teología bíblica y aplicación. Parte de estos pasos está bien explicada por Alvarez[147].

Segunda etapa

Diálogo teológico

Método deductivo, paradójico, diálectico de opuestos.

Éste implica los pasos siguientes: la observación, la deducción y la comparación de la doctrina bíblica con los teólogos y las teologías, tales como la teología histórica, teología dogmática, teología reformada, teología sistemática, teologías actuales.

Tercera etapa

Diálogo cultura y sociedad

Método analítico y mediación hermenéutica

Aquí se toman en cuenta los aspectos culturales y sociales en la interpretación y la aplicación al contexto.

Cuarta etapa

Dialogo y comunicación

Método comunicativo. Explicación, comunicación y divulgación

En ésta etapa se explica y se divulga el resultado del conocimiento obtenido, usando el proceso de comunicación:

Emisor: Quien envía el mensaje.

Contexto: Lugar donde se lleva a cabo el proceso comunicativo.

Canal: Por donde se envía el mensaje (oral o escrito).

Código: Conjunto de signos que forman el mensaje.

Mensaje: Lo que se quiere comunicar.

Receptor: Quien recibe el mensaje[148].

---

147. Miguel Alvarez, VA., *El Rostro hispano de Jesús, hacia una hermenéutica esperanzadora*, p. 125, Universidad para líderes, Honduras, 2009.

148. Rigoberto Gálvez, *Teología de la comunicación, un acercamiento bíblico al uso de los medios masivos de comunicación*, p. 119, CLIE, Barcelona, 2001.

PROPUESTA METODOLÓGICA

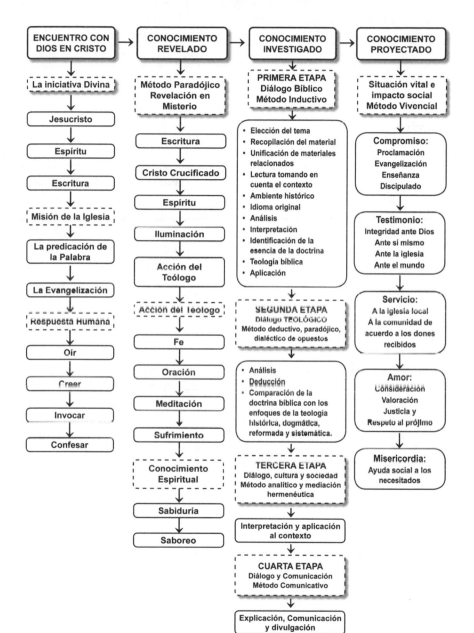

ENCUENTRO CON DIOS EN CRISTO

- La iniciativa Divina
- Jesucristo
- Espíritu
- Escritura
- Misión de la Iglesia
- La predicación de la Palabra
- La Evangelización
- Respuesta Humana
- Oír
- Creer
- Invocar
- Confesar

CONOCIMIENTO REVELADO

- Método Paradójico Revelación en Misterio
- Escritura
- Cristo Crucificado
- Espíritu
- Iluminación
- Acción del Teólogo
- Acción del Teólogo
- Fe
- Oración
- Meditación
- Sufrimiento
- Conocimiento Espiritual
- Sabiduría
- Saboreo

CONOCIMIENTO INVESTIGADO

PRIMERA ETAPA
Diálogo Bíblico
Método Inductivo

- Elección del tema
- Recopilación del material
- Unificación de materiales relacionados
- Lectura tomando en cuenta el contexto
- Ambiente histórico
- Idioma original
- Análisis
- Interpretación
- Identificación de la esencia de la doctrina
- Teología bíblica
- Aplicación

SEGUNDA ETAPA
Diálogo TEOLÓGICO
Método deductivo, paradójico, dialéctico de opuestos

- Análisis
- Deducción
- Comparación de la doctrina bíblica con los enfoques de la teología histórica, dogmática, reformada y sistemática.

TERCERA ETAPA
Diálogo, cultura y sociedad
Método analítico y mediación hermenéutica

- Interpretación y aplicación al contexto

CUARTA ETAPA
Diálogo y Comunicación
Método Comunicativo

- Explicación, Comunicación y divulgación

CONOCIMIENTO PROYECTADO

Situación vital e impacto social
Método Vivencial

Compromiso:
Proclamación
Evangelización
Enseñanza
Discipulado

Testimonio:
Integridad ante Dios
Ante sí mismo
Ante la iglesia
Ante el mundo

Servicio:
A la iglesia local
A la comunidad de acuerdo a los dones recibidos

Amor:
Consideración
Valoración
Justicia y
Respeto al prójimo

Misericordia:
Ayuda social a los necesitados

4. Conocimiento proyectado

Situación vital e impacto social
Método vivencial
Compromiso: Proclamación, evangelización, enseñanza-discipulado.

Testimonio: integridad ante Dios, ante sí mismo, ante la iglesia, ante el mundo.

Servicio: A la iglesia local y a la comunidad de acuerdo a los dones recibidos.

Amor: Consideración, valoración, justicia y respeto al prójimo.

Misericordia: Ayuda social a los pobres, a los huérfanos, a las viudas, con apoyo a programas de seguridad alimentaria, de alfabetización y de educación.

Asistencia, acompañamiento y orientación a las víctimas de violencia intra-familiar; a los privados de libertad y en su reinserción a la sociedad; a los que sufren desintegración familiar por diversas causas: alcoholismo, drogadicción, infidelidad y otros; a los niños, a los adolescentes y a los jóvenes atrapados en la problemática de las pandillas y la inmigración.

6. Las características de la teología evangélica

a) Características generales

La teología que se ha considerado evangélica no nació ayer, ni el siglo pasado, ni hace quinientos años. Creemos que ha existido desde el inicio del cristianismo, con todo y sus matices, controversias y hasta desviaciones. Pero hoy podemos aspirar a retomar una teología que se llame evangélica volviendo a los evangelios, al Nuevo Testamento, a la Escritura, a «la fe una vez dada a los santos». Esta teología se cimienta en Jesucristo, recorre los puntos de referencia históricos que se han mantenido en esos parámetros y en aquellos que regresaron a dichos fundamentos. Estamos conscientes que seguirán las controversias semánticas, doctrinales, regionales, sobre lo «evangélico», pero lo que nos interesa es aproximarnos a lo esencial de la teología evangélica: el evangelio

Escobar afirma que la teología evangélica es la que toma en serio los temas claves «tradicionales»: el evangelio, la salvación en Cristo, la interpretación de la Biblia como palabra de Dios, la importancia de la gran comisión, la misión de la iglesia, la contextualización como «el intento de leer, y entender y aplicar la verdad bíblica a la situación particular en la cual vivimos tomando en cuenta la recuperación de la herencia reformada»[149].

149. Samuel Escobar, *Evangelio y realidad social*, p. 197ss, CBP, El paso, Texas, 1988.

A manera de ejemplo, yendo hacia una teología evangélica, consciente de su contexto, Escobar describe como se ha buscado dar respuesta por parte de teólogos latinoamericanos con una teología contextual, bajo la tutoría de la palabra de Dios, a teologías sujetadas con grilletes ideológicos: «La pertinencia de la teología evangélica estará... en que se forje al calor de la realidad evangélica de Iberoamérica y en fidelidad a la palabra de Dios»[150].

Míguez Bonino hace un esbozo y una guía integradora de lo que ha sido la teología evangélica con todas sus variantes. Señala elementos esenciales. Comienza por afirmar que, pese a las diversidades confesionales de aquellos misioneros escoceses y británicos que se asentaron en Norte América y que luego llegaron a la América Latina, todos comparten el mismo horizonte teológico, comenzando por el término evangélico. Profesan una plena confianza en la Biblia, el mensaje de salvación que Dios ofrece a todos los pecadores, la centralidad de Cristo[151]. Míguez Bonino insiste, pese a que una de sus inclinaciones es a la teología de la liberación, que hay que asirse fuertemente a la fe en Jesucristo como Señor y Salvador y al compromiso histórico del cristiano. Para él nunca hay que dejarlos escapar, pues son en realidad los extremos fundamentales de toda auténtica teología[152].

Emilio Núñez hace hincapié, afirmando, que es de mucho valor el anteponer siempre lo evangélico a lo latinoamericano, en cuanto que la cultura es humana y por ende cambiante, regional y defectuosa, pero el evangelio que procede de Dios es universal e inmutable. Conviene por lo tanto que lo evangélico tenga preeminencia en el quehacer teológico»[153]. Para reafirmar esa verdad, Núñez, en otro escrito, hace un breve recorrido histórico en las distintas épocas y los distintos teólogos, mencionando en cada unos de ellos los presupuestos fundamentales que hacen de la teología una teología evangélica. Y propone que nuestra época y nuestro contexto no deben ser la excepción si se tiene como objetivo comunicar la palabra de Dios: «No es de extrañar que se haya iniciado el peregrinaje hacia una teología evangélica latinoamericana. Ésta se ha venido formando, paso a paso, en el camino de una reflexión bíblica, contextualizada. Es de esperar que nuestros teólogos no pierdan de vista la meta, y que puedan formular, en comunión unos con otros, y en un esfuerzo

---

150. Samuel Escobar, *De la misión a la teología*, p. 9, Kairós, Argentina, 1998.

151. José Míguez Bonino, *Rostros del protestantismo*, p. 35ss, Nueva creación, Buenos Aires, 1995.

152. Battista Mondin, *Los teólogos de la liberación, conclusión mística de una aventura teológica*, p. 174, Edicep. Valencia 1992.

153. Emilio Núñez, *Vida y obra, una autobiografía*, p. 239, Punto creativo, Guatemala, 2013.

interdisciplinario dentro de la comunidad evangélica, una teología eminentemente bíblica, teocéntrica, cristológica, pneumatológica, pastoral y misionera. Necesitamos una teología encarnada en el presente de cara al futuro y en continuidad con la rica herencia bíblica que hemos recibido, en ese proceso de auténtica tradición cristiana, mencionado por san Pablo a su discípulo Timoteo: «Lo que has oído decir delante de muchos testigos, encárgaselo a hombres de confianza que sean capaces de enseñárselo a otros»[154].

Debe ser una teología libre de ideologías pasadas, presentes y futuras, libre de paternalismos extranjeros, pero en constante diálogo en primer lugar con el texto bíblico, en segundo lugar con todos los teólogos a lo largo de la historia, y en tercer lugar con el contexto.

La teología evangélica es la que siempre antepone el evangelio a la antropología, a la cultura, a la sociedad, a la especulación y al *eros* intelectual. Se levanta para la gloria de Dios, pero en beneficio de la iglesia y del hombre. Los portadores de la teología evangélica prestan su servicio en el mundo.

b) Características particulares de la teología evangélica

La teología debiera contener, según nuestro criterio, las siguientes características esenciales:

1. Bíblica

La Biblia es por excelencia la fuente del conocimiento teológico, la norma suprema de la verdad cristiana y la autoridad de la fe. Es la que contiene de forma suficiente el mensaje divino a los hombres. Suficiencia, evidencia y autoridad de la Sagrada Escritura se implican mutuamente, pues, solo por medio de ella podemos llegar al Cristo Salvador. Es el único documento que nos lleva a los testimonios de la revelación de Dios en el Antiguo y Nuevo Testamentos. En ella se conjugan la revelación, la fe y el testimonio de Jesucristo, los apóstoles y los profetas[155].

La teología extrae las verdades y pensamientos de la Escritura. No las busca en las tradiciones, en los documentos paganos, ni en la especulación filosófica. Se aferra al texto bíblico[156]. De manera ineludible la teología se erige sobre el fundamento de la Biblia, aunque tome referencias alternas, incluyendo el contexto. El evangelio es de carácter eterno, normativo,

---

154. Emilio Núñez, *Teología y misión: perspectivas desde América Latina*, p. 219, Costa Rica, 1995.

155. José Gómez-Heras, *Teología protestante, sistema e historia*, p. 14ss, BAC, Madrid, 1972.

156. Pablo Hoff, *Teología evangélica*, p. 21, Vida, Miami, 2005.

mientras que estos ámbitos son cambiantes, aunque son sujetos de «redención», en alguna medida, por parte del evangelio.

2. Teocéntrica

Si es teología el centro tiene que ser el único Dios trino verdadero, cuyo nombre es «Yo soy el que soy», y lo adyacente todo lo demás: la fe, el hombre, la sociedad, la cultura. «… Dios se halla en el centro y el hombre en la circunferencia, hacia donde irradia la gracia divina. Hay interacción entre Dios y el hombre en el plano de la gracia, pero Dios no abandona el lugar que le corresponde como Soberano sobre toda la creación»[157]. Las soluciones que pueda aportar la teología en las relaciones Dios-hombre, Dios-mundo, deben ser desde la perspectiva teocéntrica. Este celo motiva a la protesta contra todo factor que no sea divino como hombre, mundo, cultura, sociedad, filosofía, historia y que reclame para sí un valor absoluto en la autorrealización de sí mismo. La teología teocéntrica deja que Dios sea Dios y se opone a cualquier actitud humana que sea un impedimento para el libre actuar de Dios. Está contra todo suplemento mundano que mediatice la soberanía de Dios[158].

3. Pneumatológica

La Escritura y la teología nos pueden dar suficiente información y conocimiento acerca de Dios, de Cristo, del hombre, del evangelio, de las doctrinas cardinales de la revelación y fe cristianas. Pero éstas no cobrarán plena vida sin la fuerza y poder vivificadores del Espíritu. La Escritura será un libro que contiene información escrita y la teología será una mera historia de la teología, a menos que la convicción, la fuerza y la guía del Espíritu trabajen para que resulte en una palabra viva y un conocimiento iluminador: «No hay hombre alguno, a no ser que el Espíritu Santo le haya instruido interiormente que descanse de veras en la Escritura; y aunque ella lleva consigo el crédito que se le debe para ser admitida sin objeción alguna y no esté sujeta a pruebas y argumentos, no obstante alcanza la certidumbre que merece por el testimonio del Espíritu Santo… de momento contentémonos con saber que no hay más fe verdadera que la que el Espíritu Santo imprime en nuestro corazón, todo hombre dócil y modesto se contentará con esto»[159].

157. Emilio Núñez, *Vida y obra, una autobiografía*, p. 240, Punto Creativo, Guatemala, 2013.

158. José Gómez- Heras, Óp. Cit., p. 15.

159. Juan Calvino, *Institución de la religión cristiana*, p. 34ss, FELiRé, Rijswijk, países bajos, 1986.

La teología no debe atenerse solamente al aspecto cognitivo de los preceptos bíblicos, sino al resultado de una relación y comunión íntimas con el que ha inspirado la Escritura. Los textos sin la iluminación del Espíritu, que todo lo escudriña, parecerán ambiguos. El conocimiento no es una simple aceptación intelectualista de la Escritura, sino una respuesta vivencial que procede de relación estrecha con el Espíritu Santo[160].

La función del Espíritu Santo en la teología y en la misión de la iglesia es esencial. No es posible que quede fuera, es Dios Espíritu de santidad, de poder, de verdad, que escudriña, dirige, que guía a toda verdad. En mi libro sobre la misión del Espíritu Santo describo detalladamente veintitrés instrucciones que el Espíritu Santo viene a cumplir como parte de su misión en el conocimiento de Dios en Cristo y la misión de la iglesia[161].

Una teología donde no resalta el elemento pneumatológico unido a la Escritura, es débil, fría y vulnerable: «La teología evangélica es pneumatológica. Tiene la fuerza y la vitalidad del Espíritu. Sin el Espíritu Santo la teología abre sus puertas a cualquier otro espíritu perturbador. Solo el Espíritu puede salvar a la teología, Él, que es el Santo, el Señor, el dador de vida, aguarda sin cesar a ser recibido de nuevo por la teología y por la comunidad»[162].

4. Cristológica

Sin Jesucristo no puede haber teología. No existe asidero alguno que le dé sentido a la teología cristiana y a la existencia humana. Cristo es «el único mediador entre Dios y el hombre», Él es el único «actor en el escenario de la salvación». Él es el punto focal de la máxima revelación de Dios. Es el logos divino y «la humanidad de Dios». Es el multi-modelo donde convergen y se expanden los presupuestos cardinales de la teología y la fe cristianas. El es el modelo de obediencia para la misión de la iglesia y la consumación del conocimiento de Dios. La teología es cristología aplicada[163]. El principio constitutivo y diferenciador de la teología cristiana es

160. Miguel Alvarez, *La palabra, el espíritu y la comunidad de fe*, p. 92, Editorial Evangélica, Cleveland, 2007.

161. Rigoberto Gálvez, *El espíritu del Señor está sobre mí, un estudio sobre la misión del espíritu y el cristiano*, Fortaleza, Guatemala, 2009.

162. Karl Barth, *Introducción a la teología evangélica*, p. 80, Sígueme, Salamanca, 2006.

163. Rigoberto Gálvez, *La obediencia de Jesús de Nazaret, modelo para la misión de la Iglesia*, Fortaleza, Guatemala, 2005. He recogido en este libro treinta instrucciones específicas que Jesús de Nazaret, el Cristo, vino a consumar como el centro del conocimiento de Dios, del plan de salvación de Dios a los hombres y el modelo para la misión de su iglesia, reafirmando así, la importancia de la cristología en la teología y la misión.

la identificación de Dios con Cristo. Jesucristo es la encarnación de Dios entre los hombres, es el revelador del padre, el es «el camino, la verdad, y la vida» en el plan de salvación.

5. Trinitaria

Al aseverar que la teología es teocéntrica, cristocéntrica y pneumatológica estamos señalando categóricamente que la teología es trinitaria. Afirma Moltmann que «la doctrina trinitaria tiene su origen en la predicación cristiana. Para entender el testimonio del Nuevo Testamento sobre la historia de Jesucristo, la teología recurrió a la noción trinitaria de Dios. La historia de Jesús solo puede concebirse como historia del padre, del hijo y del Espíritu Santo[164]. Después de revisar las distintas formas de abordar y definir la trinidad, acertadas, menos acertadas y no acertadas, Moltmann realza que la Biblia es para nosotros el testimonio de la historia de las relaciones comunitarias de la trinidad en su revelación al hombre y al mundo[165]. Lacueva ve también la trinidad desde una perspectiva bíblica en la que el Hijo, el Padre y el Espíritu Santo no trabajan independientemente del plan del Padre, la obra del Hijo y la acción del Espíritu: «esto nos proporciona la evidencia de la interrelación y la inter-comunicación Trinitaria»[166]. La historia de la salvación en la Biblia desvela la acción de la trinidad, la teología debe ser trinitaria. Le suma peso a esta característica de la teología el hecho que toda la exposición sistemática de la teología de uno de los grandes teólogos, Pannenberg, es desarrollada en la idea trinitaria de Dios[167].

Pese a las diversas opiniones y a tratamientos de la trinidad tales como una sustancia y tres personas, un sujeto y tres modos de ser y, a pesar, de las desviaciones que se la han dado a lo largo de la historia, como el unitarismo, el monoteísmo rígido, el triteismo y recientemente la secta «solo Jesús», no podemos más que reiterar que en una auténtica teología están presentes el Dios trino como Dios creador, Dios salvador y Dios santificador[168].

6. Eclesiológica

Uno de los teólogos que más ha insistido en que la teología nace, se hace en la iglesia y desde la iglesia es Barth. Afirma que no debe existir

164. Jürgen Moltmann, *Trinidad y reino de Dios*, p. 30ss, Sígueme, Salamanca, 1986.

165. Ibíd., p. 33.

166. Francisco Lacueva, *Espiritualidad trinitaria,* p. 42, CLIE, Barcelona, 1983.

167. Wolfhart Pannenberg, *Teología sistemática*, tres volúmenes, editada por la UPCO, Madrid, 1996.

168. Francisco Lacueva, *Curso práctico de teología bíblica*, p. 31ss, CLIE, Barcelona, 1998.

una dicotomía iglesia-teología. La que se elabora fuera de la iglesia no es auténtica teología. Otro detalle es que prefiere usar el término comunidad en lugar de iglesia que resulta en un concepto difuso: «Cuando la teología se confronta con la palabra de Dios y con sus testigos descubre que su lugar más propio es la comunidad, y no un lugar determinado en el espacio abstracto. El término comunidad es adecuado ya que desde un punto de vista teológico resulta conveniente evitar en la medida de lo posible, por no decir totalmente, el término iglesia. En todo caso, este último término, oscuro y sobrecargado de sentidos, debe ser interpretado de manera inmediata y consecuente por el término comunidad»[169].

Otros teólogos de gran talla como E. Brunner, W. Trillhaas y H. Fritzsche coinciden en que la teología es esencialmente función de la iglesia y que el teólogo la practica únicamente así: «como miembro de la iglesia, con la conciencia de una tarea de la iglesia y de un servicio a la iglesia»[170]. De este modo Moltmann va en la línea de que la teología debe ser eclesiología, pero hace la salvedad que tampoco debe quedar sujeta a fuerzas singulares o grupos de poder dentro de la misma iglesia: «La teología es tarea de toda la cristiandad y no solamente una tarea reservada a unos especialistas… pero ello no quiere decir que deba estar sometida a ciertas fuerzas predominantes de la iglesia. La teología cristiana conlleva una responsabilidad para con los hombres dentro del mundo»[171].

7. Racional

Hemos afirmado, hasta la saciedad, que el punto de partida de la teología es la revelación de Dios, de Jesucristo y de la Escritura. Dicha revelación se aprehende por medio de la fe y no por la razón. En ese sentido la fe tiene la primacía respecto de la racionalidad. Pero la racionalidad no deja de ser necesaria para explicar lo creído. Así la teología apela al espíritu y también al intelecto. Resulta en una piadosa erudición. Hemos afirmado que la racionalidad debe estar subordinada a la Escritura, la fe y a Jesucristo como la máxima revelación de Dios, pero la teología tiene una fase en la cual se investiga, se razona, se piensa, se analiza, se armoniza, se comprende, para luego dar cuenta y razón de sus contenidos de fe: «Sin saber, ni entender con la razón los contenidos de la fe, ésta degeneraría en pura credulidad y superstición»[172]. Así la teología es la fe que busca entender para luego explicar.

169. Karl Barth Óp., Cit., *Ensayos teológicos*, p. 57.

170. Walter Kern-Franz Nievan, *El conocimiento teológico*, p. 39, Herder, Barcelona, 1986.

171. Jürgen Moltmann, *¿Qué es teología hoy?*, p. 44, Sígueme, Salamanca, 1992.

172. Ibíd., p. 27.

7. Los desafíos de la teología

a) La integración de la teología

La teología debe integrar los presupuestos esenciales de la revelación cristiana. La teología no es solo una cuestión de aclaración de las doctrinas individuales, sino también la demostración de cómo se encajan en un patrón total: «La teología se mueve en las áreas del pensamiento cristiano, que a menudo han demostrado ser confusas, incluso divisivas, y trata de descubrir la verdad. Hay diferencias de doctrina dentro de las diversas comunidades cristianas, a menudo hasta el punto de separar el uno del otro»[173]. En esa situación debe procurar una visión de conjunto, a semejanza de la construcción de un edificio, y de cómo esta tiene que integrar muchas cosas: conocimientos, diseño, materiales y trabajo. Así la teología es un construir, es un sobreedificar sobre el fundamento que es Cristo. Es una obra arquitectónica, que edificaron los apóstoles y los profetas. Uno de los arquitectos principales fue el apóstol Pablo.

Así como la integración es importante en todas las áreas de la vida, sin duda lo es para el campo de la teología. Rodman señala la importancia de la integración de las doctrinas del Antiguo y Nuevo Testamentos, así como de la necesidad de que se hagan vida y experiencia en las personas. De igual manera debe ocurrir con la teología y la enseñanza de la doctrina: «Para muchos cristianos existe la necesidad de integración de su lectura de la Biblia y estudiar en una imagen unificada de la verdad. El Antiguo y el Nuevo Testamento en muchas áreas de la doctrina no son fáciles de relacionarse entre sí. Este es también el caso en relación a la enseñanza de libros individuales entre sí. Existe también la necesidad entre muchos cristianos para la integración de la verdad que han recibido de diversos aspectos de su propia experiencia. Esto es cierto tanto en relación con su propia experiencia cristiana y su experiencia del día a día del mundo que les rodea. Son en gran parte ignorantes de cómo encaja todo»[174]. Dicha integración también es necesaria con la historia, la teología dogmática, la sistemática, así como los aspectos básicos doctrinales en las distintas iglesias cristianas.

b) El discernimiento de lo redimible en la cultura

Otro desafío de la teología cristiana después de aprehender el conocimiento de Cristo y de edificar la iglesia, es la correcta proclamación del

173. J. Rodman Williams, *Renewal theology, systematic theology from a charismatic perspective*, p. 21, Zondervan, Grand Rapids, Michigan, 1996.

174. J. Rodman Williams, *Renewal theology, systematic theology from a charismatic perspective*, p. 19ss, Zondervan, Grand Rapids, Michigan, 1996.

evangelio al mundo habitado en medio de cada cultura. La aproximación a la cultura tiene que ser desde la Escritura para examinarla, redimirla o incorporarla: «El análisis de una cultura debe ser cuidadosa y exhaustivamente hecho. Un tratamiento superficial suele ser muy engañoso, porque la situación aparente de hecho, puede desmentir las verdaderas preguntas planteadas»[175].

c) La teología y las perspectivas sobre el impacto social

1. Perspectiva latinoamericana sobre lo social

Sobre esta cuestión existe controversia desde el embrionario pensamiento evangélico latinoamericano, hasta hoy. Unos han abogado por una teología eminentemente socio-económica. Es lo que Wagner llama la teología de izquierda radical. Otros han abogado por propuestas evangélicas incipientes que rebajan y relegan el servicio social a tal grado que prácticamente no lo consideran como una actividad legítima cristiana. Otras han procurado el equilibrio. Wagner recopila en su clásico libro sobre la incipiente teología latinoamericana algunas de las alternativas evangélicas[176]. Veamos algunas de éstas.

La primera propuesta es la de la dinámica divina de Fernando Vangioni. Enseña que la dimensión espiritual tiene la primacía sobre los problemas políticos sociales y económicos. «Solo con el poder sobrenatural del evangelio se puede salvar al hombre de su condición perdida, su ruina espiritual y su separación de Dios». Solo el evangelio puede resolver los problemas del hombre. No niega que la teología y la iglesia se desentiendan totalmente de estos asuntos «mundanos», pero espera su erradicación en el futuro. Es una versión evangélica de la teología de la esperanza, afirma Wagner.

La segunda postura es la de Washington Padilla. Wagner la llama «no solo de pan», porque está consciente de que la teología no debe ignorar las necesidades de alimentos, ropa y abrigo, pero no solo de esto vive el hombre. Lo más importante es que el hombre fue hecho a imagen de Dios. Esto eleva por encima la naturaleza espiritual del hombre sobre las necesidades de todo tipo. Es la que debe suplirse en primer lugar. Agrega que para que la sociedad cambie, el hombre necesariamente debe cambiar.

---

175. Millard Erickson, *Christian theology*, p. 77, Baker Academic, Michigan, 2005.

176. Pedro Wagner, *Teología latinoamericana ¿izquierdista o evangélica?*, p. 115-154, Vida, Miami, 1969. En el capítulo de alternativas evangélicas Wagner de manera clara, sencilla y detallada aborda los aspectos fundamentales de estas posturas evangélicas *incipientes* con respecto a lo social.

La tercera postura es la de José María Rico, (ex sacerdote católico), afirma sin titubeos que la renovación social acontece cuando ocurre el nuevo nacimiento. No considera las actividades sociales como eficaces para la salvación del hombre. Se apoya en el principio bíblico de «buscar primeramente el Reino de Dios y su justicia y estas cosas vendrán por añadidura». Solo las nuevas criaturas pueden hacer que una sociedad cambie. Retoma el ejemplo de Jesucristo que jamás tuvo un intento de atender aspectos sociales, económicos o políticos de la época, bajo el imperio romano, aunque buscaba a los pecadores para salvarlos, sanarlos y liberarlos de las opresiones diabólicas.

La cuarta postura es de José Fajardo. Él mismo lo ha catalogado como «El método del plátano y el bozal». A semejanza del que va a buscar un caballo, llevando en una mano un plátano y en la otra un bozal escondido. Es la filosofía del servicio social que se realiza a la gente necesitada, con tal que sea atraída a la iglesia. El se opone al servició social como plátano. Sin embargo, no se opone al servicio social «intrínseco». Sugiere que el servicio social sea un fin en sí mismo y no como otra herramienta evangelística. Tampoco es indiferente a suplir las necesidades físicas de las personas como resultado del amor cristiano, allí donde están y en donde las necesitan sin distingo de credo, raza, idioma.

Por otro lado, tratando de buscar el equilibrio, se ha propuesto la teología de la misión integral de la iglesia que se resume en los siguientes cuatro puntos: *1)* «El compromiso con Jesucristo como Señor de todo y de todos; 2) el discipulado cristiano como un estilo de vida misionero al cual toda la iglesia y cada uno de sus miembros han sido convocados; 3) la visión de la iglesia como la comunidad que confiesa a Jesucristo como Señor y vive a la luz de esa; 4) los dones y ministerios como los medios que el Espíritu de Dios utiliza para capacitar a la iglesia y a todos sus miembros para confesión de tal modo que en ella se vislumbra la iniciación de una nueva humanidad el cumplimiento de su vocación como colaboradores de Dios en el mundo»[177].

2. Perspectiva bíblica sobre lo social

Si buscamos el enfoque bíblico, encontramos que en el Antiguo Testamento hay instrucciones específicas en los mandamientos menores para socorrer a los necesitados. Se habla de ser generosos con sus familias, sus esclavos, los levitas, los extranjeros, los huérfanos, las viudas y los pobres (Deuteronomio 16: 13-15); ser justos con los jornaleros, ser imparciales en

---

177. René Padilla, *Una eclesiología para la misión Integral, la iglesia local, agente de transformación,* http://www.ftl-al.org/clade5, Costa Rica, 2012.

la impartición de la justicia, ser honrados, ser misericordiosos con los extranjeros y esclavos, recordando que ellos fueron esclavos y extranjeros en Egipto. Se habla de respetar la propiedad privada.

Es interesante que, de los diez mandamientos, los primeros tres se refieren al respeto y reverencia hacia Dios; y los otros siete norman la convivencia social entre el pueblo.

En el Nuevo Testamento: Jesucristo, los apóstoles, la iglesia, son un ejemplo para reflexionar sobre el punto de vista de lo que se ha llamado: «lo social», «servicio social», «acción social», «obra social», «la responsabilidad social». Observamos en ellos una actitud constante de negación, no de prosperidad. Jesucristo resume los diez mandamientos en dos: Amar a Dios y amar al prójimo. El que los obedece ha guardado toda la ley. Ese amar implica un sacrificio, un pensar primero en el otro. Así, de manera indirecta el cristiano sí es llamado a dar ayuda al necesitado de acuerdo a sus posibilidades, comenzando con los de la familia de la fe.

Por otra parte, el discipulado exige un total seguimiento a Jesús, relegando a un segundo plano a su esposa, sus padres, sus hijos, sus bienes y otros intereses personales. En el discipulado no hay una ley, principio o instrucción primaria sobre servicio social, responsabilidad social, misión integral o una revolución social, política y económica.

De resultas, la teología no debiera anteponer lo social al evangelio. Tampoco hablar de un evangelio social. No es bíblico. Para comenzar las mismas Ciencias Sociales, partiendo de la sociología, no se han puesto de acuerdo totalmente en la esencia, significado y alcance de «lo social». No es tarea de la teología, en primer lugar, navegar en las aguas turbulentas y profundas de lo social. Corremos el riesgo de caer en puros activismos filantrópicos.

3. Perspectiva histórica desde la Reforma sobre los movimientos de avivamiento y lo social

Por otro lado, es necesario puntualizar que se ignora mucho sobre las acciones sociales que se han dado a lo largo de cientos años, desde la Reforma Protestante hasta nuestros días[178]. Hombres como Lutero, Zuinglio, tenían muy claro que «la fe no anda sola», «que la caridad crece por la obra de caridad». Otros posteriores como Erdman que escribió sobre

---

178. Una obra excelente sobre ésta temática es la de Alfonzo Ropero y Philip Hughes: Teología del Avivamiento. Estos autores pasan revista a los avivamientos y el impacto social que han tenido, desde la misma Reforma Protestante, pasando por los avivamientos evangélicos de la época moderna, hasta los que han surgido dentro del evangelicalismo reciente.

la enseñanza social del evangelio; el avivamiento de Whitefield y la gran obra de los hermanos Wesley con el metodismo, tuvieron gran impacto político, social y económico; la abolición de la esclavitud bajo el influjo de un grupo de piadosos, de los que sobresale William Wilberforce; la reforma de la cárceles en Inglaterra llevada a cabo por John Howard; la protección, educación y alimentación de miles de huérfanos realizadas por George Müller; Percivall Pott y la reforma laboral de los niños explotados en las fábricas en la época de la revolución industrial; y otros que llevaron a cabo obra social tales como: José Luis Vives, Francke, Juan Amos Comenio, Jonathan Edwars, Finey, Moody, José María Blanco. Todos ellos trabajaron y contribuyeron ampliamente en diferentes áreas sociales que no solo impactaron, sino transformaron[179]. A la luz de la obra social de los movimientos de avivamientos descritos, Ropero describe tres principios guías sobre la obra social evangélica: «Conviene pues, sumariar algunos de los principios vigentes en la obra social evangélica de avivamiento, que nos puedan servir como pautas y modelos orientativos, a la vez que elimine todo prejuicio aún existente entre la falsa disyuntiva de obra cristiana de evangelización u obra cristiana social, cuando se trata de una cosa y de la otra»[180]. Estos principios podrían resumirse así: 1) La obra social de todos estos movimientos evangélicos de avivamiento, no obedecen a planes estratégicos, sino resultan de la pasión y el fuego del Espíritu; 2) La iglesia no debe distraerse de su misión primaria, que es la transformación individual del corazón, el bienestar social viene por añadidura; 3) La iglesia no está llamada a resolver los problemas sociales de manera directa, sino a transformar, con el evangelio, a hombres y mujeres, y desde esas vidas cambiadas se pueda transformar la sociedad[181]. Esta trayectoria es desafiante y nos debiera advertir el riesgo latente que existe en la teología de obstaculizar los avivamientos que traen consigo un impacto social.

d) La orientación hacia una contextualización equilibrada

Se ha definido, de manera general, como contextualización al proceso dinámico sobre la interacción del texto como la palabra de Dios y el contexto con una situación humana específica: «la contextualización es el esfuerzo por hacer teología en determinado contexto cultural y social, en

179. Alfonzo Ropero-Philip Hughes, *Teología bíblica del avivamiento, avívanos de nuevo*, CLIE, Barcelona, 1999, para leer en detalle: el punto II de la primera parte titulado: impacto social del avivamiento, de las página 91 a la 130.

180. Ibíd., p. 126ss. Para profundizar sobre los principio cristianos de acción social, que según nuestro criterio desafían a la teología cristiana y a los teóricos de lo social que menosprecian a los movimientos de avivamiento evangélicos y fundamentalistas.

181. Ibíd.

respuesta a los interrogantes o problemas de los que viven en dicho contexto»[182]. Existen peligros de interpretaciones radicales respecto a la contextualización. Esto ocurre cuando se rechaza el concepto de la revelación divina, la primacía del texto bíblico sobre la realidad del contexto cultural y social. Con razón, Núñez expresa lo siguiente: «se ha señalado el peligro que la contextualización llegue a ser un sincretismo religioso o de una ideología. Existe también el peligro de tergiversar el texto bíblico al servicio de intereses culturales, sociales o políticos. La contextualización puede ser el intento de imponer una cultura al texto de la Biblia. Hay la posibilidad de querer inyectarle otro significado al texto, según el capricho del intérprete (eiségesis), en lugar de esforzarse por obtener el significado de las palabras mismas consignadas en el texto (exégesis)[183].

Se puede aceptar un diálogo teológico sin misión, pero no la misión sin diálogo teológico, menos si no se toma en cuenta al sujeto y su contexto. Esto ha conducido a la crisis de la historia moderna de las misiones[184].

He aquí el desafío, cabalmente, de la teología de orientar, en la misión de la iglesia, hacía una teología contextual equilibrada. Entendiendo que la encarnación misma de Dios en Cristo es el modelo de la traducción del texto al contexto. Jesucristo la palabra viva de Dios tomó forma en carne judía, en la cultura judía, en el cumplimiento del tiempo designado por Dios. Sin embargo la palabra viva y la palabra escrita están por encima del contexto. La cultura está bajo la autoridad de la palabra de Dios que iluminará los aspectos que pueden ser rescatables de la cultura y del contexto y cuáles deben ser desechados con la gracia, el poder y el amor de Dios. En resumen: «… la contextualización es sencillamente el intento serio y sincero de darle respuesta cristiana, desde la Biblia, con la Biblia, bajo la autoridad de la Biblia, a la problemática espiritual y social del pueblo…»[185].

e) La teología y la globalización

Hoy vivimos en *una aldea global*. Lo que sucede en cualquier parte del planeta puede conocerse en cualquier otra parte del mundo en tiempo real o con pequeñas diferencias de segundos, minutos y horas. La tecnología de las amplias y diversas plataformas de las comunicaciones han alcanzado dimensiones inusitadas. La teología no es la excepción: «La

182. Emilio Núñez, *Teología y misión: perspectivas desde América Latina*, p. 161, Visión Mundial, San José, Costa Rica, 1996.

183. Ibíd., p. 162.

184. Hans Waldenfels, *Teología fundamental contextual*, p. 95, Sígueme, Salamanca, 1994.

185. Ibíd., p. 164.

globalización es muy evidente. En el pasado, la teología ha sido escrita principalmente por europeos y norteamericanos. Sus puntos de vista se consideraron universales. Con el aumento de contactos con otras naciones y poblaciones, con la creciente vitalidad del cristianismo en el tercer mundo, los puntos de vista de la teología escritos en el pasado se ven como algo limitado. Es importante escuchar lo que otras voces no occidentales están diciendo y para incorporar sus puntos de vista válidos en nuestra teología»[186].

Pese a que hoy siguen existiendo ciertas diferencias abismales de índole económica, política y social entre los distintos países del planeta, comienza a desaparecer, según algunos autores, la tradicional clasificación de los países del primer mundo, segundo mundo y tercer mundo. Afirman que ya no hay tal cosa como países del primer mundo, segundo mundo y tercer mundo, sino solo los que van despacio y los que van de prisa y la globalización es lo que acentúa ese dualismo.

De cualquier manera, hoy, más que nunca, tenemos acceso global al desarrollo del pensamiento, la cultura, las creencias y las teologías en todas partes del mundo. La iglesia y las teologías cristianas se han globalizado: «Estamos viviendo prácticamente el cumplimiento de Apocalipsis 7:9-10: una iglesia compuesta por personas de todas las naciones y tribus y pueblos y lenguas adorando al Cordero de Dios, no parece muy lejos. No solo la iglesia de Jesucristo se ha convertido en una iglesia verdaderamente global, sino que también una teología global, que se expresa en el cambio fresco y creativo, y el diálogo entre los miembros de la iglesia global y de los teólogos. Ahora es posible como nunca lo pensamos antes»[187].

Sin embargo, no debemos quedarnos perplejos ante estas realidades, puesto que tenemos el antecedente bíblico del apóstol Pablo. Él fue un hombre globalizado sin saberlo. Conocía las tres culturas pujantes de su tiempo: La cultura judía, la cultura griega, la cultura romana. Se desenvolvió con libertad dentro de este ámbito global. Cruz afirma lo siguiente «Nadie pone en duda que el apóstol Pablo, por ejemplo, una persona cultivada de enorme talla intelectual. Pablo fue un enamorado de la lectura y de la escritura, lo cual le permitió moverse con soltura en el mundo global de su tiempo y llegar con el Evangelio a personas y lugares donde nadie más hubiera podido llegar»[188].

186. Millard Ericson, *Christian theology*, Baker Academic, 2005,

187. VA., *Globalizing theology, belief and practice in an era of world Christianity*, p. 309, Baker Academic, Grand Rapids, Michigan, 2007.

188. Antonio Cruz, *Sociología, un enfoque cristiano*, p. 599, CLIE, España, 2001.

La teología no debe estar enclaustrada por su propio gusto, ni mucho menos por la voluntad de otros. Los teólogos no deben actuar como los creyentes que vivían en monasterios y en los lugares lejanos y aislados para vivir su propia fe. Más bien la teología debe promover la esencia del cristianismo por medio de las facilidades y las tecnologías que están disponibles en un mundo globalizado.

II

La cientificidad de la teología

1. El origen del concepto ciencia

a) Ciencia en el pensamiento griego

En el pensamiento griego ya existía el concepto de ciencia. Aristóteles entendía como ciencia tres clases de saberes que se subdividían a su vez en tres categorías de ciencia: *Episteme o scientía*, un saber teórico o por razonamiento; *Frónesis, prudentia*, un saber práctico, que actúa por prudencia; *Téjne, ars*, un saber por sagacidad o arte[1].

b) Conocimiento en el pensamiento bíblico

Es un conocimiento divino en misterio dado a los pequeños y escondido para los sabios de este mundo. Anunciado en el evangelio, que resulta en juicio para los que no creen y promesa de salvación para quienes lo reciben. Oculto en la paradoja y en las parábolas para que oyendo no oigan y viendo no vean; revelado en el verbo que se hizo carne: escándalo para los griegos con su gnosis pagana y tropezadero para los judíos con sus estimadas tradiciones; revelado en el Cristo crucificado, expresado por la locura de la predicación. Es un conocimiento paradójico que viene de la inteligencia es piritual -Sinési pneumatiki-: «No es un conocimiento abstracto y flotante en el espacio que acontece solo para el placer intelectual y artístico del teólogo. Tampoco es de carácter especulativo y mitológico como el de los herejes, famosos y menos famosos, de los primeros siglos. Menos un conocimiento de tipo histórico-crítico como el que se inició en el siglo XVIII que se desinteresa por completo en la teología como servicio»[2].

c) La teología frente a la ciencia

La teología no debe sentirse presionada para probar sus verdades fundamentales ante la ciencia. No puede, ni debe intentarlo. Tampoco debe

1. Luis Martínez, *Los caminos de la teología, historia del método teológico*, p. 8, BAC, Madrid, 1998.
2. Karl Barth, Op. Cit, p. 216.

intimidarse ante aquellos que le exigen que demuestre la existencia de Dios. No es su papel. No tiene que compararse, ni pensar que está en desventaja ante las llamadas ciencias exactas, naturales o sociales. No hay razón para que se sienta inferior y tenga que postrarse ante la ciencia en detrimento de sí misma. Entre otras verdades porque ambos saberes parten de proposiciones que no se pueden demostrar, aunque sean verdaderas en sus ámbitos. De Ávila lo explica claramente: «... la reina de las ciencias, la matemática, supuestamente la más precisa, de todas las que se dicen exactas, parte de lo que no puede ser probado: Axiomas. Una prueba de ello es que en el sistema de Euclides, de Gauss y el de Riemman, la suma de los ángulos de un triángulo son: en el primero ciento ochenta grados, en el segundo es menor que ciento ochenta grados y en el tercero es mayor de ciento ochenta grados. No se puede decir que estos sistemas se contradicen. Cada uno es válido dentro de sus propios parámetros»[3]. Así, la matemática se queda turbada ante el problema que tiene en sus propios cimientos, al no ponerse de acuerdo sus propios matemáticos, los intuicionistas, los constructivistas o los decisionistas, sobre las razones para aceptar o no dichos axiomas[4].

La teología se inicia con la afirmación de que Dios Es, ha creado todo lo que existe, se ha revelado al pueblo de Israel y a los profetas, se ha hecho hombre en Jesucristo para buscar y salvar lo que se ha perdido, que murió en la cruz para el perdón de nuestros pecados, que ha resucitado para nuestra justificación, que vendrá otra vez y consumará su reino. Esto no puede ser probado, ni demostrado, solo creído y anunciado. De estas premisas y otras que se encuentran en la Biblia, parte el conocimiento teológico.

Otro aspecto importante es que el método teológico en el que prepondera la revelación y la fe, no es adecuado para otros campos del saber humano. Cuando la teología usó el método teológico para opinar sobre asuntos científicos fuera de su campo perdió credibilidad. Otros teólogos se fueron al extremo y adoptaron los métodos racionalistas para cuestionar y desvirtuar a la revelación cristiana. La teología perdió pie y quedó mal en su propio ámbito y en el científico. La teología confundió y mezcló la interpretación bíblica acerca del universo con una interpretación racionalista filosófica[5].

Me parece acertada la observación de Garrett al afirmar que «*tanto la tarea como el método de la teología cristiana son diferentes a los métodos de las ciencias físicas y naturales, inclusive de la tarea y los métodos de las ciencias*

---

3. Gerardo De Ávila, *Volvamos a la fuente*, p. 9, Vida, Miami, 2001.

4. José Morales, *Introducción a la teología*, p. 226, Eunsa, Navarra, 2008.

5. Guillermo Méndez, *La universalidad de la teología* en Kairós No. 8, p. 13ss, Seteca, Guatemala, 1991.

sociales[6]. Dando en la misma tecla Barth, señala que la separación de los métodos y contenidos de la teología respecto de otras ciencias es un hecho. Aunque afirma que la teología es una ciencia, la adjetiva «especialísima», para distinguirla. No acepta la posibilidad de ser agrupada e integrada en otros campos del saber[7].

La teología debe reconocer lo que hay de verdad en las diversas ciencias. Lo que es verdad en la ciencia es verdad ante Dios, aunque no toda verdad divina es reconocida como verdad por la ciencia. La teología debe sostener, pese a su complejidad, que tiene respuestas para un mundo caído y una interpretación global del hombre nuevo en el nuevo *kosmos*.

2. Las características de la ciencia frente a la teología

a) Características particulares

La mayoría de las características de la ciencia difieren de las características de la teología, en cuanto que son dos maneras distintas de conocer. Algunas características tienen puntos de convergencia. Esto nos ayuda a comprender como la teología es una «ciencia especial» que difiere de las otras ciencias. Pero en la etapa del conocimiento investigado posee el carácter científico.

1. La ciencia es universal

Tiene que trascender los límites del tiempo y del espacio. No se puede circunscribir a una región, país o continente, ni siquiera a nuestro planeta tierra. Es ciencia en cualquier parte del universo[8]. La universalidad que comparten las ciencias duras, las ciencias naturales y aún las ciencias de la cultura no se da plenamente en la teología. Nosotros los cristianos teólogos y no teólogos afirmamos en base a la Biblia que *la teología como la declaración de la verdad de Dios en Cristo es universal*, aunque no sea aceptada por las demás religiones, seudo religiones, por los paganos y los ateos. Pero reconocemos la verdad científica de la matemática, la física, la medicina y la sociología es aceptada por cristianos, religiosos, no religiosos y ateos.

---

6. James Garrett, *Teología sistemática, bíblica, histórica, evangélica I*, p. 16, CBP, El Paso Tx., 1996.

7. Carl F.H. Henry, God, *revelation, and authority, Vol. I, p. 203*, en *La Universalidad de la Teología*, en Kairós No. 8, p. 13ss, Seteca, Guatemala, 1991.

8. S. Richards, *Filosofía y sociología de la ciencia*, p. 39, Siglo XXI, México, 1987.

2. La ciencia ha de ser inteligible

Tiene que presentarse de una manera explícita para que, por lo menos, todos los practicantes de la ciencia calificados la entiendan. Ha de ser evidente. Maneja un vocabulario que es comprensible a los que la estudian. Si bien es cierto utiliza tecnicismos que son propios de su conocimiento, pero se entienden clara y distintamente[9]. *El conocimiento espiritual* que inicia con revelación y que se recibe por la fe es plenamente inteligible para los creyentes nacidos de nuevo, en cualquier parte del mundo y en cualquier época, pero no lo es, para los no convertidos, profesantes de otras religiones y la comunidad científica en general.

3. La ciencia ha de tener relevancia empírica

Que todos puedan evaluar la correspondencia entre sus teorías y sus implicaciones prácticas. No puede existir divorcio entre teoría y práctica[10]. *El conocimiento teológico* si tiene relevancia empírica para el cristiano, pero no para el pagano. Es claro que puede apelar al intelecto del no cristiano, pero no a su espíritu. Muchas aseveraciones que son comprensibles espiritualmente para el cristiano, le parecerán locura al no convertido y al profesante de otras religiones.

4. La ciencia ha de ser objetiva

Tiene que buscar el más alto grado de objetividad. Todos sabemos lo que se quiere decir con «ser objetivo»: aproximarse a la realidad, sin ningún tipo de inclinación consciente. Todo esto pese a que nunca se podrá ser objetivo de manera total[11]. *El conocimiento teológico es subjetivo* pues se apropia por la fe. Por ejemplo, los teólogos y los creyentes auténticos saben que son salvos por la fe y por el testimonio interno del Espíritu. De hecho algunos pensadores han afirmado que el talón de Aquiles de la teología es «el testimonio del Espíritu» porque nadie más puede comprobarlo. En efecto eso no puede probarse, solo creerse y vivirse. Por eso no resulta en nada objetivo para el ámbito científico pagano, escéptico y ateo.

5. La ciencia descubre

Un conocimiento que no descubre y que solamente repite, no es ciencia. La ciencia, en este sentido, logra acumular el conocimiento establecido, pero, de hecho, está obligada a aumentarlo. Precisamente el desarrollo de

9. Ibíd.
10. Ibíd.
11. Richards, S. *Filosofía y sociología de la ciencia*, p. 40, Siglo XXI, México, 1987.

una ciencia está en el conocimiento acumulado, corregido y aumentado[12]. *La teología no descubre en el sentido estricto.* No descubre nuevas verdades, profundiza en ellas, las sistematiza, etcétera. Le es dado el mensaje, la noticia, la doctrina. El mensaje no cambia en esencia.

6. La ciencia mide

Posee conocimientos y tecnología que le permiten hacer mediciones exactas. La ciencia también utiliza la observación junto con la medición. La observación es complemento de la medición[13]. *La teología no entra en esta rama del saber, pues no mide con herramientas y tecnologías específicas.* Cree, confía, espera, proclama. Sus alcances y consecuencias se medirán en el campo de la meta-física, en el ámbito espiritual, si bien es cierto debe tener implicaciones y repercusiones de toda índole aquí en la tierra. Jesucristo el Señor medirá y pesará las acciones, las intenciones ocultas, los motivos del corazón, que la ciencia y nadie están en la capacidad de medir.

7. La ciencia formula teorías

Las teorías permiten que se pueda explicar el «cómo» y el «porqué» de las cosas. El crear teorías es posible para la ciencia, cuando ya ha desarrollado, investigado y confirmado hipótesis y tesis. Además, inventa técnicas y herramientas. Propone y dispone[14]. *El conocimiento teológico no inventa nada.* Los fundamentos sobre los cuales edifica su labor le han sido dados en la Biblia. Sí los hace más comprensibles, actuales, pertinentes y aplicables. Sus recursos metodológicos pueden variar, pero nada más.

8. La ciencia plantea hipótesis

Ensaya, se plantea «supuestas proposiciones», se hace preguntas y trata de encontrar respuestas por adelantado. Luego procede al camino que se ha trazado para ir descubriendo causas y razones. La ciencia hace conjeturas, refuta, confirma o no confirma[15]. El conocimiento teológico da respuestas categóricas sobre la realidad de lo creado, la condición del hombre, el plan redentor.

---

12. Ibíd.

13. Ibíd.

14. Ibíd.

15. Marx Wartofsky, *Introducción a la filosofía de la ciencia,* p. 2, 17, Alianza Editorial, Madrid, 1987.

b) Características morales de la ciencia

1. La ciencia procura la honestidad intelectual

Hace «culto a la verdad». Desprecia la mentira. Se para sobre lo que es correcto en la razón y en el intelecto, aunque no sea agradable o esté en oposición a la emoción, el sentimiento y la opinión popular. Muy de la mano con la rectitud intelectual es la independencia de juicio. Esta característica habla del hábito de buscar pruebas en lugar de rebajarse a la autoridad[16]. La teología evangélica habla de la verdad de Jesucristo, oculta para muchos que la quieren aprender racionalmente. La teología no se fía de la razón, la utiliza como un instrumento subordinado a la revelación y a la fe, sujetándose a la autoridad de la Biblia.

2. La ciencia tiene amor por la libertad

La práctica de la ciencia conduce a despreciar toda autoridad infundada, sea intelectual, política, religiosa. En fin, todo poder injusto[17]. El concepto de libertad en el conocimiento teológico tiene otro significado y otra connotación. Se relaciona con quitar la esclavitud del pecado, del diablo, la seducción del mundo y la vieja naturaleza del ser humano. Se es libre para servir a Cristo, a la iglesia y al prójimo. Esa libertad se deriva de la actitud confiada en Jesucristo como Señor y Salvador. Se vive en paradoja: libre para servir, libre para obedecer, libre para negarse a sí mismo, muerto para el mundo y vivo para Cristo, ser un esclavo voluntario de su Señor, pero libre. Muerto al pecado y vivo para Dios, crucificado a las pasiones y des-crucificado para vivir en el Espíritu.

3. La teología y las ciencias del espíritu

a) Elementos constitutivos de las ciencias del espíritu versus la teología

1. El objeto de estudio

En el caso de las «ciencias del espíritu» o «ciencias de la cultura» el objeto de estudio es la realidad histórica social[18]. En la teología el objeto de estudio es Dios, manifestado en Cristo, revelado en la Escritura.

16. Ibíd.
17. VA., *Filosofía de la ciencia*, p. 152, Editorial Universitaria, Guatemala, 1974.
18. Wolfhart Pannenberg, *Teoría de la ciencia*, p. 79, Cristiandad, Madrid, 1991.

2. La estructura interna

Ésta se refiere al proceso que le ha permitido ir tomando y creando definiciones, conceptos, categorías, teorías, leyes. En otras palabras, tiene que tener un sistema que le dé coherencia y soporte hacia fuera[19]. En la teología la estructura interna se sujeta a la revelación, a la Escritura, a la fe.

3. El método

En las ciencias «del espíritu» o ciencias «de la cultura» se usan, entre otros, los siguientes métodos: fenomenológico, positivo, hermenéutico, histórico, histórico-sistemático, analítico, inductivo, deductivo[20]. En otras ciencias se usan métodos y teorías acordes a su naturaleza: funcionalismo, estructuralismo, semiológico, lógico-empírico, cualitativo, cuantitativo y el conductista[21]. Aunque en la teología no existe un método del todo necesario ni obligatorio, en la teología evangélica el método primario es «desde la sabiduría y revelación de Dios» que acontece en paradoja: se revela ocultándose y se oculta revelándose. Este método exige una respuesta de fe y una espiritualidad fervorosa: «Nada más sensato que se haya afirmado y confirmado sobre el método de la teología: iniciar con adoración, alabanza, invocación, oración, acción de gracias y petición»[22]. Luego vendrá el estudio formal de investigación, concienzudo, con los métodos propios de la teología. Por ejemplo: En la teología bíblica se utiliza el método inductivo; en la teología sistemática se utiliza el método deductivo, en la historia de la doctrinas el método que se emplea es el histórico teológico[23]. Los recursos metodológicos en la teología siempre estarán supeditados a la guía e iluminación del Espíritu Santo.

Se ha tratado las características y los elementos universalmente aceptados que componen la ciencia, en contraposición del conocimiento teológico.

---

19. Ibíd.

20. Helmuth Seiffert, *Introducción a la teoría de la ciencia*, p. 219ss, Herder, Barcelona, 1977.

21. Ángel Benito, *Diccionario de ciencias y técnicas de la comunicación*, p. 807ss, Paulinas, Madrid, 1991.

22. Karl Barth, *Ensayos teológicos*, p. 138, Herder, Barcelona, 1978.

23. Reinhold Seeberg, *Manual de la historia de las doctrinas* I, p. 32, CBP, 1967. El autor afirma que dado el carácter de ciencia histórica, la historia de las doctrinas emplea un método estrictamente histórico. Su obligación es relatar en forma imparcial, a base de las fuentes originales críticamente evaluadas y examinadas, lo que realmente sucedió y la manera en que sucedió. Dentro de las fuentes destacan resoluciones, decretos, escritos varios de teólogos que participaron negativamente y positivamente, bulas, confesiones, sistemas doctrinales, documentos que testifican de la fe de la iglesia como sermones, himnos, liturgias, literatura relacionada con la disciplina de la iglesia.

b) *Intento de agrupar a la teología dentro de las ciencias del espíritu o de la cultura*

Wilhelm Dilthey en su libro Introducción a las Ciencias del Espíritu compendió bajo este nombre «el conjunto de las ciencias que tienen por objeto la realidad histórica social»[24].

Según esta concepción, el campo de las ciencias del espíritu pertenece no solo a las disciplinas de la interpretación del mundo en el lenguaje, el arte, la religión, la filosofía y la ciencia, sino también aquellas que tienen por objeto «las instituciones de la vida en el estado: La sociedad, el derecho, la moral, la educación, la economía y la técnica». El nombre global de «ciencias del espíritu» para todo este grupo de disciplinas lo justificó Dilthey basándose en sus comunes diferencias respecto de las ciencias de la naturaleza[25].

El origen de esta separación se remonta a la división estoica de las ciencias de la lógica, física y ética. La lógica y la física eran las dos ciencias prácticas, pero a la ética se le asigna todo lo que se refiere al comportamiento de los hombres y con el mundo histórico. Más adelante se sustituyó el nombre de «ciencias del espíritu» por «ciencias de la cultura.» Fue Rickert quien introdujo este concepto, porque según él, el otro era muy dudoso[26].

Varios teólogos han insistido en agrupar a la teología dentro de las ciencias del espíritu. Creemos que pese a la buena intención y a la defensa de la teología como una ciencia, no encaja por lo que hemos expuesto anteriormente. Además, como ha dicho un teólogo de gran talante: «La teología se cuenta tradicionalmente entre las ciencias del espíritu. Ella puede tolerarlo con humor. Pero el Espíritu Santo no se identifica con el espíritu humano, sino que se encuentra con este… la libertad de la vida cristiana, no proviene del espíritu humano»[27]. Este enunciado es categórico y apabullante. Es pertinente tomarlo en cuenta para no caer en la tentación de aceptar ese intento.

4. ¿Qué clase de ciencia es la teología?

Nuestra postura es que la teología si es una ciencia en parte y solo de manera muy singular. No lo es en el sentido que lo son las matemáticas, las ciencias naturales y las ciencias sociales. Tampoco encaja dentro de las

---

24. Wolfhart Pannenberg, *Teoría de la ciencia y la teología*, p. 79, Cristiandad, Madrid, 1981.

25. Ibíd., p. 81.

26. Ibíd., p. 125.

27. Karl Barth, *Esbozo de dogmática*, p. 162, Sal Terrae, Santander, 2000.

ciencias del espíritu o de la cultura, aunque quieran someterla con camisa de fuerza y clasificarla allí. Veamos por qué. Por ejemplo, el pecado es un concepto de primer orden en la teología. Pero ninguna otra ciencia exacta, natural, de la cultura o del espíritu, la filosofía especialmente, lo contempla o lo integra como una categoría, teoría, ley o concepto, que se identifique como una transgresión contra Dios. Si acaso lo contemplarían como falta, descomposición, desviación, delito, enajenación, pero nada más. Si aceptaran la realidad del pecado, como la define la Biblia, asumirían automáticamente la existencia de un Dios único, real, santo, justo, que castiga la transgresión o redime mediante el plan de salvación para el pecador, ofrecido en la Escritura. Lo cual es imposible para estas ciencias por su propio objeto, contenido y método de estudio. Así las cosas, la teología es una ciencia singular, diferente de todas las otras ciencias en sus distintas clasificaciones.

Su discurso es substancialmente diferente al de las otras ciencias: «El discurso teológico sería incoherente. Datos específicos de este ámbito, tales como «humanidad nueva», «gracia», «Jesucristo», «salvación», y tantos otros, resultarían totalmente ininteligibles prescindiendo de su conexión con el dato «Dios»[28].

La declaración de la verdad en la teología y la declaración de la verdad científica son dos pretensiones totalmente distintas. La teología es conocimiento en función de la revelación, es el conocimiento de Dios en Jesucristo. Este conocimiento no es entendido ni comprendido, tampoco aceptado –aunque quieran no pueden– por los científicos no creyentes, los no creyentes en general, los profesantes de otras religiones. El conocimiento científico de las distintas ramas del saber, en función del objeto de estudio y su respectivo método es aceptado por científicos tanto cristianos como paganos, seguidores de otras religiones o ateos. La verdad revelada aprendida por la fe y la verdad científica se mueven en dos dimensiones distintas. La fe y la revelación nos conducen a ver la esencia de Dios y su relación con la creación. Este ámbito no corresponde al campo del conocimiento científico.

La forma de conocer de la teología es diferente de las otras ramas del saber humano. Su objeto de estudio es único. En su discurso, su punto de partida y de llegada se le ha determinado de antemano al teólogo. Su naturaleza y su organización internas son acordes a su objeto de estudio. Sus métodos de estudio difieren sustancialmente de las otras ciencias. Su investigación no se reduce a un ejercicio mental y metodológico, sino que involucra una respuesta de fe y una vivencia de todo el ser. Es por eso que al que incursiona en la teología, en su objeto de estudio y en su método, se le

28. VA., ¿Qué es teología?, p. 405, Encuentro, Madrid, 1979.

exige unas condiciones vocacionales y espirituales previas: «El cristianismo primero es revelación, luego buena noticia y posteriormente es teología. Su estructura es eminentemente comunicativa en función del servicio»[29].

Heidegger uno de los más grandes filósofos, con honestidad intelectual afirmó, que el proceder de la ciencia en contraste con la teología es distinto, en cuanto a la forma de obtener conocimiento: «El preguntar es propio de la ciencia y el creer es propio de la teología, éstas son dos actitudes irreconciliables que se excluyen mutuamente»[30]. La otra afirmación –una piedra fundamental de la razón de ser de la Filosofía– de Heidegger: ¿Por qué razón hay algo y no más bien nada? No tiene nada que ver con la razón de ser de la teología, la revelación y la fe. Pues el creyente tiene ya la respuesta a tal pregunta.

a) La teología es ciencia en parte y muy singular

Entonces ¿Qué ciencia es la teología? La teología es una ciencia singular con un conocimiento especial. ¡Una ciencia especialísima! diría Barth, que trata de percibir un determinado objeto o ámbito de objetos siguiendo el camino mostrado por Dios mismo. Es la condición previa y singular de un conocimiento singular. Es la palabra divina que se nos concede, es con la fe y la lógica que respondemos. Es una ciencia especial que quiere aprender a Dios, entenderlo y expresarlo[31]. Usa el conocimiento de la palabra de Dios hablada en la obra de Dios. Aprende en la escuela de la Sagrada Escritura y busca la verdad, la cual es exigida ineludiblemente a la comunidad que ha sido llamada por la palabra de Dios. Así se ajusta a la definición de ser la lógica humana del logos divino[32].

Las otras ciencias como la medicina, cualquiera puede estudiarlas: ateo, escéptico, religioso, cristiano, por el hecho de tener simpatía, cierta destreza innata, cierta inclinación, y… ya. Pero la teología evangélica cristiana y seria, como un conocimiento especial, exige, de quien se adentra en esta ciencia, un encuentro y una vivencia previos con el Cristo resucitado, como Dios y Salvador, como Rey y Señor. Aquí no puede hablarse de lógica humana, de percepciones humanas acerca de Dios. Quien lo hace sin que ocurra este encuentro personal en solitario frente a la revelación del Cristo crucificado y resucitado, caería en un engaño, como el que no sabe leer y quiere poner una escuela.

29. Rigoberto Gálvez, *Teología de la comunicación*, p. 28, CLIE, Barcelona, 2001.

30. Juan Alfaro, *Revelación cristiana, fe y teología*, p. 123, Verdad e Imagen, Sígueme, Salamanca, 1985.

31. Karl Barth, *Introducción a la teología evangélica*, p. 21, Sígueme, Salamanca, 2006.

32. Ibíd., p. 70.

La teología como ciencia especial responde a la revelación del pacto de Dios con el hombre. Intenta percibir el conocimiento en los registros divinos de La Escritura, lo que concierne a las esferas celestiales y a las terrenas, la esfera espiritual y la esfera humana, las alturas y las profundidades, las cosas grandes y las pequeñas, las cosas próximas y las remotas, las concretas y las universales, las internas y las externas, las visibles y las invisibles, todas ellas se hallan incluidas en la realidad y en la relación[33]. De manera inexcusable por este conocimiento que ennoblece a la teología, en lugar de inducirla a la jactancia, debe permanecer en humildad, gratitud, gozo y en el saludable y constante asombro. Este asombro es indispensable para que la teología exista y se renueve perpetuamente como una ciencia modesta, libre, crítica y gozosa»[34].

b) La parte científica de la teología que puede ser reconocida por otras ciencias

Hay fases de la investigación teológica que dan las pautas para la cientificidad de la teología. Una de ellas es la que se hace de manera racional y sistemática en la etapa del conocimiento investigado:

«La teología puede ser considerada una ciencia toda vez que obtenga un conocimiento sistematizado… Tal conocimiento, según la naturaleza del objeto, puede obtenerse de varias maneras, puede ser mediante observación, reflexión o revelación, pero debe ser conocimiento verdadero. Deben aplicarse pruebas experimentales en el caso de las ciencias naturales, pruebas racionales en el caso de las ciencias espirituales, y pruebas bíblicas en el caso de la Teología que se han obtenido por medio de la investigación racional y luego se sistematiza»[35].

Si se considera en general que la ciencia es la investigación metódica y sistemática. Y si la teología tiene claro su objeto de estudio y su método tiene correspondencia y unidad, para obtener un resultado organizado y consecuente, la comunidad científica reconocerá el carácter científico de muchos estudios teológicos[36]. También estará dispuesta a aceptar los estudios rigurosos, sistemáticos de carácter lingüístico y hermenéutico. La teología, hoy, se sigue apoyando en ciencias auxiliares como la arqueología, la geografía, la paleografía y la epigrafía; para comprobar e interpretar mejor los textos de la sagrada Escritura. En la

33. Ibíd., p. 109.

34. Ibíd., p. 84.

35. L. Berkof, *Introducción a la teología sistemática*, p. 41, The Evangelical Literature, Grand Rapids, 1982.

36. José Rovira, *Introducción a la teología*, p. 113, BAC, Madrid, 2007.

parte de la interpretación puede ser reconocida como un estudio o trabajo de carácter científico[37].

5. La relación de la teología con otras ciencias

La teología aunque ha entrado en la casa de las ciencias -las universidades- las relaciones de ésta y las otras ciencias están perturbadas. Principalmente porque a las ciencias no les interesa, o no obtienen nada de la teología[38]. Pero es necesario dejar en claro que aunque para algunos como Ott, la teología es ciencia en el sentido que la concibió Tomás de Aquino, también está de acuerdo que el objeto de estudio de la teología distingue ésta de las otras ciencias: «La teología se eleva por encima de las otras ciencias por la excelsitud de su objeto, por la suprema certeza de sus conocimientos, que se fundan en el saber infalible de Dios, y por su ordenación directa al supremo fin del hombre. La teología es sabiduría, pues estudia la causa profundísima y última de todas las cosas. Es la suprema sabiduría, porque considera esa última causa a la luz de la verdad revelada por el mismo saber de Dios»[39].

Es en la filosofía, como ciencia, donde perdura la discusión y el cuestionamiento de la relación con la teología. El uso de la filosofía como tal en la teología ha sido cuestionado a lo largo de la historia. Bien es cierto que algunos teólogos han abogado por usar conceptos, lenguaje y método filosóficos para el quehacer de la teología. Agustín de Hipona justifica su uso a semejanza del «Botín de los Egipcios» que se proveyeron los hebreos al ser liberados de la esclavitud física en ese imperio pagano. Otros como Gregorio IX señalan un abuso de la razón filosófica aún cuando era incipiente el uso de la filosofía aristotélica en la teología[40]. Para Tomás de Aquino es esencial establecer una relación entre filosofía y teología.

Para Martín Lutero es fatal y sin gracia la unión de la razón filosófica y la fe: «La razón es la mayor prostituta del diablo; por su naturaleza y manera de ser es una prostituta nociva, devorada por la sarna y la lepra, que debería ser pisoteada y destruida, ella y su sabiduría [...] Es y debe ser ahogada en el Bautismo [...] merecería que se la relegase al lugar más sucio de la casa, a las letrinas»[41].

---

37. Norbert Lohfink, *Exégesis bíblica y teología*, p. 34, Sígueme, Salamanca, 1969.

38. Wolfgang Beinert, *Introducción a la teología*, p. 186, Herder, Barcelona, 1981.

39. Ludwig Ott, *Manual de teología dogmática*, p. 27, Herder, Barcelona, 1969.

40. Clodovis Boff, *Teoría del método teológico*, p. 73ss, Dabar, México, 2001.

41. Martin Lutero, *Obras*, Edición Erlangen, v. 16, p. 142-8, en http:/textohistoriade-laiglesia.blogspot.mx/2007 10 01 archive.html.

Barth en general rechaza el racionalismo filosófico contraponiendo el cristocentrismo de la revelación bíblica, aunque al final de su peregrinaje haga algún matiz al respecto. El apóstol Pablo, una autoridad superior a los teólogos mencionados y los no mencionados de la historia de la teología, afirma categóricamente que no le interesan los distintos modos humanos de conocer, no quiere, no debe «conocer» como conocen los filósofos: «¿Dónde está el sabio? ¿Dónde el erudito? ¿Dónde el filósofo de esta época? ¿No ha convertido Dios en locura la sabiduría de este mundo?» (1 Corintios 1:20, NVI) pues son «vanas y huecas sutilezas». Seguidamente expresa: «Me propuse más bien, estando entre ustedes, no saber de cosa alguna, excepto de Jesucristo, y de éste crucificado» (1 Corintios 2:2).

La relación de la teología con otras ciencias es más en una sola vía. Todas las ciencias duras, naturales e incluso las del espíritu o de la cultura no se auxilian de la teología para sus fines o propósitos. Tampoco la reconocen como ciencia, en el sentido estricto. En cambio la teología puede auxiliarse con otras ciencias y utilizarlas como instrumentos para el cumplimiento de su misión en la predicación y la enseñanza de sus verdades fundamentales. Por ejemplo: las ciencias de la comunicación, las ciencias de la educación, la lingüística, la hermenéutica. Además se auxiliará con la arqueología, la geografía, la paleografía y la epigrafía, para ampliar y confirmar datos, registros, lugares, épocas que se encuentran descritas en la Biblia.

De acuerdo a cada época, situación e inclinación del teólogo, la teología usará, al igual que otras ciencias «los puntos de vista, los conceptos, imágenes y medios lingüísticos que se han ido transmitiendo o que han surgido en su tiempo y situación. A este respecto no es diferente de cualquier otra ciencia humana». Eso no quiere decir que no tenga su propia independencia y libertad respecto de las otras ciencias. Debe mantener su distancia porque detrás de cada ciencia hay una filosofía y una cosmovisión específicas. Por eso no puede tener un carácter dependiente, porque sería en menoscabo de su objeto de estudio y su propia tarea a la que se debe únicamente[42].

La teología debe estar atenta a sus propios criterios, su propio contenido, su propio lenguaje. Debe estudiar su propia lógica, retórica y la dialéctica que proceden de su objeto, que es el logos divino: «Tendrá que arriesgarse a seguir derechamente su propio camino a través del campo de aquellos otros criterios que tienen que ver con las ideas, el pensamiento y el lenguaje que actualmente se consideren generalmente válidos o que han sido proclamados más o menos solemnemente en el exterior»[43].

42. Karl Barth, *Introducción a la teología*, p. 113, Sígueme, Salamanca, 2006.
43. Ibíd., p. 113.

¿Quién impone los contenidos de la tarea teológica? ¿La teología o el espíritu de la época? ¿Las ciencias sociales o la teología? ¿La cultura o la teología? ¿La teología o las instituciones teológicas? ¿El contexto o la teología? Creemos que la Escritura debe dirigir los contenidos de la teología para no caer en reducciones antropológicas. Es cierto que la teología debe estar alerta y abierta a su entorno, su situación y su contexto, para mejorar, ser pertinente y aportar desde su conocimiento de las realidades concretas de los hombres y del mundo. Ajustándose siempre a su naturaleza y su propio conocimiento, pero sin someterse, ni rendirse a la agenda que quiera imponer la moda de cada época: «El progreso y la mejora en la teología no se espera nunca que procedan de una rendida sumisión al espíritu de la época; no procederán sino de la intensificada decisión de ajustarse a la ley de su propio conocimiento teológico, aunque tengan una serena apertura hacia el espíritu de los tiempos[44].

En cuanto a la universalidad de la teología, ésta la proclama desde la revelación de Dios en Cristo en el plan de salvación para toda la humanidad. Pero tiene su propia particularidad en su forma de conocer y en su modo de conectarse con la situación concreta de los seres humanos: «Toda buena reflexión teológica presenta simultáneamente rasgos de universalidad y particularidad. La universalidad reside en el hecho de basarse en la única revelación divina, destinada a toda la humanidad… la particularidad… en cuanto acto de hombres y mujeres concretos, sufre los condicionamientos de los diversos contextos socioculturales en los que se gesta»[45].

Barth afirma que la universalidad de la teología al proclamar la verdad de la salvación a todos los hombres, obviamente no es algo privado. Es una cuestión de reconciliar al mundo con Dios, como se realizó en Jesucristo, lleva a una radicalización de la situación de la humanidad afectando a todos los que la forman: «En sí misma la revelación es indudablemente el asunto público universal en el sentido más amplio de la palabra. Lo que se ha dicho a los oídos humanos exige proclamación desde las más altas azoteas de las casas»[46].

En cuanto a la teología y su lugar en la universidad, es cierto que siempre será la facultad numéricamente más pequeña, pero no la menos importante: «No solo es la facultad más delicada, sino la facultad de la teología, dadas de sus escasas dimensiones, queda numéricamente y en cuanto a su dotación muy por detrás de sus hermanas, el resto de las facultades, las

---

44. Ibíd., p. 114.
45. J. B. Libanio y Alfonso Murad, *Introducción a la teología,* p. 237, Dabar, México, 2009.
46. Ibíd.

cuales la marginan y la dejan en segundo plano»[47]. Esto no es motivo para que la teología se sienta pequeña ante las otras ciencias, aunque éstas la consideren la cenicienta y que la releguen a un rinconcito. Sino pensar de sí misma en su justa dimensión: aunque tiene sus limitaciones, su grandeza radica en que traslada soluciones para los problemas radicales y últimos de los hombres, ilumina el camino de la iglesia y tiene trascendencia e implicaciones eternas. Esto es concedido solo a la teología. Es algo extraordinario. La teología ya no es, en ese sentido, la cenicienta, sino la señora de la verdad y del evangelio, pero también la sierva humilde. Solo en la teología puede darse esa paradoja.

También es sano, como lo hemos venido diciendo, que la teología sepa diferenciar su naturaleza, su objeto y su contenido con relación a las otras ciencias. Son totalmente distintos. Y aunque algunos teólogos hayan hecho esfuerzos teológicos vinculantes con otras ciencias, los resultados no han sido los mejores. Barth hace una crítica incisiva y frontal contra algunos de esos intentos: «¿No sería comprensible el intento (al menos en su intención) emprendido de manera tan impresionante por Paul Tillich en nuestros días, por integrar a la teología dentro del ámbito de las demás ciencias o dentro del ámbito de la cultura, tal como está representada por la filosofía y las demás ciencias en una correlación indisoluble con la teología, según el esquema de la pregunta y la respuesta? ... Si el filósofo como tal quisiera ser también un teólogo ¡Si por encima de todo, el teólogo como tal quisiera ser también un filósofo, según Tillich podrá y debería querer serlo! ¡Qué soluciones! ¡Qué perspectivas! ¡Ojalá estuviéramos en tal situación!... La teología es una ciencia especial distinta de la filosofía y de las demás ciencias...»[48].

a) Reivindicación de la teología

La reivindicación y la actualidad de la teología tienen que ver con la pérdida del monopolio europeo en teología. Han surgido diversas expresiones de la teología cristiana y se les conoce con el nombre teologías cristianas en los terceros mundos. Algunos nombres de estas, entre otros, son: la teología de la liberación en América latina, la teología negra en las versiones americanas y sub-americanas, la teología asiática[49].

Después del inicio de las universidades con la teología como la reina de las ciencias, y luego su exclusión de las facultades, su menosprecio

47. Ibíd., p. 135.

48. Ibíd., p. 137ss.

49. Evangelista Vilanova, *Historia de la teología cristiana V. III*, p. 987ss, Herder, Barcelona, 1992.

frente a la ciencia, hoy el tema de la teología y de los teólogos está cobrando relevancia cada vez más. El interés es manifiesto no solo en las facultades, seminarios e iglesias, sino se ha extendido a personas e instituciones de distintos ámbitos y diversos trasfondos tales como: pastores, miembros de las congregaciones, intelectuales, grupos de derechos humanos y hasta los periodistas, han mostrado interés y tienen interrogantes sobre la misma[50].

Mucha gente sabe hoy en América Latina que existe la teología, no solo se hace preguntas, sino que incluso habla de ella, aunque no de manera técnica. Solo basta dar una mirada a los periódicos para captar la presencia de la teología en la vida pública. Esto se ha denominado el fenómeno social de la teología[51]. La inclusión de la teología nuevamente en las facultades de universidades de diferentes trasfondos y principios, en diversos países son otra muestra[52]. Todos ellos se plantean cuestiones en cuanto a la identidad de la teología, sus tareas, su método, la especificidad de su función, la conexión con otras ciencias. En fin, parece ser verdaderamente una cuestión actual. Como bien ha dicho Moltmann: «La teología actual es teología de la actualidad» refiriéndose a la tarea constante e ininterrumpida de la teología cristiana en el sentido cronológico y kairológico[53]. «Por eso la existencia de una facultad de teología, entre otras facultades universitarias, será un fenómeno significativo para el momento actual y para el futuro. Después de todo, en tiempos antiguos, la universidad misma nació de la facultad de la teología»[54]. Esto hace eco al hecho que las primeras universidades del occidente, desde la época medieval incluyeron primeramente la carrera de Teología junto a las de Medicina y Derecho. Entre las más antiguas: «Universidad de Ohrid del Reino de Bulgaria, actual Macedonia S. IX; Universidad de Bolonia (Ita-

50. M. Muñoz- Yves-M. Congar, *Su concepción de teología y de teólogo*, p. 11, Herder, Barcelona, 1994.

51. VA., *Teología en América Latina en iniciación a la práctica de la teología, introducción*, p. 371, Cristiandad, Huesca, Madrid, 1984.

52. *Nos consta que en América Latina existen varias universidades que de diferentes formas se relacionan con la teología y con la iglesia. Entre otras están las siguientes: Asunción, Bogotá, Buenos Aires, Caracas, Brasil, Guatemala (Universidad Mariano Gálvez, Universidad Rafael Landívar, Universidad Francisco Marroquín, Universidad Panamericana, Universidad San Pablo) Lima, Managua, Medellín, México, Panamá, Porto Alegre, Quito, Río de Janeiro, Santiago de Chile, Sao Paulo, Buenos aires, Valparaíso, San Salvador y otros. Si contar los seminarios teológicos e institutos bíblicos que suman casi los quinientos, según la AETAL: Asociación de Educación teológica para América Latina.*

53. Jürgen Moltmann, ¿Qué es teología? Dos contribuciones para su actualización, p. 10, Sígueme, Salamanca, 1992.

54. Karl Barth, *Introducción a la teología*, p. 225, Sígueme Salamanca, 2006.

lia) en 1089, que recibe el título de Universidad en 1317; Universidad de Oxford (Inglaterra) en 1096»[55].

6. Ciencia y fe

La fe y la ciencia son dos modos de conocer distintos. El primer modo de conocer, se atiene confiadamente a la revelación que Dios ha querido dar de sí mismo en la historia sagrada del pueblo de Israel. En el Nuevo Testamento, la máxima expresión de la revelación de Dios se muestra en Jesús de Nazaret, el Cristo. El segundo modo de conocer acontece por varias vías: por medio de la razón –racionalismo–, las ideas –idealismo–, la experiencia –el empirismo–, el escepticismo –duda que observa examinando–, el sentimiento –la subjetividad– y la investigación humana por medio de instrumentos o medios que permiten obtener conocimientos certeros[56].

Con relación a estos dos modos de conocer, binomio fe y ciencia, existen, fundamentalmente tres posturas, Trevijano las deja entrever en su libro Fe y ciencia. Veamos:

En primer lugar, podemos mencionar el grupo de los «fundamentalistas». Estos admitirán únicamente como verdaderos conocimientos los de la fe, los espirituales. Afirman que todos los conocimientos fuera de los mencionados anteriormente son engañosos, inciertos, no confiables, pues lo único confiable es lo que conocemos por el espíritu[57].

El segundo grupo es el de los que niegan la existencia de Dios y por lo tanto los conocimientos espirituales que vienen de una revelación divina. Estos rechazan la existencia de una sobre naturalidad que proviene de un conocimiento del Espíritu y es recibida por medio de la fe. Reducen, entonces, todos los conocimientos a los naturales, cuya culminación son los conocimientos científicos[58].

El tercer grupo es aquel que ha querido buscar el equilibrio y la conciliación de la fe y la ciencia. Una tarea nada fácil. Han procurado, por un lado, reconocer y aceptar la revelación divina, tomándola en cuenta seriamente, de tal manera que no podemos prescindir de ella. Pues desoír la palabra de Dios es dirigir nuestras propias vidas, darle la espalda a Dios y su plan. En esencia, en eso consiste el pecado. Por otro lado, reconocen

---

55. http://timerime.com/es/evento/1978390/Universidades+como+las+actuales/

56. Manuel Trevijano, *Fe y ciencia, antropología, verdad e imagen*, p. 73, Sígueme, Salamanca, 1996.

57. Ibíd.

58. Ibíd.

que los conocimientos naturales, los científicos, son una de las cualidades más nobles y superiores de la naturaleza humana. La parte difícil ha sido darle justamente el lugar y la primacía correcta en los casos necesarios a la fe o la ciencia[59].

La fe y la revelación nos conducen a ver la esencia de Dios y su relación con la creación. En este ámbito, el conocimiento científico no tiene la primacía, pues no corresponde a su campo. Heidegger afirmó que la ciencia pregunta, pero la teología cree, por lo tanto están en dos planos distintos, dos actitudes distintas y con resultados diferentes.[60].

Si bien es cierto que esa afirmación y observación penetrante, que hace Heidegger es puntualmente cierta, en la filosofía, entre las ciencias «exactas», ciencias naturales, las ciencias sociales y la teología, poniendo en evidencia las dos formas de conocer difíciles de conciliar, hay que hacer la observación que algunas ramas del conocimiento humanos tales como la educación y la comunicación si pueden relacionarse y ser un apoyo a la teología en las técnicas pedagógicas y las teorías de la comunicación como lo hemos indicado. Éstas hacen más efectiva la tarea y el propósito de la teología y la misión de la iglesia.

Reiteramos que intrínsecamente estos dos modos de conocer son opuestos. Decimos eso porque la otra afirmación, una piedra fundamental de la razón de ser de la Filosofía de Heidegger: ¿Por qué razón hay algo y no más bien nada? No tiene nada que ver con la razón de ser de la teología, la revelación y la fe. Pues el creyente tiene ya la respuesta a tal pregunta.

7. Una perspectiva histórica ciencia y fe

a) Una perspectiva histórica del diálogo, conciliación y ruptura entre ciencia y fe

A lo largo de la historia de la iglesia, las doctrinas y de la teología, ha habido hombres que se han inclinado solo a la fe, a la ciencia o conocimiento humano y a la conciliación de ambos. Escogeremos algunos que sean representativos y nos ilustren ese diálogo, ruptura y conciliación que ha habido entre ciencia y fe.

Uno de los teólogos más representativos en cuanto a la reflexión binomio ciencia y fe es Agustín de Hipona. Le dio la primacía a la fe, relegando al segundo plano el conocimiento que viene por medio de las capacidades humanas. Uno de los escritos que más representa su

---

59. Ibíd., p. 74.
60. Juan Alfaro, *Revelación cristiana, fe y teología*, p. 123ss, Sígueme, Salamanca, 1985.

formulación metodológica y la conciliación fe y ciencia es su «Doctrina Cristiana». En este escrito encontramos su proceso hermenéutico asociado a una filosofía «del signo» en el cual desarrolla una especie de dinamismo filosófico teológico para interpretar las Sagradas Escrituras. Con ese hecho pone de manifiesto su sugerencia de recurrir a todas las ciencias auxiliares posibles: gramática, ciencias naturales, simbólica de los números, música, historia y sobre todo la filosofía. No obstante en él encontramos una incipiente conciliación en unos aspectos y separación en otros entre lo que se conocía como ciencia, desde el punto de vista griego y la fe desde el punto de vista de la revelación. Hay una dialéctica en él: es la fe la que abre los ojos interiores del alma, y la que también nos puede curar. Ésta también alarga y profundiza el espíritu. Pero todo ello requiere un esfuerzo de inteligencia y de contemplación al mismo tiempo. Por eso él afirma. «Cree para entender, entiende para creer y para amar»[61].

Es en la fe, según Agustín, por la que se puede vivir la forma total de la vida humana y por la que el hombre puede experimentar la gloria e ir en pos de la perfección e incluso en su inteligencia humana, creyendo y obedeciendo a la fe. Agustín tampoco separa el conocimiento de la moral. Pero cabe mencionar que este teólogo propuso un vasto plan de estudios profanos, con el fin de aplicarlos a las Sagradas Escrituras. Por ejemplo: lenguas, dialéctica, elocuencia. Ahora comprendemos porque él hace una separación en la definición de las dos formas de conocer: la ciencia como la *ratio inferior*, es decir, conocimiento por la razón de las cosas del mundo sensible, fruto de la ciencia. Por otro lado, señala que la sabiduría es «el saborco» desde Dios, según el apóstol Pablo: *ratio superior*, es el conocimiento de las realidades del mundo suprasensible y de las realidades eternas, a las que se tiene acceso solo mediante la fe, la revelación, la oración, la meditación y la contemplación[62].

Hugo de San Víctor trata de conciliar la fe con la razón. Él sugiere pasar de la fe a la inteligencia de la fe, haciendo todo el esfuerzo posible para comprender lo que se cree. Él dice que se deben tener por insuficientes las ideas que provienen de la fe en lo concreto. Es necesario profundizar, dentro de los límites de lo lícito y posible el captar por la razón aquello de lo que estamos convencidos por la fe: «Nos debe, pues, parecer poca cosa tener una fe auténtica en las realidades eternas, si no nos es dado corroborar estas verdades de la fe por el testimonio de la razón. Sin satisfacernos con el conocimiento de lo eterno que solo otorga la fe, procuremos alcanzar lo

61. Raul Martínez, ¿Qué es la teología? Una aproximación a su identidad y a su método, p. 40, Descleé Brouwer, Bilboa, 1999.

62. Martínez, Óp. Cit. p. 18.

que da la inteligencia, si todavía no somos capaces del conocimiento que concede la experiencia»[63].

En esa dirección, encontramos en Pedro Abelardo el germen de conciliar la filosofía, la razón y la ciencia con la fe. Para él, lo correcto, es tener cierto conocimiento previo o razón antes de la fe. Él quiere un diálogo entre ciencia y fe partiendo de la razón hacia la fe. Afirma: «No se puede creer sino lo que previamente se ha comprendido... Solamente los ignorantes recomiendan la fe antes de comprender»[64].

Tomás de Aquino es quien perfecciona esta postura con sus tres pasos famosos descritos en la Suma Teológica: a) exposición contradictoria de autoridades y razones aducidas, b) análisis riguroso aclarando el sentido, definiendo los términos, resolviendo las dificultades, y c) intento final de aproximación al misterio[65].

Para entender la postura de Tomás de Aquino, es importante saber a cerca de su formación filosófica previa a la formación teológica. El estudió letras, gramática, música, salmodia, retórica, dialéctica, aritmética, geometría y astronomía. De esa manera iría incorporando el *corpus aristotelicum* usando la razón y la filosofía como vehículos en la progresión del conocimiento teológico, tratando de conciliar ciencia y fe. Él mismo lo expresa con las siguientes palabras: «Los dones de la gracia se añaden de tal forma a la razón que no la suprimen, sino que la perfeccionaron en gran manera; no destruyen la luz del conocimiento racional existente en nosotros por naturaleza» Insiste en que no debe establecerse dicotomía «in maridable» entre el camino de la sabiduría divina y el del conocimiento racional en las cosas de Dios. Al contrario la sabiduría y la fe deben injertarse en la ciencia. Pues, según él, la fe no se opone a la ciencia, como entre dos opuestos, sino que se relacionan por adición a la ciencia»[66].

Es la perspectiva de René Descartes quien lleva hasta las últimas consecuencias la separación entre razón y fe, abrazando la filosofía y la razón como fundamentos de toda epistemología. Es por eso que ha sido llamado, y con razón, el padre de la filosofía moderna. En el sentido opuesto, Martín Lutero, lleva al extremo el hiato insalvable, según él, entre ciencia y fe, razón y fe, abierto por Escoto, seguido por Ockam, reafirmado por Gabriel Biel. Lutero lo expresa con las siguientes palabras: «Hay dos clases de conocimiento de Dios: por la ley y por el evangelio. Pero no hay verdadero conocimiento por la ley de Moisés o de la Naturaleza porque el hombre

---

63. Clodovis Boff, *Teoría del método teológico*, p. 12, Dabar, México, 2001.

64. Martínez, Óp. Cit., p. 20ss.

65. Ibíd.

66. Martínez, Óp. Cit., p. 53.

corrompido no lo sigue… La razón no sabe ni una jota de Dios… me doy satisfecho con la sola palabra de Dios sin que me interese como pueda conciliarse con la razón (prostituta diabólica) pues en las cosas de Dios camina con la misma torpeza que un caballo ciego, todo cuanto comenta y resuelve es falso y erróneo»[67].

Es así como Lutero separa de manera tajante lo natural de lo sobrenatural, la razón de la fe, la ciencia de la revelación. Pues a Dios, afirma, se puede tener acceso únicamente por Cristo y su justicia que nos salva por medio de la fe. La revelación que está en la dimensión de lo sobrenatural. Y si alguien quiere pensar o razonar cumplidamente sobre Dios, debe abandonar todo, excepto la humanidad de Cristo.

Aunque no podemos pasar revisión a todos los teólogos, tanto los que han tomado la opción de la fe sin conciliarla con la ciencia o la razón, como los que toman la opción de la razón sin conciliarla con la fe, o los que han tratado de conciliar ambas, por lo menos, abordaremos algunos más, que trataron de conciliar la fe con la ciencia. Veamos:

Pierre de Chardin interesado en los descubrimientos paleontológicos, elaboró una teoría general a partir de sus investigaciones biológicas, geológicas, unidas a sus estudios teológicos. De igual manera, intentó en la fe cristiana conciliar ambos buscando un punto de encuentro entre la ciencia y la fe, lo humano y lo cristiano, la creación y la evolución, lo natural y lo sobrenatural. En esa dirección afirmó que la evolución debe ser convergente, nunca divergente, y que la creación del universo es consistente en Cristo, por lo que se puede hablar de un pancristismo, según él, para darle coherencia a las afirmaciones de la fe con las teorías de la ciencia[68].

Rudolf Bultmann al igual que Chardin, intentó un encuentro con el mundo científico de su momento en busca de una nueva comprensión de la fe. Dio un nuevo giro a la tradición escriturística que le antecedía. En ese sentido Bultmann afirmó que no se puede seguir creyendo hoy, en un mundo moderno, científico y tecnológico, al igual que se creía en los tiempos bíblicos en espíritus, demonios y milagros. De resultas, asevera que su misión es hallar el kerigma del mensaje de Cristo, de los apóstoles y profetas que está soterrado y envuelto por la cultura pre-científica llena de mitos[69].

Como sean los resultados, peligros, errores, y aciertos de ambos -Chardin y Bultmann- procuraron conciliar la ciencia y la fe, tratando de hacer asequible el mensaje del evangelio a los hombres y mujeres de la época moderna, aunque en buena parte, en detrimento de la fe.

67. F. Buzzi, *Martín Lutero*, SC., 1994, p. 265.
68. F. Hohann, *Manual de historia de la filosofía*, p. 122, Herder, Barcelona, 1986.
69. VA., *Diccionario de teología fundamental*, p. 169, Paulinas, Madrid, 1992.

Los teólogos somos responsables de tomar una postura al respecto. Desde nuestra perspectiva, sugerimos que es necesario estar vigilantes para que no acontezca un disparate parecido al que ocurrió en el año de 1633. Algunos teólogos, por unanimidad, sin dar la ventaja de la duda, decidieron condenar los descubrimientos científicos de Galileo Galilei. Estos teólogos no lograron comprender que, si bien es cierto, la ciencia y la fe pueden conciliarse en ciertos puntos, hay aspectos en los que la ciencia tiene la primacía y la fe acepta. Es así como los hechos lo demuestran y no tanto los aspectos proféticos y teológicos[70]. Es incorrecto que algunos cristianos no puedan discernir la autonomía de la ciencia en su propio campo. Galileo al ser condenado, entre otras cosas, dijo lo siguiente:

«Tomad nota teólogos de que, en vuestro deseo de convertir en materia de fe posiciones relativas a la ciencia, corréis el peligro de tener que acabar condenando por herejes a quienes mantengan que la tierra está inmóvil y que es el sol el que se mueve»[71].

Lo que trataba de explicar Galileo era que la física no podía explicarse desde la metafísica, porque en lo referente a las realidades del universo, las apariencias engañan. La triste realidad es que no fue escuchado. Tampoco los inquisidores y teólogos aprendieron la lección de diferenciar la cosmología de la teología. Galileo insistía a los teólogos que fiaran lo que veían en el telescopio, pero los teólogos no querían pruebas, sino razones[72].

En otra perspectiva, desde hace algunas décadas se ha mantenido la idea de que la mayoría de los científicos, si no todos, son ateos. Quizá una de las razones es porque también en las últimas décadas ha habido un extraordinario progreso especialmente en la física, la genética, la medicina y la astronomía.

Es cierto que unos cuantos se han declarado abiertamente ateos y otros cuantos agnósticos, pero la realidad es otra. Muchos de los científicos, si bien no profesan activa y públicamente sus creencias o la fe en un Dios creador, poco a poco se ha ido descubriendo que son más los científicos creacionistas que los agnósticos y los ateos. Uno de esos casos es el del científico Albert Einstein. Por un lado algunos han asumido que él era ateo. Por otro lado tenemos el testimonio de él mismo respecto de su fe en Dios:

«La opinión generalizada según la cual yo sería un ateo, se funda en un gran error. Quien lo deduce de mis teorías científicas, no las ha comprendido. No solo me ha interpretado mal, sino que me hace un mal servicio

---

70. F. Pérez de Antón, *El gato en la sacristía, cuenta y razón del declive de la iglesia católica en el mundo*, p. 22, Taurus, Madrid, 2003.

71. Draker Stillman, *Galileo*, p. 100, Alianza Editorial, 1983, en Óp. Cit. *El gato en la sacristía*.

72. Óp. Cit. Pérez de Antón, *El gato en la sacristía*, p. 23.

si él divulga informaciones erróneas a propósito de mi actitud para con la religión. Yo creo en un Dios personal y puedo decir, con plena conciencia, que en mi vida jamás me he suscrito a una concepción atea»[73].

Einstein aseguraba que cuanto más estudiaba la ciencia más creía en Dios. Él era de origen judío y aunque nunca manifestó practicar el judaísmo, muchas de sus teorías partían de la existencia de un ser supremo creador de todo lo existente. Einstein dijo, como en todas sus afirmaciones, con inusitada claridad, sencillez y profundad: «Lo más incomprensible del universo es que sea comprensible»[74].

Einstein no solo creía en un Dios personal, sino tenía confianza en la capacidad del hombre. Ambas cosas sumadas al conocimiento adquirido, respecto del universo, lo llevaron a consolidar su creencia en un único Dios, en quien concentraba el poder, la razón y la causa de todas las cosas; que había dado todo para que el hombre pudiera dominarlo y progresara. Tal y como lo afirma Castillo del Carmen, esta clase de científicos no solo tienen la capacidad de moverse dentro de la ciencia en la que todo tiene una explicación y sentido, sino también en la razón más profunda, la belleza, el orden, el equilibrio del universo que patentiza la experiencia religiosa. En palabras del propio Einstein: «No puede haber contradicción real entre la ciencia y la fe, ya que toda realidad procede, de un ser supremo: Dios Creador»[75].

73. Ibíd.
74. Ibíd.
75. Ibíd.

III
La vivencia de la teología

Teología es existencia y vivencia cristianas en el mundo: «La teología evangélica es siempre una historia; que tiene lugar en la carne y en la sangre, en la existencia y en la acción de un ser humano, del teólogo en el sentido estricto y amplio del término»[1]. Por eso la teología no puede separarse del teólogo, ni el teólogo puede separarse de su teología. Sería contradictorio. Su vida, su conducta, su carácter están permeados y dirigidos por los postulados de su teología. A diferencia del filósofo, del médico y cualquier otro profesional que pueden hacer una separación entre lo que saben, lo que dicen y la forma en que se comportan, viviendo en un dualismo. El teólogo verdadero vive lo que cree y enseña lo que vive. Su estilo de vida es congruente con lo que piensa y proclama.

Esa vivencia teológica se da en el mundo y dentro de la comunidad de creyentes. El teólogo es un testigo viviente que influencia donde quiera que se encuentre, no importando la diversidad de escenarios. La figura y el concepto del teólogo que vive aislado, encerrado, rodeado de libros, investigando temas impertinentes, tratando de encontrar respuestas a preguntas que a nadie le interesan han sido superados.

La vivencia teológica cristiana está ligada indefectiblemente a la vida en comunidad: «Los teólogos son los herederos de los doctores del Nuevo Testamento que desempeñaban su don dentro de la iglesia... hacen comprensible la doctrina de la fe»[2]. Sería raro, si no descabellado, el hecho que el teólogo evangélico no participara como miembro de una iglesia local, denominacional o independiente con una línea conectada directa o indirectamente a cualquiera de las ramas de la Reforma del siglo XVI. Con la posibilidad que dentro de ese ámbito sirva como maestro o doctor, quizás participe ocasionalmente en la predicación o en otra función de la teología práctica, o como un simple miembro que participa de la comunión, pero que desarrolla su santo llamamiento en un seminario, escuela o facultad de teología. El punto es que no se dé una separación entre

1. Karl Barth, *Introducción a la teología evangélica*, p. 83, Sígueme, Salamanca, 2006,
2. Ángel Cordovilla, *El ejercicio de la teología*, p. 273, Sígueme, Salamanca, 2007,

su vocación teológica, su vivencia cristiana privada y en la iglesia local: «Nadie puede ser teólogo sin participar totalmente, en algún punto en los aspectos problemáticos de la comunidad de los cristianos. El teólogo participa en la vida de esta gran comunidad cristiana, que se ve amenazada siempre por la destrucción, aunque constantemente está siendo rescatada de ella. El teólogo es cristiano y es miembro»[3].

La vivencia teológica está ligada a la vocación del teólogo. Ésta se cristaliza en el estudio profundo, el trabajo continuado y la disposición de escuchar al Espíritu: «Una vocación no se satisface con vagas lecturas, pequeños trabajos dispersos. Es cuestión de penetración y de continuidad, de esfuerzo metódico, con miras a una plenitud que responda a la llamada del Espíritu y a los medios que a él le plugo comunicarnos»[4].

La vivencia y la vocación teológicas son vitalicias. El teólogo no puede quedarse de brazos cruzados, conformándose con lo que ha obtenido. No puede aspirar a una jubilación vocacional en la continua búsqueda de la verdad: «Donde el teólogo se encuentre situado y cualquiera que sea el puesto que ocupe, vemos que se le ha asignado la búsqueda de la verdad misma y que ha sido llamado por medio de la revelación de esa verdad. Conozca o no lo que está haciendo, el ha asumido la tarea de reflexionar sobre la cuestión acerca de la verdad»[5].

La verdad de Dios revelada no se agota en dos mil o tres mil años de estudio, en cuatro generaciones o en una generación, mucho menos en la corta y frágil vida de un hombre que puede llegar a vivir como media, setenta años u ochenta. Así que los teólogos debemos mantener *el hacha afilada*, una fe inquebrantable, el corazón encendido, la mente clara y una disposición férrea para trabajar y gastarnos hasta el último suspiro. Esa es nuestra bendita tarea bajo el sol.

La responsabilidad del teólogo y su teología no acontecen solo en su misión inherente con el mundo, con la iglesia, sino para consigo mismo como afirma Barth: «Lo que está implicado por la relación entre el pacto divino de gracia y la estirpe humana es la elección, la justificación, la santificación y la vocación del teólogo. Se hallan incluidas su oración y su labor, su gozo y su tristeza, él mismo en su relación con su prójimo, la oportunidad única de su corta vida... En último término, él es quien está afectado, cuestionado o acusado por la palabra de Dios, juzgado y justificado, consolado y exhortado, no solo en función y papel entre sus semejantes, sino también personalmente en la existencia que él vive para sí mismo»[6].

3. Karl Barth, *Introducción a la teología evangélica*, p. 102, Sígueme, Salamanca, 2006.

4. Evangelista Vilanova, *Para comprender la teología*, p. 112, Verbo Divino, Estella, 1992.

5. Karl Barth, Op. Cit., p. 102.

6. Ibíd., p. 105.

La existencia teológica está ligada a la situación del teólogo. Éstas acontecen en una época y contexto específicos que le ha tocado vivir al teólogo. Pueden ser distintas en cada generación y es imposible desligarlas del quehacer teológico: «Hacer teología no equivale a llevar a cabo una obra inocente ni intemporal. Una tarea era la de Agustín esgrimiendo la espada contra Pelagio, otra la de Santo Tomás elaborando su Suma Teológica en el siglo XIII»[7].

Hoy los desafíos que tiene que enfrentar el teólogo son los de un mundo globalizado: la cultura de masas, el pluralismo religioso, el posmodernismo, la confusión, la pérdida de valores, la búsqueda constante del placer, el consumismo, el desencanto, la desestabilización política y social, el híper-modernismo, las quiebras económicas, la concentración de la riqueza, el deterioro del medio ambiente, la inseguridad, la violencia, la pobreza, la desnutrición, las adicciones, la corrupción, el narcotráfico y otros.

1. La condición espiritual del teólogo

Antes de incursionar en la condición espiritual del teólogo creemos que es necesario definir brevemente quien es un teólogo. No es fácil definir cabalmente al teólogo, su figura, su talante, pero si es certero afirmar que su vida, su condición, su figura, van unidas a su mismo quehacer teológico, a la historia de la teología: «El teólogo es por vocación un maestro, un doctor, está capacitado por el Espíritu y por su disposición, entrega, definición, y calidad moral para profundizar en la palabra de Dios, según los métodos propios de la teología y que está capacitado para transmitir la enseñanza, vía oral, vía escrita. Además es un creyente inmerso en la comunidad al servicio de la iglesia»[8]. Otra definición: «el teólogo es fundamentalmente un hombre de fe y de ciencia… con una vocación y un servicio específicos y originales… en virtud de la competencia dada por un saber o una cultura de la fe personalmente adquirida y poseída»[9].

Muchos de los libros que se escriben acerca del trabajo teológico cometen el error de poner el énfasis en la metodología, el contexto, las técnicas de investigación, el fondo bibliográfico y todas las herramientas que debe disponer el teólogo, pero no hacen hincapié en las características y requisitos espirituales que debe llenar todo aquel que se adentra en la faena de la teología. Lo cual, a nuestro criterio, es una falla orgánica que se verá reflejada en los resultados de su trabajo.

---

7. Henri Denis, *Teología ¿para qué?*, p. 10, Desclée de Brouwer, Bilbao, 1981.

8. Raúl Berzosa, *Hacer teología hoy; retos, perspectivas, paradigmas*, p. 204, San Pablo, Madrid, 1994.

9. Ives-M Congar, *Su concepción de teología y de teólogo*, p. 297ss, Facultad de teología de Catalunya, 1994.

Hasta por sentido común, en las cuestiones de este mundo, el trabajo de los profesionales, de los deportistas, de los obreros, sus buenos resultados dependen, de manera precisa, en proporción a su buena condición mental, física, y práctica según su propia área. Ningún resultado puede ser satisfactorio si lo que se va a usar es solo teoría, técnica apropiada, recta intención y buenos deseos. Por eso es conveniente que el teólogo crezca en la fe que actúa por el amor, sea un docto en la investigación, pero un devoto en la oración: «... El teólogo está llamado a intensificar su vida de fe y a unir siempre la investigación científica y la oración»[10].

La idónea condición espiritual del teólogo es un requisito indispensable para la teología de altura. El teólogo espiritual es aquel que es guiado por el Espíritu: ora, alaba, adora, camina por el Espíritu, piensa en las cosas del Espíritu, manifiesta el fruto del Espíritu en su vida diaria y sirve en el nuevo régimen del Espíritu. A esa óptima condición espiritual le suma el estudio: «El estudio sin la oración es ciego y la oración sin estudio es vacía»[11]. La espiritualidad más el uso de la razón, la inteligencia, el conocimiento, la entereza, una buena metodología, el resultado será una piadosa erudición plasmada en una equilibrada teología que apela al espíritu, a la mente del hombre y a las realidades que le rodean: «Dado que la teología científica también se apoya en la fe y sin esta no puede cultivarse de una manera objetiva, el teólogo debe esforzarse por obtener una fe viva y fructífera... así pues, también el teólogo debe ser un hombre espiritual[12].

Pero si por una vida indiferente, carnal o pecaminosa del teólogo, el Espíritu está opaco, apagado o asfixiado, el corazón está frío, dividido, contaminado, eso subirá a la mente. Porque lo que está en el espíritu y el corazón sube a la mente y de la abundancia de la mente escribirá la mano. Como dice Stott: «¡Que nunca el conocimiento sin celo reemplace el celo sin conocimiento! Dios quiere ambas cosas: celo dirigido por el conocimiento inflamado por el celo. Como escuché decir a un maestro y teólogo, cuando era presidente del Seminario de Princeton: «La entrega sin reflexión es fanatismo en acción. Pero la reflexión sin entrega es la parálisis de toda acción»[13].

Si el teólogo tiene una conducta pública plástica, maquillada, de apariencia piadosa y al mismo tiempo una vida privada pecaminosa, vive una vida doble desdichada que incidirá negativamente en su teología. Además, si exige a otros que adquieran conocimiento, pero él mismo no se exige, está siendo arrastrado por la hipocresía. Quizás conozca al dedillo

10. VA., *El don de la verdad, sobre la vocación eclesial del teólogo*, p. 32, Palabra, Madrid, 1993.

11. Karl Barth, Op. Cit., p. 199.

12. Wolfgang Beinert, *Introducción a la teología*, p. 135, Herder, Barcelona, 1981.

13. John R. W. Stott, *Creer es también pensar*, p. 7, Certeza, Buenos Aires, 1972.

las doctrinas cardinales de la teología, pero si no las pone por obra, es un farsante. Si no adquiere, de manera cabal, el compromiso de llevar una vida de una sola pieza, íntegra y espiritual es un teólogo fariseo. Le vendrían bien las palabras del Señor Jesús: «Entonces habló Jesús a la gente y a sus discípulos, diciendo: En la cátedra de Moisés se sientan los escribas y los fariseos. Así que, todo lo que os digan que guardéis, guardadlo y hacedlo; más no hagáis conforme a sus obras, porque dicen, y no hacen. Porque atan cargas pesadas y difíciles de llevar, y las ponen sobre los hombros de los hombres; pero ellos ni con un dedo quieren moverlas.»(Mateo 23:1-4).

A la luz de lo expuesto, que no crea el teólogo o los teólogos que se encuentren en una de esas circunstancias que podrán seguir engañando y engañándose por mucho tiempo, pues «por sus frutos los conoceréis». Tampoco piense que es capaz de «realizar una investigación teológica, debidamente libre y fructífera, y de pensar y hablar como un teólogo ¡No puede eludirse el hecho de que el objeto vivo de la teología compromete al hombre entero! Compromete incluso a lo que es más privado en la vida privada del teólogo. Aún en esa esfera el teólogo no podrá y no querrá huir de lo que es el objeto de su profesión. Si tal situación no le va a él, lo mejor sería que escogiera otra disciplina que fuera menos peligrosa que la de la teología. Por eso lo más sencillo será probablemente seguir siendo teólogo y aprender a vivir con arreglo a las exigencias divinas aún en los ámbitos más íntimos de la humanidad de un teólogo»[14].

El teólogo debe estar a la altura de las exigencias de la investigación científica, pero debe ser un hombre santo: «... Es necesario que el teólogo esté atento a las exigencias epistemológicas... pero el quehacer teológico exige un esfuerzo espiritual de rectitud y de santificación»[15].

Un principio para una buena condición espiritual es el buscar el justo equilibrio: conocimiento, poder; palabra, Espíritu; fe, obras; oración, estudio; trabajo intenso, descanso a tiempo; familiarizado con la Escritura, pero muy consciente de la problemática y las realidades del mundo; investigación teológica intensa, pero con treguas, para no saturarse a tal grado que sea contraproducente: «En la relación del hombre con la obra y la palabra de Dios, puede existir no solo una insana desnutrición, sino también una sobrealimentación igualmente insana... El novato se entrega totalmente a la teología y se elimina completamente todas las demás cosas, no tiene interés en el fondo por los periódicos, la literatura, el arte, las historia y el deporte. Se cierra herméticamente dentro de su respectiva comunidad y le interesa únicamente su labor teológica. Se va a destruir (No seas justo en

14. Karl Barth, Op. Cit., p. 106.
15. VA., *El don de la verdad, la vocación eclesial del teólogo*, p. 33, Palabra, Madrid, 1993.

exceso, ni te hagas demasiado sabio, Ec. 7:16). Cae en el síndrome de los dos reinos y de sus corolarios y puede caer también en el pecado mortal, que en la jerga monástica se le llamaba de «el aburrimiento espiritual». Desde lo cual hay un solo paso para llegar al escepticismo»[16].

2. Los grados académicos del teólogo

El uso y abuso del título de teólogo necesita ciertos criterios de discernimiento. El título de teólogo debe usarse con propiedad. No es correcto que se les llame teólogos a quienes no han estudiado teología, no poseen grados académicos, o no han ejercido la docencia, ni han escrito artículos, ensayos o libros sobre su disciplina. Así como nadie debería llamar médico a quien no ejerce la medicina, ni cumple con los requisitos académicos y formales, de igual manera no debe llamar teólogo a quien no lo es: «Para ser considerado teólogo, los requisitos básicos no son distintos a los vigentes en cualquier otra disciplina científica, a saber: a) Un reconocimiento social por parte de las instituciones académicas en que se estudia teología y que se traduce en el título de licenciatura o doctorado. b) Haber publicado escritos que recojan los resultados de una investigación... , c) El ejercicio de la docencia académica...»[17].

El que ha sido llamado a la tarea teológica, de manera segura, necesitará incursionar en las escuelas, seminarios y facultades teológicas. Con algunas excepciones, profesionales de otras ramas del conocimiento han tenido formación autodidacta teológica y han hecho aportes. Pero a lo largo de la historia, el patrón ha sido que los más destacados teólogos son los que han tenido formación específica y sostenida primeramente en el campo de la teología. Tampoco se trata de la búsqueda de títulos sin más, porque eso no garantiza que aquellos que los ostenten produzcan teología y hagan aportes significativos. Hoy, deambulan por allí algunos teólogos de esa estirpe. El perseguir los títulos de pregrado y posgrado por satisfacción, prestigio académico y obtención de reconocimiento, es caer en el culto al intelectualismo y en el egoísmo, en contra o en menoscabo de la vocación, si es que la hay.

Los grados académicos del tercer y cuarto nivel[18] completan los procesos de estudio que le proporcionan al teólogo andamiaje, estructura,

---

16. Karl Barth, Op. Cit., p. 155.

17. VA., *El don de la verdad, vocación eclesial del teólogo*, p. 206ss, La Palabra, Madrid, 1992.

18. El tercer nivel en la modalidad europea corresponde al doctorado. En la modalidad norteamericana y latinoamericana, el cuarto nivel, corresponde al grado de doctor posterior a una maestría.

perspectivas, metodología, sistema, nuevos horizontes, disciplina y experiencia en la investigación. Es todo un proceso integrador: «El estudio es un empeño activo del hombre que debe llevarse a cabo con seriedad, celo y diligencia. Es una tarea intelectual definida. El estudio transcurre en un sentido horizontal y es psíquico, intelectual y físico»[19].

Obtener el grado de doctor en teología conlleva responsabilidad, integridad, disposición de continuar en el camino del aprendizaje, ser productivos, intentar hacer pequeños, medianos o grandes aportes. El asunto es no parar allí. Es «pelear la buena batalla por la teología, acabar la carrera con disciplina, constancia y rectitud, humildad, guardar la fe sencilla», es culminar la misión que se nos ha encomendado.

La importancia de la formación teológica, con sus respectivos grados académicos, hasta los niveles más altos, es la cristalización de la vocación y la continuidad de la pasión por ahondar en el conocimiento del objeto de la teología y su obra. Por eso: «El valor real de un doctorado, incluso el obtenido con la calificación más alta, depende del grado en que el doctorando se haya comportado y se haya mantenido como una persona dispuesta a aprender. El valor de esta distinción académica depende también por completo de la medida en que la persona se comporte y se mantiene ulteriormente como deseosa de aprender... tan solo por su calificación como persona que aprende, podrá mostrarse a sí misma como persona cualificada para enseñar. Todo el que estudia teología, lo hace así porque (aparte de los fines personales que persiga) estudiar es necesario, bueno y bello para él mismo en relación con el servicio que ha sido llamado a prestar. La teología ha de poseerle tan enteramente, que él se interese tan solo por ella a la manera de un estudioso»[20].

El teólogo debe ser un hombre de fe y de ciencia. No debe ser torpe en el conocimiento. Puede tartamudear, carecer de elocuencia, carecer de uno tono de voz agradable, pero no de un corazón ardiente, una fe inquebrantable y un conocimiento sólido; de espaldas anchas para soportar el peso y la responsabilidad de lo que va a dar cuenta y razón ante la iglesia, ante el mundo y ante las otras disciplinas científicas. El teólogo entregado de esa manera, a su santa vocación, es lo que lo diferencia del creyente común, del predicador autodidacta. Su formación es seria, amplia y a la vez especializada, con el rigor de carácter científico. El teólogo dará la talla y el talante cuando haga una excelente combinación de la fe y el conocimiento respectivamente: «Esa posibilidad se hace efectiva

19. Karl Barth., Op. Cit., p. 199.
20. Ibíd., p. 200ss.

cuando la fe del creyente adquiere un determinado nivel de cultura... mediante el estudio y la investigación científica»[21].

El teólogo debe de ser un conocedor de la historia sagrada, la historia universal y la historia de la teología. La formación histórica del teólogo es esencial. Los más grandes de la teología han dominado la historia: Agustín, Tomás de Aquino, Lutero, Calvino, Barth, Moltmann, Pannenberg, etc. Los que han dejado ricos legados en sus sumas teológicas y escritos prominentes, a vista página de sus escritos, rebalsan sin esfuerzo los conocimientos y recorridos históricos por los que se mueven libremente dichos teólogos[22].

3. El testimonio del teólogo

El teólogo debe vivir una vida íntegra ante los hombres, como resultado de su encuentro personal con el objeto de su estudio: Dios en Cristo. Él podrá afirmar: yo soy un testigo viviente de que la palabra de Dios es verdad. He nacido de nuevo. Soy una nueva criatura. He sido transformado a semejanza del gusano que se convierte en una bella mariposa. Ahora sé que fui creado para adorar a Dios. Fui creado para su gloria y para disfrutar de Él eternamente. Y eso mismo constituye la fuerza para llevar una vida «que tenga buen testimonio de los de afuera».

La existencia de aquel que se ha consagrado por entero a la teología está definida: «Para el teólogo, la teología (a diferencia del lector, del estudiante, del aficionado a la teología e incluso del profesor de teología) no constituye un quehacer ocasional, sino un «ser» permanente que afecta a su vida entera y la determina en cada una de sus ejercitaciones fundamentales»[23].

El teólogo, doctor o maestro, en el sentido bíblico, es más responsable ante Dios, ante la iglesia y ante el mundo, que el apóstol, el profeta, el evangelista y el pastor. Su conocimiento bíblico, teológico, histórico y sistemático, se supone que sobrepasa, a nivel general, al de los demás. Eso demanda de él un comportamiento sin tacha. A mayor conocimiento mayor responsabilidad. Al que más se le da, más se le exige. El teólogo no debe ser la piedra en el zapato en el avance del reino de Dios. Él es la parte visible de la teología que los otros ven antes de sus disertaciones, escritos, recensiones, investigaciones. Él representa a la teología para bien o para mal.

---

21. Máxim Muñoz, *Yves-M. Congar, su concepción de teología y de teólogo,* p. 297, Herder, Barcelona, 1994.

22. Josep-Ignasi Saranyana, *Grandes maestros de la teología,* p. 14, Sociedad de Educación Atenas, Madrid, 1994.

23. Olegario González, *El quehacer de la teología,* p. 669, Sígueme, Salamanca, 2008.

Hay razón, en parte, que muchos, incluyendo a los cristianos, vean como una peste, una mala influencia o una ruina a la teología a causa del mal testimonio y la frialdad espiritual del teólogo. Por eso se ha escuchado y se seguirá escuchando, probablemente, decir a cristianos inmaduros y a paganos «no creo en la teología» y «ya no creo en la iglesia».

Sabemos que la carne es débil; el mundo y sus deseos son muy seductores, la iglesia desde el principio ha tenido debilidades, el teólogo tiene sus altibajos, pero estas tentaciones y estos desaciertos no deben ser excusa para no dar buen testimonio. Hemos sido llamados a ser luz y sal de la tierra. No podemos escapar de este mundo, nuestra misión es en el mundo. El teólogo no debe tomar como pretexto esas realidades: «El problema para muchos no son las cosas malas del mundo, ni la debilidad que presente la iglesia, sino las fallas estructurales de la propia vida privada. Lo cual influye indudablemente en el aspecto público de su propia conducta. Es un hecho notorio el que ningún cristiano, e igualmente ningún teólogo, pueda desligarse de ese fallo[24]. Es cierto que somos sujetos de tentación de esas fallas, pero tenemos libertad para resistir.

El teólogo debe negarse a creer que es posible vivir en un dualismo abierto o solapado. En el abierto, el teólogo se comporta de manera piadosa ante cierto público y de manera libertina ante otro. En el solapado, el teólogo se comporta de manera refinada en público y de modo pagano o carnal en privado. Es necesario que no sucumba ante la tentación de vivir una fe a la carta; que se aparte de la idea que en algunas cosas puede hacer su voluntad y en otras la voluntad del Señor. Es necesario que el teólogo activo en el ejercicio de la teología, no viva una vida de apariencia y piense que no tendrá consecuencias: «… el que es capaz de realizar la labor teológica, y piense que él puede y debe vivir abierta o secretamente de manera dualística en dos reinos: el de la vida pública y el de la vida privada. Está viviendo en el conocimiento de la fe, pero está dispuesto a vivir solo dentro de ciertos límites esa fe obediente. Junto con la inteligencia de la fe, esa persona se permite a sí misma una praxis vitae, una conducta que no está controlada por la fe. Un comportamiento que se aparta de la fe para seguir sus propias oportunidades o leyes. Juntamente con este conocimiento de la obra y de la palabra de Dios, dicha persona se permite a sí misma una voluntad secular y trivial que en cada uno de los acontecimientos no está ligada a la voluntad de Dios ni dirigida por ella»[25].

24. Ibíd., p 153.
25. Ibíd., p. 154.

4. El sufrimiento del teólogo

A las alturas de este siglo, sobre todo los que cargamos algunas décadas sobre nuestras espaldas, estamos convencidos, entre otras cosas, que no hay un lugar seguro sobre la tierra y que el sufrimiento es inevitable. Después de las dos primeras guerras mundiales se oye el eco de la desesperanza, la angustia y el sufrimiento en la conocida frase: «El hombre ha comenzado a vivir en la intemperie». Aún más, después del derrumbamiento de las torres gemelas y el atentado simultáneo al edificio del pentágono en los Estados Unidos de Norteamérica, se reafirma la verdad: no existe un lugar seguro en ninguna parte del planeta. Además, este trágico acontecimiento, según Lipovetsky, ha marcado el inicio de una nueva época: los tiempos híper-modernos en los que destacan la angustia, el desencanto, la aflicción y el sufrimiento. Ya no es un «gozaos sin trabas» del posmodernismo, sino un «temblad siempre» de la híper-modernidad. Es la era de todos los «híper»: la híper angustia, la híper inseguridad, la híper vigilancia, el híper-terrorismo, el híper-espionaje electrónico, el híper-texto[26]. Nosotros agregaríamos algunos híper en Latinoamérica: el híper-narcotráfico, híper-monopolios-oligopolios, híper-quiebras económicas, híper-violencia, híper-crimen organizado, híper-corrupción, híper-desnutrición, híper-pobreza, híper-desinformación, híper- represión, híper-injusticias sociales.

Estoy persuadido que los teólogos están más conscientes de esas realidades por lo que han observado, han leído, y porque su propia teología se ha forjado en medio del sufrimiento. Esto no debería extrañarnos, Jesucristo nos lo advirtió: «En el mundo tendréis aflicción, pero confiad yo he vencido al mundo». Él es el modelo del sufrimiento y de la experiencia en ser quebrantado. Fue el siervo sufriente hasta la muerte de cruz. Nosotros sus discípulos, sus teólogos ¿deberíamos rechazar el sufrimiento? La respuesta es no. En el ministerio de apóstol y de teólogo Pablo fue, de principio a fin, fraguado en medio del sufrimiento digno, digno porque fue por la causa del Evangelio del reino de Dios, no por pecados, necedades voluntarias o vanidades ilusorias que resultan en un sufrimiento indigno y vergonzoso[27].

Una de la mejores teologías de la Reforma: la de Juan Calvino, fue acrisolada en medio del terrible sufrimiento de la enfermedad: «El gigantesco trabajo resulta aún más abrumador, si se considera lo enfermo que estaba

---

26. Gilles Lipovetsky, *Los tiempos hipermodernos*, p. 27, Anagrama, Barcelona, 2006.

27. *Toda la segunda carta a los Corintios es un testimonio y un registro de más de veintisiete sufrimientos que padeció Pablo en su ministerio. Algunos de sus sufrimientos fueron ocasionales pero repetitivos y otros permanentes hasta el final de su vida. Aparte las menciones breves y dispersas que describe en sus otras cartas con respeto a sus sufrimientos.*

Calvino… como consecuencia de sus privaciones y vigilias durante la juventud, en edad temprana se vio afligido por dolores persistentes en un lado de la cabeza, los cuales le continuaron casi toda la vida. Enfermo de la tráquea, escupía sangre con dolor cuando había usado en demasía su voz. Padeció de varios ataques de pleuresía hasta su muerte, sufría de la vena hemorroidal que le ocasionó un absceso intestinal, piedras en la vejiga y los riñones, calambres en el estómago y finalmente se le añadió la artritis»[28].

Calvino no retrocedió ante el sufrimiento. No lo detuvo, tampoco lo venció. Su vida fue una mezcla de sufrimiento y constancia férrea. El sufrimiento fue un acicate para avanzar en el trabajo pastoral, docente y en el campo académico. Llegó a culminar una de las mejores obras de teología que se han escrito en la historia de la teología: La institución de la religión cristina. Permaneció fiel a su vocación en la proclamación y en la enseñanza hasta sus últimos días: «El domingo 6 de febrero de 1564 Calvino estuvo por última vez en su acostumbrado púlpito de San Pedro. Estaba predicando acerca de la armonía de los Evangelios cuando la tos le cogió; esta vez no pudo pararla. La sangre que afluyó a su boca le ahogaba. Lentamente, y a desgana bajó la escalera circular, sin acabar su sermón. El miércoles anterior, Calvino había predicado su último sermón sobre el libro de los Reyes, y el mismo día en la Academia por la tarde dio su última conferencia sobre Ezequiel»[29].

Lutero al estudiar qué es el sufrimiento llega a la conclusión que las pruebas son las que hacen al teólogo: «La clave indispensable para la comprensión de las Escrituras es el sufrimiento en el camino de la justicia»; propone tres reglas que él mismo ha puesto en práctica y que las encuentra en el salmo 119: 67, 71. Oración, meditación, tribulación. Así la tribulación y la tentación son la piedra de toque de los mejores teólogos. De hecho el sufrimiento estaba entrelazado en la vida de Lutero: A partir de 1521 sufrió persecución, destierro, terribles calumnias, maldiciones, sumadas a sus dolores provocados por cálculos renales, dolores de cabeza, zumbidos e infecciones de oídos, estreñimiento, hemorroides sangrantes que lo paralizaban y le quitaban la paz, además las tentaciones de Satanás que lo llevaban a las depresiones. Estos y otros sufrimientos son los que lo hicieron un buen teólogo, afirmaba Lutero[30]. No habría espacio para exponer con detalle los sufrimientos y martirios de muchos otros teólogos, predicadores, maestros, entre otros: Huss, Zuinglio, Tyndale, Bunyan, Bonhoeffer.

28. Edwin Palmer, *Doctrinas claves*, el estandarte de la verdad, p. 159, Doce Puntos, Gran Bretaña, 1976.

29. Thea Van Halsema, *Así fue Calvino*, p. 247ss, T.E.L.L. Michigan, 1953.

30. John Piper, *El legado del gozo soberano, la gracia triunfante de Dios en las vidas de Agustín, Lutero y Calvino*, p. 114-117, Unilit, Miami, 2008.

En esa misma vena Barth señala otros aspectos del necesario sufrimiento en la vida y la formación del teólogo[31].

a) El sufrimiento es inevitable. «El teólogo no puede evitar el sufrimiento que se cierne sobre la teología y el teólogo. No es si lo quiere o no experimentar. Hemos visto que es inevitable para ser un teólogo verdadero».

b) El sufrimiento acompaña al teólogo en toda su corta existencia. A veces intenso y continuo, otras suave y espaciado, luego algunas treguas breves y otras no tan breves, y, de nuevo se arrecia el sufrimiento, en fin mientras tengamos signos vitales tendremos sufrimiento: «Esto normalmente ocurre en toda su peregrinación: Desde el comienzo hasta el final, la labor teológica solo puede emprenderse y llevarse a cabo a costa del vivo desagrado experimentado de forma característica por cada una de las amenazas que hemos descrito. El teólogo tiene que aguantar todas esas cosas desagradables».

c) El teólogo frente al sufrimiento tiene que «sufrir y aguantar», no escapar o retroceder. La recomendación es «sufre y aguanta». Es el estribillo que se oirá una y otra vez para alentar al teólogo para que no se rinda: «Pero una cosa queda excluida por el hecho mismo de que el teólogo sufra y aguante lo que hay que sufrir y aguantar. Las cosas desagradables que el aguanta no puede inducirle a abandonar, huir o capitular; no pueden inducirle a negarse a aceptar o seguir realizando la labor de la teología, o a descartar el problema desembarazándose de él. Aunque sufrir y aguantar pueden realizarse con fatiga, suspiros y quejidos o con sangre, sudor y lágrimas, sin embargo serán todo lo contrario de una triste resignación y rendición, incluso cuando las circunstancias lleguen a ser mucho peor de lo que se ha supuesto de antemano»[32].

d) Significado de sufrir y aguantar. No significa tomar una actitud pasiva, conformista, evasiva, sin sentido, no, significa «soportar la carga que se le ha impuesto a uno sobre los hombros, por más penosa que resulte, en vez de arrojarla a un lado o pasársela a otro. Y sufrir o sea ser constante o perseverante, significa resistir apoyando la espalda contra la pared, negarse a abandonar, cueste lo que cueste, y permanecer firme ante todas las circunstancias. Sufrir y aguantar significa no flojear en la causa de Dios. No puede haber teología sin que uno pase por mucha tribulación, pero tampoco puede haber sin que uno muestre valentía en medio de la tribulación tal es el nombre significado de «sufre y aguanta»[33].

---

31. Karl Barth, Op. Cit., p. 171ss
32. Karl Barth, Óp. Cit., *Introducción a la teología*, p. 172.
33. Ibíd., p. 173.

5. El compromiso del teólogo

Desde hace un buen tiempo atrás Gutiérrez habló «de la teología como inteligencia del compromiso»[34]. Y aunque lo hace sobre sus perspectivas muy particulares acerca de la teología de la liberación, el eco del compromiso en la teología sigue vigente.

El compromiso del teólogo en toda su extensión y con todas las posibles consecuencias, es una de las características del verdadero teólogo: «El acontecimiento del compromiso es el... elemento que hace que el teólogo sea en verdad teólogo. Este compromiso resulta hermoso y espléndido pero también de una exigencia a la vez exaltadora y aterradora»[35].

Ese compromiso no puede ser a medias hacia fuera, ni hacia adentro, debe ser completo. No existe el lugar intermedio: «El hombre tiene el privilegio de hacer lo que se espera que él haga. Pero también él ha de hacer lo que él mismo ha escogido hacer. Puesto que el interés que afecta al teólogo, incluso en su vida privada, es total, su compromiso habrá de ser también total. El compromiso comienza con la admiración del teólogo y se halla relacionado directamente con su interés. Pero además abarca toda su existencia»[36].

El teólogo está comprometido a no avergonzarse de su santa vocación teológica y evangélica que le ha sido concedida para exaltar la gloria de Dios. Debe tener en mente que es necesario honrar a Dios y a su evangelio antes que a los hombres: «El teólogo tiene el compromiso de no avergonzarse porque la teología que no se avergüenza del evangelio no tiene porque excusarse ante nadie por su propia existencia. Precisamente por su carácter de servicio, la labor teológica o se hace con la cabeza bien alta, o mejor no hacerla en absoluto»[37].

a) El teólogo adquiere un compromiso ante Dios

El teólogo a quien se debe, en primer lugar, es a su hermoso y dulce Señor. Este lo buscó, se le reveló, lo perdonó y lo salvó. Luego le hizo el santo llamamiento de doctor-maestro, entregándole dones y talentos de los cuales un día tendrá que dar cuentas. En ese sentido el teólogo no se pertenece a sí mismo, nada es suyo, todo se le ha concedido por gracia, es un administrador solamente. Pero el administrador es necesario que sea hallado fiel. Comprometido con sumo cuidado con los asuntos de su Señor.

---

34. http://www.adital.com.br/site/noticia_imp.asp?lang=ES&img=N&cod=77728 (Consultado 5/04/2014).

35. Karl Barth, Op. Cit., p. 107.

36. Karl Barth, Op. Cit., p. 108.

37. Ibíd., p. 218.

b) El teólogo tiene un compromiso con la iglesia

Él es un instrumento por el cual el Señor desea edificar, equipar, orientar a su iglesia en las verdades cardinales de la fe cristiana. Pero su compromiso no debiera llegar hasta allí. Pues él es un siervo y un miembro más dentro de su iglesia local. Quizá su ministerio principal se realice en un seminario o en una facultad, enseñando, escribiendo, impartiendo conferencias, etc. Pero en la iglesia él debe participar en las reuniones donde se cree, se alaba y se celebra fiesta al Señor. Se dan casos en los cuales, además de hacer la función de un teólogo en el sentido estricto, participa en las funciones pastorales; si es así, ¡adelante! no será fácil, ejemplos hemos tenido, no serán los primeros en tener esa fatigosa pero saludable faena. Muchos de los teólogos prominentes ejercieron esos dos ministerios: Agustín, Lutero, Calvino, Barth, Bonhoeffer, Míguez Bonino, Emilio Núñez, otros menos prominentes y menos conocidos, lo han hecho bien en todas las épocas y en todas partes del mundo.

En América Latina muchos de los que ha ingresado a estudiar teología están involucrados en el ministerio pastoral. Pero eso no debe ser una excusa para fracasar en el ministerio pastoral o hacer una teología mediocre. Y si así fuese, es mejor que medite cual es su ministerio primario y que se dedique por completo a éste, para realizarlo con excelencia. Es mejor ser un buen pastor o un buen teólogo y no tratar de ser ambos a medias.

Así como el teólogo es necesario que tenga un alto compromiso con la iglesia, es importante que el pastor tenga compromiso no solo con su labor eclesiástica, sino con la teología para tener la capacidad de identificar y denunciar las herejías y las malas enseñanzas. El teólogo no debiera está divorciado del servicio en la iglesia, ni el ministro debe estar divorciado de la teología. Es interesante que Spurgeon siendo tan puritano, como él solía decir, enseñe que el pastor busque ser también un teólogo sano: «Para ser predicadores eficaces debéis ser teólogos sanos»[38].

c) El teólogo tiene compromiso ante el mundo

¿Quién podrá dar mejor cuenta y razón al mundo de «la fe dada una vez a los santos»? A nuestro criterio es el teólogo. Claro está que el misionero, el profeta, el evangelista, el pastor y el creyente común tienen el compromiso ante el mundo de ser luz y sal, dando buen testimonio, dando razón de su fe con mansedumbre, anunciando de manera espontánea las virtudes de aquel que nos llamó de las tinieblas a su luz admirable. Pero

---

38. Charles Spurgeon, *Un ministerio ideal, el pastor y su mensaje.* p. 15, Estandarte de la verdad, Barcelona, 1993.

es el teólogo quien debe estar capacitado, de modo pleno, para hacerlo con autoridad, con argumentos coherentes y explicaciones consistentes, pues, él es quien ha navegado en las aguas profundas del conocimiento teológico. Se supone, además, que entiende, en general, dónde están paradas las otras ramas del saber en cuanto a sus estatutos epistemológicos. Y está consciente también de los desafíos que lanzan a la teología las distintas realidades problemáticas de carácter cognitivas, sociales, económicas y culturales presentes en el mundo.

Es oportuno recordar la claridad que tiene Calvino en cuanto a que Dios para gobernar la iglesia y llevar a cabo su misión se sirve de los hombres. Habla del orden dentro de la organización eclesiástica. Menciona la función específica en sentido ascendente –de menor a mayor– a los diáconos, los presbíteros o ancianos y pastores, además de los apóstoles, profetas, evangelistas y doctores como los teólogos. En cuanto a la exposición de la palabra y de las doctrinas es el doctor o teólogo el que coloca a la cabeza por la importancia de conservar la pura y sana teología de la iglesia[39].

d) El compromiso del teólogo con la verdad

Ese compromiso es ante Dios y consigo mismo. Nadie más que el teólogo va en busca de la verdad, por amor a la verdad de Jesucristo. El compromiso de profundizar en el camino de la verdad, está muy por encima de los intereses personales, preferencias teológicas, intereses eclesiásticos, intereses denominacionales, incluso, los intereses de las herencias teológicas recibidas, pues no deben aceptarse sin más, sino examinarse. Recordemos que hacer teología es comenzar siempre de nuevo sobre los mismos fundamentos primordiales de la teología cristiana.

e) El teólogo y el compromiso del diálogo

Uno de los aspectos más importantes del teólogo es el compromiso y la capacidad de dialogar. De hecho, en su labor el diálogo es inherente. Él es quien tiene el compromiso de dialogar con Dios, con la Escritura, con la historia, con la iglesia, con sus colegas, con sus interlocutores, con sus adversarios teológicos, con algunas ciencias y con las culturas. Si el teólogo se cierra al diálogo, su compromiso ante Dios, ante el mundo, ante la iglesia, ante el prójimo, se resquebraja. El diálogo es parte de su vocación, es una santa y saludable obligación: «No hay intelectual más obligado al diálogo que el teólogo. Diálogo con Dios en oración, diálogo con las fuentes de la

---

39. Juan Calvino, *Institución de la religión cristiana* II, p. 840ss, FELiRÉ, Rijswijk, Países Bajos, 1986.

fe recogidas en la Escritura y en la Tradición, diálogo con la enseñanza que garantiza la unidad de la fe en la comunidad creyente, diálogo con el pueblo de Dios que se encuentra ante situaciones nuevas que exigen nuevas profundizaciones, diálogo con las culturas que aspiran y al mismo tiempo que resisten a la plena realización más allá de sí mismas en Cristo»[40].

6. La misión del teólogo

a) Ahondar en el conocimiento de Cristo

Su misión primaria es profundizar en el conocimiento de Dios, como el que deja de nadar por encima del agua, se coloca el equipo de buceo y baja a las profundidades para observar tesoros y bellezas de todo espécimen. Es convertirse en un apasionado por la *excelencia del conocimiento de Cristo,* como lo testifica el apóstol Pablo: «Y ciertamente, aún estimo todas las cosas como pérdida por la excelencia del conocimiento de Cristo Jesús, mi Señor, por amor del cual lo he perdido todo, y lo tengo por basura, para ganar a Cristo» (Filipenses 3:8).

b) Explicar el conocimiento de Cristo

¡Qué gran tarea! ¡Qué privilegio! ¡Qué gran responsabilidad! Para un mortal y quizás tartamudo, pero no puede excusarse si él ha escuchado, de alguna manera, la voz que le ha dicho: «ve y diles que YO SOY te ha enviado». El sabe que Cristo le ha dado el don para el servicio y ayuda de los otros, «a fin de perfeccionar a los santos para la obra del ministerio y la edificación del cuerpo de Cristo» (Efesios 4:12). Así, en la medida que sigue avanzando en el conocimiento del logos divino, proclama, explica, enseña los contenidos de dicho conocimiento de manera verbal o por escrito.

c) Ser un atalaya

Es el papel que han jugado, a lo largo de la historia de la iglesia y la teología, los teólogos verdaderos, comprometidos con el Señor y su causa. Han visto el peligro de las herejías encubiertas, de las falsas doctrinas y las amenazas de los falsos maestros, han dado la voz de alarma a la iglesia a tiempo y fuera de tiempo. Ésta parte de su función vigilante también se extiende al estar alerta a las teologías de otros teólogos y a veces a la teología de sus propios compañeros de teología, lo cual no es muy agradable y puede resultar

---

40. VA., *El don de la verdad, sobre la vocación eclesial del teólogo*, p. 167, Palabra, Madrid, 1993.

en disensiones: «Si el teólogo se interesa realmente por la teología, no deberá lamentarse de tener que nadar a contracorriente de muchas opiniones y métodos de sus compañeros teólogos y no teólogos. Si los resultados de su labor no van a ser trivialidades, el no debería sentirse apesadumbrado del dolor que le produce y del esfuerzo que supone para él tener que aguantar una continua soledad»[41].

d) Una voz calificada ante el mundo

Aunque en el Reino de Dios, el teólogo no es la única voz, pues todos los creyentes y los ministros tienen algo que decir y anunciar del evangelio al mundo, pero en situaciones especiales y formales, a nuestro criterio, es el teólogo quien debe llevar la voz líder para dar a conocer las verdades esenciales de la revelación y de la fe cristianas, de manera precisa. Con mayor razón si se trata de planteamientos y propuestas de la teología e iglesia cristianas frente a las diferentes problemáticas sociales y de los grandes desafíos de las corrientes filosóficas, sociológicas, políticas, económicas, étnicas, religiosas y culturales de nuestro tiempo.

e) Contender ardientemente por la fe

Profundizar en la verdad es una cosa, defenderla es otra. Esta última debe llegar, si es necesario, a la confrontación respetuosa pero firme, con seguridad, con certeza y por amor a la verdad. Esto redundará en el progreso del evangelio, de la iglesia y de la teología misma. También el teólogo ha sido llamado para la defensa de la fe «una vez dada a los santos». Si algunos predican por contienda y por envidia, no cabe duda que hay otros que hacen teología por conveniencia y vanagloria. Aquí es donde se debe trabar un combate por la fe del evangelio. Un combate no contra personas, sino contra las ideas equivocadas, las malas teologías de estas personas. Muchos ejemplos tenemos de teólogos consagrados que han contendido por la fe: Pablo, Orígenes, Agustín, Huss, Lutero, Calvino, Zuinglio, Barth y otros.

f) Exaltar solamente la gloria de Dios

La misión del teólogo en las tareas mencionadas al mundo, a los hombres, a la iglesia, en servicio al logos divino es para exaltar la gloria de Dios. Es cumplir, pese a todas las dificultades, con la labor asignada, que es altamente apreciada por el Señor, en cuanto que tiene implicaciones eternas para el mismo teólogo y para los recipiendarios de su teología: «Es un

41. Karl Barth, *Introducción a la teología evangélica*, p. 143, Sígueme Salamanca, 2006.

servicio a la Palabra de Dios, a los hombres y a las mujeres de su tiempo y no un mero pasatiempo que roba nuestras horas y nuestros días aislándonos del espesor y el dolor de la vida»[42].

g) Implicaciones de la misión del teólogo

La misión del teólogo no es cosa aislada, ligera, sino integrada. No se da en forma individual, escalonada o distanciada; tomándose el mismo como un punto de referencia, trabajando fuera a cierta distancia de la iglesia local. Tampoco debe ser una misión separándose del mundo, al estilo de los monjes del desierto, viviendo su fe en solitario, para no contaminarse con el mundo. Eso sería caer en un *fuga-mundi* y trabajar en pura subjetividad: «Es cierto que lo que está implicado, de manera definitiva y terminante, es él mismo en todo lo que él -como teólogo- debe saber investigar y considerar sobre la búsqueda de la verdad, pero involucrado de manera simultánea con la comunidad y el mundo, porque si la comunidad y el mundo no estuvieran implicados, el teólogo no podría estarlo, aunque piense que sí[43].

7. La limitación del teólogo

a) El teólogo es solo un hombre

La Biblia habla de que todos los hombres se constituyeron en pecadores después de la caída, destituidos de la gloria de Dios. Además, habla de su corta y temporal existencia, de su conocimiento escaso. Esa declaración no raya en un pesimismo antropológico, solo describe la realidad del hombre tal cual es, después que el pecado entró en la raza humana. La palabra de Dios afirma que el hombre es como la hierba, y la gloria del hombre como la flor de la hierba. Si no perdemos de vista esta realidad comprenderemos con humildad que estamos revestidos de fragilidad y todo tipo de limitaciones.

Si Dios mismo nos interrogara, inesperadamente, al igual que lo hizo con Job, que creía saber mucho, no podríamos responder, al igual que Job, ni una sola pregunta con total certeza y quizás, finalmente, le responderíamos de manera similar a la que Job respondió: «… Por tanto, yo hablaba lo que no entendía; cosas demasiado maravillosas para mí, que yo no comprendía…» (Job 42:3b). La Biblia, el Espíritu Santo y nuestra propia experiencia confirman nuestra terca inclinación humana hacia lo que no es bueno: «No hay ningún pensamiento que él piense y no hay frase que

---

42. Ibíd., p. 13.
43. Ibíd., p. 105.

él pronuncie que no le esté recordando a él y a otros que Dios indudablemente es bueno, pero que el hombre, incluso en sus mejores esfuerzos y acciones no es bueno en absoluto. Qué exégesis o sermón o tratado teológico será digno de ser llamado bueno... Como dijo Paul Gerjardit «El Señor es el único rey; yo soy una flor marchita»[44].

b) El teólogo sigue siendo un pecador

A pesar de que el teólogo ha sido declarado justo por la fe, es salvo, anda en la santidad disposicional, la naturaleza pecaminosa permanece en su *hombre interior*. Esa verdad es la que enseña la justificación forense. Ésta no le otorga al creyente una renovación óntica. Éste permanece pecador. Ésa es otra de sus limitantes. En el lenguaje luterano se diría que el teólogo es «Simul iustus et peccator»: al mismo tiempo justo y pecador. Lutero lo expresaría también con analogías: El hombre justificado es un «bandido amarrado por la gracia de Dios»; «Es un enfermo en tratamiento»[45]. A Lutero, en los momentos previos a su muerte, el 18 de febrero de 1546, a las tres de la mañana, se le oyó decir sus últimas palabras: «Somos mendigos, eso es cierto»[46], confirmando su condición de justo y pecador. A pesar de que fue un hombre que buscó la santidad y la procuró hasta el final, siempre estuvo consciente de esa verdad contradictoria al igual que Pablo. En sus últimos meses de vida el apóstol consagrado a Dios, dijo estas palabras a su discípulo Timoteo: «palabra fiel y digna de ser recibida por todos: que Cristo Jesús vino al mundo para salvar a los pecadores, de los cuales yo soy el primero (1 Timoteo 1:15).

c) El teólogo conoce en parte

Todo el conocimiento que pueda recibir y adquirir, tanto de Dios como de él mismo, es incompleto: «Ahora vemos de manera indirecta y velada, como en un espejo; pero entonces veremos cara a cara. Ahora conozco de manera imperfecta, pero entonces conoceré tal y como fui conocido» (1 Corintios 13:12 NVI) Aún la mejor disertación, el mejor escrito del teólogo, son lenguaje y pensamiento de niños comparado con el conocimiento perfecto que un día llegará: «Porque conocemos y profetizamos de manera imperfecta, pero cuando llegue lo perfecto, lo imperfecto desaparecerá» (1 Corintios 13:9-10 NVI). El teólogo honesto consigo mismo aceptará que

44. Karl Barth, *Introducción a la teología*, p. 177, Sígueme, Salamanca, 2006.

45. José Gómez-Heras, *Teología protestante, sistema e historia*, p. 46ss, BAC, Madrid, 1972.

46. Heiko Oberman, *Luther: Man between God and the Devil*, p. 324, Doubleday, Nueva York, 1992.

parte de su conocimiento es certero pero escaso. Sus conocimientos son aproximaciones, sus perspectivas son un divisar, a semejanza de Moisés que tuvo solamente una vista panorámica de la tierra prometida mirándola de lejos, nada más. Barth, el más grande teólogo del siglo XX, sabía que solo sabía en parte: «Con cada paso que el teólogo se atreve a dar, él tiene ocasión de comprender de nuevo y de manera nada ambigua el carácter fragmentario de sus preguntas y respuestas, de su investigación y lenguaje, de sus descubrimientos y formulaciones…»[47]. Toda teología tiene puntos ciegos, pues no constituye revelación, sino interpretación.

d) El teólogo nace y se hace dentro de ciertos condicionamientos

Todos tenemos nuestra propia historia. Ésta se desarrolla dentro de ciertas perspectivas, dentro de contextos específicos que influyen en nuestros puntos de vista. El teólogo no es la excepción. Tiene condicionamientos tales como: La época que le toca vivir con sus realidades sociales y demás, el área geográfica de nacimiento, crecimiento y establecimiento, las teologías a la cuales se ha expuesto. Es claro que el teólogo, en camino a la madurez, sabe que debe comenzar de nuevo, auto-examinarse críticamente, no dar por sentada, sin más, la teología recibida, emprender nuevas relecturas con el mínimo de prejuicios o predisposiciones, como un niño que comienza a explorar[48]. Pero no debe olvidarse que su teología siempre se dará dentro de los límites de su contexto: «y que ese contexto le da una perspectiva que siempre es parcial, concreta y provisional»[49].

---

47. Ibíd.

48. J. B, Libanio y Alfonso Murad, *Introducción a la teología*, p. 234, Dabar, México, 2009.

49. Justo González-Zaida Maldonado, *Introducción a la teología cristiana*, p. 26, Abingdon press, Nashville, 2003.

IV

La tarea y la utilidad de la teología

La teología sirve para mucho. Tiene múltiples funciones. Desde tiempos antiguos, muchos teólogos coinciden en la importancia de su utilidad. En esa dirección abordaremos los temas: Investigar la verdad y redescubrirla, clarificar la verdad y comunicarla, defender la verdad, prestar servicio, orientar la misión de la iglesia, magnificar la gloria de Dios y producir teología científica.

1. Investigar y redescubrir la verdad

¡Qué gran tarea! ¡Qué noble tarea! ¡Qué gran compromiso! Es necesario que la teología se esfuerce por investigar incansablemente la verdad revelada de Jesucristo en todas sus aristas: *reinológicas, salvíficas, eclesiológicas,* misionológicas, kerigmáticas, etc. Es un privilegio magnánimo. La teología tiene la responsabilidad de proveer respuestas a las preguntas y cuestiones más inquietantes: ¿Quién es Dios? ¿Cómo conocerlo? ¿Qué ha dicho Dios? ¿Qué dice ahora? ¿Cómo se ha revelado? ¿Jesucristo es el centro de la revelación y la teología? ¿Cómo puede distinguirse entre la Palabra de Dios y la palabra de hombre? ¿Cómo puede expresarse con mayor claridad la verdad divina? Y lo que es más importante: ¿Cómo puede ésta aplicarse al sufrimiento y los problemas de la existencia humana? Nuestra principal necesidad es que la teología interprete correctamente el mensaje de Dios y lo comunique a la iglesia y que ésta a su vez lo proclame por todos los medios a su alcance[1]. Demanda un esfuerzo grande, constante, concentrado, pero, de manera justa, eso es parte del compromiso adquirido.

El desafío supremo y real de la teología es el conocimiento de Jesucristo, su vida -como cumplimiento y consumación de la ley, los escritos y los profetas en la historia de Israel- misión, carácter, enseñanza; sin perder de vista su meta: la de ser una sierva, una facilitadora a la comunidad, al mundo, a la humanidad y no una reina.

Vemos con perplejidad, casi con incredulidad, en la historia de la iglesia y la historia de la teología, el hecho que las verdades de Jesucristo

---

1. Juan Mackay, *Prefacio a la teología cristiana*, p. 29, Cupsa, México, 1984.

descritas en el Nuevo Testamento, tan sencillas y poderosas; atractivas y conmovedoras; claras y útiles; que hasta los niños pequeños las entienden, han quedado sepultadas, en varias ocasiones, bajo los escombros de la religiosidad, la superstición, las filosofías, los moralismos, las enseñanzas y discusiones triviales, las complicadas y malas teologías. Vienen al caso la observación y la pregunta de Martínez: «¿No era el evangelio como un hilillo de agua cristalina, fresca, y límpida corriente que se ha ido enturbiando con el acrecentamiento de tantas y tan diversas formas de pensar que parecen impedir el reconocimiento de su origen?[2]. Así las cosas, la teología tiene que equiparse con toda clase de herramientas adecuadas para limpiar todos los escombros que han sepultado y ocultado el tesoro de la verdad del Evangelio, que no es más que Jesucristo mismo. Ejemplo tenemos en la Reforma Protestante del siglo XVI, que redescubrió y desenterró las verdades cardinales de la revelación cristiana después de estar soterradas por varios siglos.

Por eso es importante el papel investigativo de la teología: «la teología sirve como un correctivo a las desviaciones de la verdad. Al articular lo más claramente posible las distintas verdades de la fe cristiana, indirectamente pretende corregir los desequilibrios o errores que puedan haber ocurrido. Es esencial para la salud de la fe cristiana para que apunte lejos de tales desviaciones»[3].

2. Clarificar la verdad y comunicarla

Tamaña faena la de clarificar la verdad revelada, no solo por el cúmulo de confusiones, desviaciones, diversidad de interpretaciones -buenas, regulares, malas y pésimas- y de herejías que taparon las verdades sencillas del Evangelio, sino también por las riquezas de los tesoros de la sabiduría escondidos en Jesucristo; y que tomarían un desarrollo posterior, después de la resurrección de Jesucristo: «… la sencillez de las palabras y los hechos de Jesús, el verbo de Dios, encierran en sí tanta capacidad de riqueza y variedad, que ninguno de los miles de comentarios teológicos podrá jamás abarcar sus seductoras e ilusionantes sugerencias… Jesús mismo anunció que aquella sencillez del evangelio había de poder gozarse en toda su rica complejidad, pues el Espíritu que vendría en su nombre nos guiaría a toda verdad»[4].

En cierta medida, era correcto esperar que se ampliaran dichas verdades, pero no para distanciarse tanto de la «fe una vez dada a los san-

2. Luis Martínez, *Los caminos de la teología*, p. 16, BAC, Madrid, 1998.

3. J. Rodman Williams, *Renewal theology, systematic theology from a charismatic perspective*, p. 20, Zondervan, Grand Rapids, Michigan, 1996.

4. Ibíd., p. 17.

tos» descrita en la Escritura. Por eso es pertinente recordar que una de las funciones inherentes de la teología ha sido el esfuerzo por hacer clara la verdad, fundamentarla, de modo razonable, actuando desde la fe, para comprender los contenidos de la revelación cristiana[5]. Luego es necesario comunicar, trasladar, explicar e instruir sobre dichas verdades, primeramente a todos los que forman parte de la iglesia: «Es importante exponer lo más claramente posible qué es lo que la comunidad cristiana afirma. Esto es principalmente para el beneficio de las personas de la comunidad que necesitan instrucción en la fe. A menudo hay una falta de entendimiento en varias áreas doctrinales. La participación en la experiencia cristiana es, por supuesto, lo principal, pero esto no generaba automáticamente plena comprensión. Se necesita instrucción adicional… a fin de que se produzca el aumento de la aclaración de la verdad»[6].

La teología tiene que seguir el modelo de Dios que se ha auto-revelado y se ha comunicado a los hombres por medio del Evangelio. Nos ha dado ejemplo perfecto de coordinación y comunión por medio de la acción intra-trinitaria. Así, la teología y la iglesia deben trabajar en un mismo sentir como un solo cuerpo formado por varios miembros, cada uno ejerciendo su función para que la predicación, la enseñanza y la evangelización sean comunicadas de manera efectiva. Dios le ha dado a la iglesia el ministerio de la reconciliación y de la comunicación[7].

La función de la teología, en cuanto a la comunicación de las verdades investigadas y clarificadas, desde la Escritura y el evangelio, es imperativa: «Otra función de la teología es hacer de conocimiento público qué es lo que la comunidad cristiana representa. Nosotros decimos al mundo: «Esta es la bandera bajo la cual estamos firmes, esta es la verdad que proclamamos para que todos oigan»[8].

De hecho el significado de la palabra Evangelio es buenas nuevas que hay que comunicar. En todo el Nuevo Testamento se encuentran palabras específicas para comunicar la verdad de Jesucristo que tienen que ver con el proceso comunicativo. Las palabras sobresalientes son: predicar, anunciar, proclamar, pregonar, transmitir, enseñar, explicar, hablar, exponer, decir, atestiguar, convencer, persuadir, discurrir, disertar, confesar, reprender,

5. Felicísimo Martínez, *Teología fundamental, dar razón de la fe cristiana*, p. 203, Edibesa, Salamanca, 1997.

6. J. Rodman Williams, *Renewal theology; systematic theology from a charismatic perspective*, p. 19, Zondervan, Grand Rapids, Michigan, 1996.

7. Rigoberto Gálvez, *Teología de la comunicación, un acercamiento bíblico a los medios masivos de comunicación*, p. 24ss, CLIE, Barcelona, 2001.

8. J. Rodman Williams, *Renewal theology, systematic theology from a charismatic perspective*, p. 20, Zondervan, Grand Rapids, Michigan, 1996.

extender, divulgar, difundir, trasladar, expresar, etc.[9]. Así, una vez la teología descubra la verdad y la clarifique, debe comunicarla por todos los medios posibles.

3. Defender la verdad

La defensa de la fe nace juntamente con la doctrina cristiana, que desde el principio fue objeto de burla, de rechazo, de señalamientos de todo tipo: «Desde fecha muy temprana se vio la necesidad de defender la fe frente a quienes la criticaban... había quienes se burlaban de los cristianos por que no tenía dioses visibles...»[10].

La teología encuentra ejemplos neo-testamentarios en cuanto a la apologética del reino de Dios hasta las últimas consecuencias. El mensaje de Juan el Bautista: frontal, incisivo, poderoso, finalmente le condujo al martirio. Jesucristo con su mensaje, su vida, su carácter, su obra, llegó hasta las últimas consecuencias: la muerte de cruz. Varios de los apóstoles, diáconos, ofrendaron sus vidas, al no retractarse de la verdad del Evangelio.

Pablo insiste en todas sus cartas que el mensaje debe esparcirse, si es necesario, sin estimar preciosa la vida de cada uno de los llamados a testificar. Les recuerda a los hermanos de la iglesia de Filipos que el está llamado para *la defensa del evangelio* (Filipenses. 1:17). Los invita a que estén firmes, en un mismo espíritu, *combatiendo unánimes por la fe del evangelio* (Filipenses 1:27d).

Encontramos en las cartas de Pedro una llamado para defender la verdad del evangelio: «... estad siempre preparados para presentar defensa con mansedumbre y reverencia ante todo el que os demande razón de la esperanza que hay en vosotros; (1 Pedro 3:15b). También en la carta a Judas encontramos un llamado vehemente a luchar por la verdad de la fe cristiana: «Amados, por la gran solicitud que tenía de escribiros acerca de nuestra común salvación, me ha sido necesario escribiros exhortándoos que contendáis ardientemente por la fe que ha sido una vez dada a los santos» (Judas 3).

La teología también encuentra un modelo de una incipiente teología apologética en los llamados padres apologistas. Su labor, más que kerigmática, es la defensa contra la hostilidad y acusación a los cristianos de parte del imperio romano; presentan defensa contra la filosofía gnóstica, contra las creencias paganas, contra las doctrinas desfasadas dentro de la misma

9. Hans Küng, *La iglesia*, p. 445, Herder, Barcelona, 1975.

10. Justo González- Zaida Maldonado, *Introducción a la teología cristiana*, p. 11, Abingdon Press, Nashville, 2003.

iglesia. Nombres como Cuadrato, Arístides, Taciano figuran dentro de los primeros apologistas. Destaca el nombre de Justino, llamado Mártir, por su heroica fe hasta la muerte y por su defensa valiente, digna y efectiva[11].

Encontramos casi en todas las épocas, teólogos que defendieron la fe. Los que más destacan son Agustín, Tomás de Aquino, los pre-reformadores, los reformadores. En el inicio de la época posmoderna es Barth uno de los que retoma la teología evangélica apoyándose en los reformadores y defiende con firmeza los presupuestos esenciales de la revelación cristiana.

Es interesante la perspectiva de Tillich en cuanto al papel que ha jugado la teología apologética. Habla, sin titubeos, que dicha disciplina gozó de alta estima desde los orígenes del cristianismo, pero fue perdiendo credibilidad, según él, a causa de los pésimos métodos utilizados al intentar defender al cristianismo de los ataques del humanismo, del naturalismo y del historicismo modernos. Por eso es una obligación sana predicar, pero también defender con precisión y conocimiento lo anunciado. En ese sentido Tillich ve una función inherente en la apologética dentro del Kerigma: La teología apologética es «Una teología que responde». Responde a las preguntas implícitas en la "situación" con la fuerza del mensaje eterno y con los medios que le proporciona la situación a cuyas preguntas responde»[12].

4. Prestar servicio

La labor teológica es útil cuando se transforma en servicio al Señor, a la iglesia y a los otros. Ejemplo recibimos de nuestro Señor Jesucristo que vino a servir y no para ser servido. Es un servicio a la verdad que redunda en bien hacia los demás. Por eso la teología es una sierva no una reina. Es un servicio sin fines propios, ni a expensas propias, no es un servicio egoísta. Ese servicio es «un querer, obrar y hacer en el que una persona actúa, no conforme a sus propios fines o planes, sino teniendo su finalidad en otra persona y con arreglo a la necesidad, disposición y dirección de otros. Es un acto cuya libertad está limitada y determinada por la libertad de otra persona, un acto cuya gloria llega a ser cada vez mayor hasta el punto de que quien lo hace, no se preocupa de su propia gloria, sino de la gloria de otro»[13].

La teología es útil cuando trabaja como sierva y no como reina. Sí, servir, no reinar. En un principio se le mal llamó la reina de las ciencias, aunque con buena intención. Pero el papel de la teología será siempre el papel

11. Williston Walker, *Historia de la iglesia cristiana*, p. 50ss, CNP, Kansas, 1991.

12. Paul Tillich, *Teología sistemática I, la razón y la revelación, el ser y Dios*, p. 18-19, Sígueme, Salamanca, 1982.

13. Karl Barth, Óp. Cit. *Introducción a la teología*, p. 213.

de nuestro señor Jesucristo: llamada a servir y no a ser servida. Tampoco servirse a sí misma, eso sería un acto mezquino y un *eros* intelectual.

a) Estar al servicio de Dios y al servicio del hombre

Uno de los más altos honores y privilegios es que «Yo soy el que soy» nos llame a su santo servicio y se digne recibirlo. Los ángeles, arcángeles, querubines y serafines en el cielo permanecen en santidad sirviéndole al Señor dándole honra, gloria, reconociendo su decencia y santidad perfectas. Pero que el Señor acepte el servicio de mortales y pecadores arrepentidos, eso es gloria para Él y gracia para los teólogos. Así que no debemos perder de vista esa función especial del servicio que se nos ha concedido. Dicho servicio es vertical y horizontal. El primero es hacia Él honrándolo en todo. El segundo es hacia el prójimo.

Si servimos a Dios indefectiblemente le serviremos al hombre y si servimos al hombre demostramos que servimos a Dios: «… el servicio a Dios y el servicio al hombre constituyen el sentido, el horizonte y la meta de la labor teológica… tiene que estar al servicio no solo de Dios en su Palabra, como el Señor que es del mundo y la comunidad, sino también al servicio del hombre amado por Dios e interpelado por la palabra de Dios. No tiene que reinar ni en relación con Dios ni en relación con los hombres»[14]. En este mismo sentido Tillich afirma con acierto cuando dice que la teología como función de la Iglesia cristiana, debe servir a las necesidades de esa iglesia, satisfacer la necesidad de la afirmación de la verdad del mensaje cristiano y la interpretación de esta verdad para cada nueva generación[15].

b) Estar al servicio de la Iglesia

A veces es la iglesia la que mira con desprecio, sospecha y con rechazo a la teología. Pero en otras, es la teología la que tristemente no ha cumplido su función de servicio. A lo largo de la historia de la teología, más bien se ha desatendido, se ha separado de la iglesia y otras veces la ha confundido. Ha ocurrido también que no ha sido balanceada. En algunas épocas se ha doblegado ante la ley del péndulo: hacia las discusiones bizantinas o hacia las teologías cerradas, legalistas; Hacia las teologías *fuga-mundi* o hacia las teologías antropocéntricas. Es certera la afirmación de Tillich en cuanto a la triste realidad que «no abundan sistemas teológicos que hayan sabido

14. Ibíd., p. 216ss.
15. Paul Tillich, *Teología sistemática* I, la razón y la revelación, el ser y Dios, p. 16, Sígueme, Salamanca, 1982.

combinar perfectamente la verdad eterna de su fundamento y la situación temporal en la que esa verdad eterna debe ser recibida»[16].

c) Al servicio de la pastoral

La teología evangélica se forja en seminarios, en escuelas y facultades, pero todo aquel que se reconoce como teólogo evangélico, sin excepción, debe haber nacido y crecido dentro del calor de la comunidad de fe. Por eso su teología tendrá que ser una teología pastoral que tiene que lidiar con problemas, realidades concretas desde adentro, pero también con una claridad de su vocación relacionada hacia el mundo y su labor local. Núñez declara que son varios los elementos que la teología pastoral, sobre todo la teología latinoamericana, tendría que trabajar: «Son numerosos los temas que la teología pastoral debe tratar en el contexto de la iglesia evangélica latinoamericana entre ellos se encuentran los relacionados con la naturaleza y misión de la iglesia misma, y los deberes del cristiano en su relación cotidiana con la familia, la iglesia y la sociedad. Todos los elementos fundamentales del credo evangélico deben ser expuestos bíblicamente con referencia especial a la iglesia. Aun las bases teológicas de la liturgia evangélica habrán de evaluarse por medio de una exégesis cuidadosa y desapasionada del texto bíblico»[17].

5. Orientar la misión de la iglesia

a) Hacia una teología bíblica de la misión

La Biblia Reina Valera 60, la Biblia de las Américas y la NVI, traducen dos veces la palabra hebrea *derek* como misión en 1 Samuel 15:18-20. El significado primario de la palabra *derek* es «un camino trazado», «instrucciones específicas a cumplir», «un plan anticipado», «un camino a seguir», «una ruta a seguir», «una dirección específica», que alguien, que ha sido enviado, debe cumplir. En los pasajes mencionados se habla de la tragedia de Saúl al no cumplir a cabalidad con la misión que el Señor le había encomendado. Se desvió del camino y de la ruta señaladas por Dios para ejecutar las instrucciones que El Señor le había dado. Eso le costó el reino[18].

En el Nuevo Testamento el concepto de misión se ha basado sobre el verbo *apostello;* del que se derivan las palabras «enviar y enviado». El

---

16. Ibíd.

17. Emilio Núñez, *Teología de la liberación*, p. 260, Caribe, Miami, 1986.

18. Rigoberto Gálvez, *La obediencia de Jesús, modelo para la misión de la Iglesia,* p. 7, Fortaleza, Guatemala, 2005.

significado de este verbo enviar se relaciona con «una orden para ir a un lugar designado». Y el sustantivo enviado se refiere a aquel que ha sido designado con una orden o instrucción específica. Es decir, es un mensajero, un apóstol, un enviado con un encargo[19].

Al comprender el concepto de misión, tanto en el Antiguo Testamento como en el Nuevo, se determina, de modo claro, que se relacionan con instrucciones específicas que debe cumplir el enviado. Es un envío específico, con una tarea específica.

Jesucristo es el modelo perfecto del enviado a la misión: «El Espíritu del Señor está sobre mí por cuanto me ha ungido para dar buenas nuevas a los pobres, me ha enviado a sanar a los quebrantados de corazón, a pregonar libertad a los cautivos, y vista a los ciegos; a poner en libertad a los oprimidos; a predicar el año agradable del Señor... y comenzó a decirles: hoy se ha cumplido esta Escritura delante de vosotros» (Lucas 4:18, 21).

Jesucristo, a su vez, envió a la iglesia con una misión específica fundamental. Ésta consiste en *ir a todo el mundo y predicar el evangelio a toda criatura* (Marcos 16:15); es la evangelización al mundo. *Es ir y hacer discípulos a todas las naciones, bautizarlos y enseñarles a que guarden los mandamientos dados por el Señor Jesucristo* (Mateo 28:19-20). Es *ir ser testigos,* de Jesucristo y su mensaje *en Jerusalén, Judea, Samaria y hasta lo último de la tierra* (Hechos 1:8). De esa misión primaria de la iglesia se originan otras partes de la misión menos relevantes, pero que son necesarias. Además, creemos que es ineludible que la teología reflexione y oriente la misión y las acciones concretas de ésta.

b) Orientar la misión de la iglesia

Según Roldán, la teología debiera servir a la misión, superando la dicotomía que se ha dado, en buena medida, entre las acciones concretas de la misión y la teología. Honestamente no se pueden sostener, argumenta. Pues los evangelistas, los predicadores y educadores teológicos cuando intentan separarse de la Escritura, en sus discursos manifiestan «sus propias teologías», que no son más que sus propias concepciones personales, de las cuales surgen enseñanzas desequilibradas. Propone un reenfoque equilibrado y conciliado desde la educación teológica, para evitar esa separación entre teología y misión. Concluye que «... la teología no es ni academicismo estéril ni entretenimiento o pasatiempo sino una tarea esencial para la evangelización»[20].

---

19. Ibíd., p.8.
20. Alberto Roldán, *¿Para qué sirve la teología?*, p. 64ss, Desafío, Michigan, 2011.

Por otra parte, tenemos que reconocer que la teología no siempre ha cumplido con esta responsabilidad. Razón tiene Barth al cuestionar la función orientadora inherente de la teología: «¿Cuántas veces la teología ha dirigido realmente a la iglesia y la ha ayudado a prestar servicio en el mundo, como debiera haberlo hecho? ¿Cuántas veces no ha hecho todo lo contrario, ha desorientado a la Iglesia y le ha impedido que prestara su servicio? Y lo hizo no permaneciendo en la escuela de las Escrituras, sino deseando, en lugar de ello, bloquear también a otros el acceso a las Escrituras»[21].

Si una de las funciones de la teología es orientar la misión de la iglesia, la iglesia de alguna manera debe retroalimentar a la teología en cuanto a dicha orientación. Pues es interesante observar que la tarea teológica nació, posteriormente, casi de manera simultánea con el mandato de la iglesia de cumplir la misión que le fue encomendada por nuestro Señor Jesucristo, así lo reflejan los escritos neo-testamentarios. Stam lo afirma claramente: «Para enfocar bien el quehacer teológico, es importante recordar que la teología cristiana tuvo un origen misionero. Podemos decir que el esfuerzo de coordinar coherentemente las verdades de la fe nació del anhelo de evangelizar a los creyentes. Ningún libro del Nuevo Testamento es un libro "teológico" (ninguno se parece a un texto de teología sistemática), pero todos tenían carácter kerigmático, misionero, evangelizador y pastoral. En ese sentido, la "teología práctica" antecedió a la "teología sistemática". En los evangelios, no encontramos «teología» como tal, ni aun biografía de Jesús, sino, como indica el nombre, proclamación de las buenas nuevas; en efecto, esos cuatro libros son esencialmente mensajes evangelísticos. El libro de la hechos es una historia misionera de la iglesia primitiva. Las epístolas son mensajes pastorales dentro de un gran movimiento de evangelización y expansión misionera. El Apocalipsis es una larga carta pastoral para las iglesias de Asia Menor, una especie de "manual para mártires". También está lejos de ser un tratado de escatología sistemática»[22].

Hoy, al igual que en los tiempos de Jesús, nuestros pueblos, naciones, los gobernados y los gobernantes están en convulsión, es urgente que la teología reoriente a la iglesia hacia la oración y la misión: «Ten piedad también de todos aquellos que no te reconocen a ti y a tu reinado, o no lo reconocen aún tal como conviene. Apiádate también de la humanidad, vejada y amenazada hoy día de una manera tan particular, atribulado por tanta insensatez… Ilumina los pensamientos de aquellos que en oriente y en occidente están en el poder, y que por lo que parece,

21. Karl Barth, *Introducción a la teología evangélica*, p. 64ss, Sígueme, Salamanca, 2006.

22. Juan Stam, *Haciendo teología en América Latina*, Vol. 2, p. 17, Litografía Ipeca, San José, Costa Rica, 2005.

no saben todavía hoy exactamente qué es lo que han de hacer. Da a los gobernantes y a los representantes de los pueblos, a los jueces, a los maestros y a los funcionarios, da a los periodistas de nuestra patria, el conocimiento y la sobriedad de que tiene necesidad para llevar a cabo su acción llena de responsabilidad»[23].

La teología orienta y revisa las instrucciones específicas, la misión que Jesucristo le ha dado a la iglesia para que las lleve a cabo en el mundo. Pero hay que tomar en cuenta que existen algunas posiciones que difieren en cuanto a qué acciones son las que pertenecen a la misión de la iglesia. Como afirma Roldan: «Una de las cuestiones teológicas que surge cuando tratamos la misión, es determinar si ella consiste solo en la evangelización o si esa tarea es una parte de la misión pero no su totalidad»[24]. Roldan define su posición al respecto, al afirmar que la misión no consiste solo en evangelizar: «La misión de Jesús consistió en: evangelizar, bautizar, enseñar, sanar, liberar, alimentar»[25].

No debemos perder de vista que la misión de Jesús y la misión de la iglesia fueron, desde el principio, abarcadoras en todas las esferas del ser humano: «cómo Dios ungió con el Espíritu Santo y con poder a Jesús de Nazaret, y cómo éste anduvo haciendo bienes y sanando a todos los oprimidos por el diablo, porque Dios estaba con él». (Hechos 10:38). No solo incluyó las acciones conocidas que hemos mencionado. Pues hizo toda clase de bienes, y esto tiene que ver más con acciones dirigidas a suplir las necesidades básicas de los pobres, las viudas, los huérfanos, los extranjeros y los desamparados; que por cierto, era solo un eco de lo ya descrito y ordenado en el Antiguo testamento en las leyes de tipo social para socorrer a los indigentes.

En esa línea René Padilla habla de misión integral. Hace un llamado a la iglesia a ser coherentes con la fe y con las acciones, con su Señor y con su respectiva misión: «Si la autoridad de Cristo se extiende sobre toda la creación, el pueblo que confiesa su Nombre está llamado a relacionar su fe con la totalidad de la vida humana y de la historia. Nada que afecte al hombre y su historia está exento de la necesidad y la posibilidad de colocarse en su misión a Cristo, y nada, por tanto está fuera de la órbita del interés cristiano y misional»[26].

23. Karl Barth, *Al servicio de la palabra*, p. 75, Sígueme, Salamanca, 1985.

24. Alberto Roldan, *¿Para qué sirve la teología?* p. 65, Desafío, Michigan, 2011.

25. Ibíd.

26. Rene Padilla, *Discipulado y misión, compromiso con el renio de Dios*, Kairós, Buenos Aires, 1997, p. 64.

c) Orientar las tareas específicas de la misión de la iglesia

En una lectura atenta y acuciosa del Nuevo Testamento nadie puede negar que en la misión de la iglesia existan acciones que son primarias y otras secundarias, pero todas necesarias[27], aunque no todos están de acuerdo en el número. Consideramos que las primarias son: a) El *kerigma*, la proclamación del evangelio del reino de Dios, b) La *evangelización* se relaciona con comunicar a otros el mensaje de las buenas nuevas de salvación[28], c) La *didaskalía*, la enseñanza, d) La *diakonía* que se refiere al ministerio, servicio, contribución, ayuda, asistencia.

Entre las secundarias están las siguientes: a) la *martiría*, dar testimonio, b) la *terapeia*, sanar toda enfermedad y dolencia, c) *daimonía exérchomai*: echar fuera demonios.

Ampliaremos las acciones de la misión de la iglesia antes descritas.

d) La teología y la proclamación

Es indiscutible el lugar primario que ocupa la proclamación -*kerigma*- en la misión de la iglesia. Aquí la teología está autorizada y ha recibido el encargo, como un testigo secundario, de auxiliar a toda la proclamación de la Iglesia en su tarea de interpretar lo más exactamente posible la palabra de Dios y de servirle de eco con la mayor claridad posible[29]. La teología tiene que poner énfasis en que la predicación tiene su punto de partida y su punto de llegada. En el primero, Dios se ha revelado en la vida y la obra de nuestro Señor Jesucristo consumada en su muerte y en su resurrección. En el segundo, en que Cristo volverá. La predicación «recorre desde la epifanía hasta el día del Señor, por eso la predicación Neo testamentaria consiste en este doble movimiento: Dios se ha revelado y Dios se revelará[30].

e) La teología y la evangelización

La evangelización es fundamental en la misión de la iglesia. El verbo evangelizar viene de la palabra griega *euangelizo* que significa literalmente

---

27. Rigoberto Gálvez, *La misión de la iglesia en prácticas dudosas en el ejercicio de nuestra fe*, 2ª. Ed., Fortaleza, Guatemala, 2009, p. 269. Aquí explicamos de manera detallada cada una de esas acciones que creemos forman parte de la misión de la iglesia: unas hacia afuera y otras hacia lo interno.

28. VA., *the Greek New Testament*, 3ª. Ed., Sociedades Bíblicas Unidas, New York, 1975, p. 43.

29. Karl Barth, Op. Cit. *Introducción a la teología*, p. 221.

30. Karl Barth, *La proclamación del Evangelio*, p. 24, Sígueme, Salamanca, 1980.

anunciar buenas nuevas. De esa palabra también procede la palabra *euvangelizesthai* que se traduce por evangelización[31]. No debe existir un dualismo entre teología y evangelización. Pues esta última depende, para su total eficacia, de una correcta y clara interpretación, de una comprensión y comunicación efectiva de la doctrina de Dios, del hombre, de Cristo, del Espíritu, de la iglesia. La teología provee los fundamentos básicos y necesarios para la evangelización. No todos los que forman la comunidad están llamados a ser teólogos o maestros pues todos tenemos diferentes dones, pero todos estamos llamados a evangelizar de manera eficiente.

En forma de pregunta y con una respuesta implícita, Padilla hace ver lo incongruente de creer que existe una separación entre evangelización y teología: «No puede haber una evangelización realmente bíblica -una presentación de todo el consejo de Dios- sin reflexión teológica que busque la comprensión de la pertinencia del evangelio a la totalidad de la vida humana en un contexto histórico definido»[32]. Algunos autores y teólogos ponen en un lugar preferencial de la misión a la evangelización, aunque están conscientes que la misión no se reduce a la misma.

f) La teología y la enseñanza

La teología es responsable de enseñar y «equipar a los santos para la obra del ministerio, pero también examinar qué y cómo traslada dicha enseñanza la iglesia»[33]. A partir de la revelación escrita, el Señor ordenó que se transmitiera de generación en generación por medio de sus siervos intermediarios. Empero, esa labor no puede llevarse a cabo si el Espíritu Santo del Señor no ilumina al transmisor de dicha enseñanza. De tal manera, pues, que la enseñanza de la Iglesia debe recibirse y transmitirse espiritualmente usando el intelecto como un medio nada más. La enseñanza del Reino de Dios debe trasladarse de la manera en que la hemos recibido: «Porque yo recibí del Señor lo que también os he enseñado...» (1Co. 23ª). La enseñanza: es ese recibir y ese transmitir que está sustentado por una buena teología bíblica y sistemática.

La enseñanza teológica debe ser una transmisión de información y un ejemplo de vida. Es una combinación de una erudición de enseñanza sana y de vocación. Así, la enseñanza de la teología no debiera reducirse al aprendizaje de conceptos. Porque la teología, según varios autores, tendría también un objetivo práctico: la santidad. Estos planteamientos

31. Vine W., Op. Cit., p. 95.

32. René Padilla, *El evangelio hoy*, p. 66, Buenos Aires, Certeza, 1975.

33. Justo González-Zaida Maldonado, *Introducción a la teología*, p. 12, Abington press, Nashville, 2003.

los recoge la teología narrativa a partir de dos categorías fundamentales: la revelación cristiana como historia y la narratividad. A partir de ahí se esbozan dos líneas didácticas que estarían en armonía con una visión que considera que el saber teológico tiene una estructura narrativa, como la misma vida cristiana: «una didáctica como educación de la mirada» y «una didáctica como educación de la memoria». Se plantean entonces sobre estas bases algunas estrategias de enseñanza para la teología que contribuirían a enraizar el discurso teológico sobre la vida misma de los estudiantes de teología[34].

El discipulado es la otra cara de la enseñanza. Éstas se funden. El maestro enseña, el discípulo aprende y llegará el momento en que él enseñe. La acción de hacer discípulos –*matheteuo*– consiste fundamentalmente en dos cosas. La primera tiene que ver con el aprendizaje y recepción de las verdades del evangelio del reino de Dios que Jesús enseñó. La segunda tiene que ver con la transmisión de esas verdades a otros en la teoría y la práctica. La revelación recibida y la transmisión de la misma no pueden ir separadas en el «haced discípulos» en cuanto que si una de las dos falta ya no es una acción discipuladora[35].

g) La teología y el servicio

La teología es servicio, pero es un servicio singular. Es un servicio desinteresado, es un servicio gozoso que se hace por amor, no por necesidad, ni por obligación. En el Nuevo testamento la palabra griega traducida por servicio es *diakonía*[36] Y es una palabra compuesta: *Diá*, a través, y *konos*, polvo. Es un hacer en medio del polvo. En otras palabras es una tarea polvorienta. Esta palabra se originó en la acción que realizaba el conductor de camellos cuando los guiaba y los jalaba, mientras su amo y señor estaba montado[37]. La teología y la iglesia han sido llamadas a servir, no a reinar, haciendo, con humildad, tareas polvorientas.

h) La teología y el testimonio

La teología y el testimonio van de la mano. La teología como el conocimiento de Dios fundamenta el testimonio de lo conocido. Los verdaderos

---

34. Cf. Siciliani, José. *Bases para una didáctica de la teología desde el «Paradigma Narrativo»*, p. 41, Revista Actualidades Pedagógicas No. 52 / Julio - diciembre 2008.

35. Rigoberto Gálvez, Óp. Cit. *La misión de la iglesia en prácticas dudosas*, p. 243.

36. Vine W., *Diccionario expositivo de palabras del Nuevo Testamento*, p. 51, CLIE, Barcelona, 1989, vol. 4.

37. VA., *Pastores del pueblo de Dios en América Latina*, p. 18, Aurora, Buenos Aires, 1974.

teólogos son testigos de la verdad de Jesucristo experimentada en sus propias vidas. Son testigos del encuentro personal con Jesucristo, de la nueva vida en Cristo. No se avergüenzan, al igual que Pablo, del poder del evangelio para salvación.

La vida, la enseñanza y la obra del gran teólogo Pablo están marcadas, de principio a fin, por el testimonio. El testimonio de su conversión, del cambio de su manera de pensar, del cambio de su corazón de piedra por uno corazón sensible a los asuntos espirituales, de la revelación recibida, de la resurrección de Cristo, de la realidad del paraíso. Su testimonio llega a la máxima expresión: morir por la causa de Cristo.

La *martiría* se fundamenta en varios pasajes de la Escritura. Algunos autores no lo incluyen como parte de la misión, pero, otra vez, no es nuestro criterio la autoridad para decidir si es o no es parte, sino la Escritura. Hay varios pasajes que nos muestran de manera clara y sencilla esa verdad, mencionaremos solo algunos: Juan 15:27: «Y vosotros daréis testimonio también, porque habéis estado conmigo desde el principio»; Hechos 1:8: «pero recibiréis poder cuando haya venido sobre vosotros el Espíritu Santo, y me seréis testigos en Jerusalén, en toda Judea, en Samaria y hasta lo último de la tierra»; 2 Timoteo 1:8: «por tanto, no te avergüences de dar testimonio de nuestro Señor, ni de mí, preso suyo, sino participa de las aflicciones por el evangelio según el poder de Dios»

La iglesia del Señor ha sido llamada a dar testimonio en el tiempo, lugar y contexto cultural que la ha tocado vivir con respecto al actuar de Dios en la historia de la salvación. Y la Escritura y la teología deben ser su asidero. Ese testimonio de la obra salvadora de Jesucristo en la misión de la iglesia es imprescindible por lo que es necesario que se apoye en la teología, no solo en el aspecto vivencial.

El testimonio es un mandato que trasciende fronteras, razas y lenguas: Es necesario que se realice hasta lo último de la tierra. Los que han tenido un encuentro espiritual personal con el salvador del mundo no pueden callar lo que han visto, oído y experimentado. Llegan hasta las últimas consecuencias con el auxilio y el poder del Espíritu, como Esteban el primer mártir que testificó hasta morir apedreado. De hecho la palabra testigo en griego es *mártir* y llegó a ser equivalente al que moría por la fe y la causa de Jesucristo.

i) La teología y la sanidad divina

Si bien es cierto que el propósito imprescindible de la teología y la misión de la Iglesia es la predicación del Evangelio del Reino de Dios, la evangelización, dar cuenta y razón de nuestra fe, no debemos menospreciar la sanidad divina, porque Jesús la incluyó en su ministerio. Además, ordenó específicamente a sus discípulos que la pusieran por obra. Si Jesús, quien es modelo para todo nuestro caminar cristiano, la practicó, si sus primeros discípulos la practicaron, si la iglesia primitiva la practicó, ¿no deberíamos nosotros hoy, creerla, enseñarla y practicarla? Veamos el ejemplo de Jesucristo como la fuente de sanidad: «Y cuando llegó la noche, trajeron a él muchos endemoniados; y con la palabra echó fuera, y sanó a todos los enfermos para que se cumpliera lo dicho por el profeta Isaías, cuando dijo: El mismo tomó nuestras enfermedades y llevó nuestras dolencia» (Mt. 8:16-17). Quienes piensan lo contrario no pueden fundamentar sus razonamientos en la Biblia: *la terapeia:* la sanidad de enfermedades y dolencias físicas es muy clara en las Sagradas Escrituras[38].

Pero hay que reconocer las limitaciones de la sanidad divina: «No soluciona el problema de la muerte... las sanidades también son proclamadas por las distintas religiones... el riesgo de equivocarnos en el orden de importancia de las doctrinas... la sanidad divina no es equiparable al crecimiento espiritual... no acontece de manera generalizada»[39].

j) La teología y la expulsión de demonios

En varias teologías sistemáticas se trata el tema de la angelología. Dentro de la cual abordan la realidad de la naturaleza maligna de Satanás y de sus demonios, así como la posesión demoniaca en personas y la influencia perversa en los cristianos. Y como la iglesia y los cristianos deben enfrentarlos[40]

En el Nuevo Testamento es clara la doctrina sobre la expulsión de demonios. Jesús donde quiera que fue a predicar el evangelio libertó a los endemoniados: «Y se difundió su fama por toda Siria, y le trajeron todos los que tenían dolencias... los endemoniados, lunáticos y paralíticos; y los sanó» (Mt. 4:16)... «Y cuando llegó la noche, trajeron a él muchos endemoniados; y con la Palabra echó fuera a los demonios,...» (Mt. 8:16); «cómo Dios ungió con el Espíritu Santo y con poder a Jesús de Nazaret, y cómo éste anduvo haciendo bienes y sanando a todos los oprimidos por el diablo, porque Dios estaba con él» (Hch. 10:38).

El reino de Dios es incompatible con el dominio de los ángeles caídos. Jesús afirma que una señal indiscutible en cuanto a la llegada del Reino

38. Rigoberto Gálvez, Óp. Cit. *La misión de la iglesia en prácticas dudosas*, p. 240.

39. Emilio Núñez, *La Biblia y la sanidad divina*, p.26ss, Portavoz evangélico, Barcelona, 1986.

40. Entre otras teologías sistemáticas, las siguientes: La de Berkhof, Chafer, Hodge, Zaldívar, Pearlman.

de Dios era el echar fuera demonios: «Pero si yo por el Espíritu de Dios echo fuera a los demonios, ciertamente ha llegado a vosotros el reino de Dios.»(Mt. 12:28).

Fue una orden específica que los discípulos debían de cumplir: «Entonces llamando a sus doce discípulos, les dio autoridad sobre los espíritus inmundos, para que los echasen fuera,... Sanad enfermos, limpiad leprosos, resucitad muertos, echad fuera demonios; De gracia recibisteis, dad de gracia» (Mt. 10: 1,8); «Volvieron los setenta con gozo, diciendo: Señor, aún los demonios se nos sujetan en tu nombre. Y les dijo: Yo veía a Satanás caer del cielo como un rayo. He aquí os doy potestad de hollar serpientes y escorpiones, y sobre toda fuerza del enemigo y nada os dañará» (Lc. 10:17-19).

La iglesia primitiva, que vivía un evangelio de poder, nos muestra también que ella practicó la expulsión de demonios como una señal de que el Reino de Dios se había acercado. Hechos 16:18 es un ejemplo en el que se muestra a uno de los principales protagonistas de la historia de la iglesia del principio: «Y esto lo hacía por muchos días; mas desagradando a Pablo, éste se volvió y dijo al espíritu: Te mando en el nombre de Jesucristo, que salgas de ella. Y salió en aquella misma hora».

Jesús durante su ministerio terrenal, que duró aproximadamente tres años y medio, le dio importancia a tres acciones en su mensaje y obra: predicar, sanar a los enfermos y echar fuera demonios. Nadie puede negar que esa tríada sea recurrente en los testimonios de fe que se encuentran descritos en los evangelios. Si la misión de Jesús se fundamentó en esas tres acciones, entonces la Iglesia también debe tomarlas en cuenta, además de las otras que son inherentes a su misión.

k) El iglecrecimiento

El iglecrecimiento no es parte de la misión de la iglesia. Pero, según nuestro criterio, no debe pasar desapercibido. En la actualidad se ha hablado y se ha escrito bastante acerca de las formas y los métodos de crecimiento de la iglesia. De ahí que se haya acuñado el nuevo término «iglecrecimiento»[41]. Incluso existe una definición de iglecrecimiento como

41. Algunos libros que tratan el asunto en cuestión son los siguientes: La iglesia y los grupos familiares de Paul Yongi Cho, pastor de la iglesia más grande del mundo; Grupos de 12 de Joel Cominkey basado en la experiencia de crecimiento del pastor César Castellanos de la Iglesia Misión Carismática Internacional de Colombia; Manual de crecimiento de la Iglesia escrito por Juan Carlos Miranda; La dinámica del crecimiento de Fred Smith; Understanding Church Growth de Donald McGavran, uno de los escritores más reconocidos en el tema del iglecrecimiento que acuñó el término, y Una Iglesia con propósito de Rick Warren.

ciencia: «Iglecrecimiento es la ciencia que investiga la implantación, multiplicación, funcionamiento y salud de las iglesias cristianas, específicamente de la gran comisión «hacer discípulos a todas las naciones». Trata de combinar los principios eternos de la Palabra de Dios a través de métodos con fundamento bíblico aplicando, en algunos casos, conocimientos contemporáneos de estadísticas, matemáticas y de la conducta humana»[42]. Ya sea que estemos de acuerdo o no con esta definición para el iglecrecimiento, nos demuestra que en los últimos años se ha querido sistematizar el conocimiento en torno al crecimiento de la iglesia. Sabemos que el crecimiento lo da Dios; que la voluntad del Señor es que crezcamos no solo en cantidad, sino en calidad en nuestra vida espiritual: en la gracia, en el amor, en la fe, en la obediencia y en el conocimiento de Dios.

6. Magnificar la gloria de Dios

a) Magnificando la gloria de Dios

La teología comienza con Dios, no con el hombre. Esa es su gloria. Una de las revelaciones más extraordinarias que Dios le hace al ser humano es decirle su nombre: «Yo soy el que soy». Es decir, El que ha sido, El que es y El que será por siempre. Nunca tuvo principio y nunca tendrá fin. La gloria del Señor resalta en toda la Escritura. ¿Si los cielos cuentan la gloria de Dios, la teología que habla de un encuentro con Dios no debe contar vehementemente la gloria de Dios? Si el salmista, como un estribillo, en muchos de sus salmos, afirma que la gloria de Dios sea enaltecida en toda la tierra ¿acaso la teología no debe comenzar, a la sazón, con exaltar la gloria de Dios y hacer toda su labor en función de esa misma gloria? Estamos persuadidos que sí.

La teología no debe requerir más la gloria de los hombres, la vanagloria del mundo que la gloria de Dios. La teología al igual que Pablo, debe gloriarse en la esperanza de la gloria de Dios que se concreta en Jesucristo, la esperanza de gloria. De hecho: la máxima expresión de la gloria de Dios revelada a los hombres se expresa en Jesucristo: «Porque Dios, que ordenó que la luz resplandeciera en las tinieblas, hizo brillar su luz en su corazón para que conociéramos la gloria de Dios que resplandece en el rostro de Jesucristo» (2 Corintios 4:6 NVI).

Si hasta la actividad más cotidiana de comer y beber se nos pide que la realicemos para la gloria de Dios, concluimos que en todas las áreas de nuestra vida debemos de enaltecer su gloria. Así, la noble tarea de la teología tiene que hacerse exaltando la gloria de Dios. De hecho la razón de nuestra existencia es para que alabemos la gloria del Señor, en cuanto

---

42. J. Miranda, *Manual de iglecrecimiento*, p. 11, Vida, Miami, 1985.

que fuimos amados, escogidos, adoptados, aceptados, para que vivamos y «seamos para la alabanza de su gloria» (Efesios 1:2-6).

Calvino a sus treinta años de edad escribió: «La cosa que fue mi meta principal y por la cual me esforcé con mayor diligencia, fue que la gloria de tu bondad y tu justicia… resplandeciera de manera visible, para que la virtud y las bendiciones de tu Cristo… se manifestara plenamente». Veinticuatro años más tarde a unos pocos días de morir escribió en su testamento «No he escrito nada movido por el odio a nadie, sino que siempre he propuesto con fidelidad lo que consideraba que fuera para la gloria de Dios»[43].

En el encuentro en solitario del hombre frente a Dios, sin ningún tipo de mediaciones humanas, sino solo por Jesucristo, el resultado indefectible es adoración, alabanza, oración y acciones de gratitud al Dios trino. Cuando el hombre ha contemplado la gloria de Dios, alaba, suplica, pide iluminación, dirección, porque en contraste con su gloria, ahora puede ver su ignorancia y su bajeza juntas. Reconoce que es «hombre de labios inmundos», que necesita ser limpiado.

b) Fundamentando la espiritualidad

Cuando fundamentamos nuestra vida espiritual en el Señor, le estamos dando la gloria. Todo: nuestra oración, nuestro estudio, nuestra adoración, nuestro servicio debe ser en función de la gloria de Dios. Así, la oración es el principio para adentrarse en el conocimiento de su gloria. Lutero decía que es imposible «… penetrar las Santas Escrituras por medio del estudio y del talento, por tanto, nuestro primer deber consiste en comenzar a orar, y orar para pedirle a Dios que si le place lograr algo para su gloria que le conceda al hombre en su bondad, una verdadera comprensión de sus palabras. Porque no existe maestro alguno de las palabras divinas más que el autor de esas palabras, como Él mismo dice: «Y serán todos enseñados por Dios»[44].

Sobresale que el estudio teológico tiene que ser bañado en oración, porque éste realizado solamente con el intelecto y el método frío, es como preparar alimento con las manos sucias. La forma correcta de estudiar, según Lutero, «es mucha oración, desconfianza de sí mismo y dependencia absoluta de Dios. La oración y estudio son las raíces de su teología, de esa manera su metodología y su teología se funden en una sola»[45]. Además

---

43. John Dillenberger, *John Calvin, Selections from his Writings*, Scolar Press, Atlanta, 1975, en John Piper, Op. Cit. *El legado del gozo soberano*, p. 135ss.

44. John Piper, *El legado del gozo soberano, la gracia triunfante de Dios en las vidas de Agustín Lutero y Calvino*, p. 118, Unilit, Miami, 2008.

45. Ibíd., p. 119.

Lutero tenía el siguiente principio hermenéutico: La Sagrada Escritura es su misma intérprete. Desecha la tradición, la interpretación alegórica, el sentido cuádruple de la Escritura: «la sagrada Escritura es sui ipsius interpres. No hace falta la tradición para alcanzar una comprensión adecuada de ella, ni tampoco una técnica interpretativa al estilo de la antigua doctrina del cuádruple sentido de la Escritura, sino que la literalidad de ésta posee un sentido inequívoco que ella misma proporciona, el sensus literalis. En particular, el método alegórico que hasta entonces parecía ineludible para alcanzar una unidad dogmática en la doctrina bíblica, solo le parece legítimo cuando la intención alegórica está dada en la Escritura misma. Por ejemplo, es correcto aplicarla cuando se trata de parábolas. En cambio, el Antiguo Testamento no debe querer ganar su relevancia específicamente cristiana a través de interpretaciones alegóricas. Debe entenderse al pie de la letra, y solo entendiéndolo así y reconociendo en él el punto de vista de la ley que había de superar la acción salvífica de Cristo es como adquiere su significado cristiano»[46].

El teólogo que no trabaja para exaltar la gloria de Dios y no cuida su espiritualidad está en peligro de errar en su vocación y en el camino del conocimiento: «Si eres teólogo, orarás verdaderamente, y si oras verdaderamente, eres teólogo»[47]. Hará teología para su propia satisfacción no para agradar al Señor. La teología sin oración estará en peligro de caer en un aburrimiento ergotista, en una función automática, en esterilidad permanente y en una arteriosclerosis múltiple: «Puesto que la teología tiene que estar siendo renovada sin cesar, debe ser siempre original y debe estar dispuesta a someterse al juicio de Dios y únicamente de Dios, la teología ha de ser una acto de oración»[48]. La teología ha de ser una acción de celebración cúltica: «hasta podría reconocer que en su hecho fundamental la teología es oración, agradecimiento y petición, una verdadera acción litúrgica»[49].

7. Producir teología científica

Otro de los propósitos de la teología es producir teología científica. Y para ello se usa el método científico de la investigación, se consultan fondos bibliográficos, se hacen estudios de campo, si son pertinentes. Es lo que hemos llamado «el conocimiento investigado». Es aquí donde se

---

46. Hans-Georg Gadamer, *Verdad y método, I*, p. 227, Sígueme, Salamanca, 1993.

47. Evagrio Póntico, *Monje oriental* (345- 399 DC) en Evangelista Vilanova, *Para comprender la teología*, p. 8, Verbo Divino, Navarra, 1992.

48. Karl Barth, *Introducción a la teología evangélica*, p. 194, Sígueme, Salamanca, 2006.

49. Karl Barth, *Ensayos teológicos*, p. 138, Herder, Barcelona, 1978.

identifica una situación problemática, se delimita el problema que requiere respuestas, se formula la hipótesis, se indica los objetivos generales y el objetivo específico, se expone la justificación. Al concluir la investigación se espera confirmar o no la hipótesis con relación al problema planteado, se presentan las conclusiones y las recomendaciones[50]. Se espera que la investigación produzca aportes significativos.

En el campo de la teología, esta tarea se realiza utilizado las herramientas de las ciencias bíblicas, comenzando con la cuestión bíblica, exegética, hermenéutica, lingüística; prosiguiendo con la investigación histórica de la iglesia y de la doctrinas; con su recurso metodológico respectivo, racional, sistemático. Y luego pasamos al dialogo con los estudios serios de otros teólogos. Posteriormente se da la aportación propia del teólogo, fruto de la investigación descrita y la reflexión teológica. Así es posible concluir una investigación metodológica, histórica, sistemática y racional, que puede considerarse, en esa fase, de carácter científico.

El objetivo primordial de la investigación es que la teología avance; que encuentre respuestas a la problemática que se haya abordado, desde las verdades bíblicas para las situaciones concretas temporales y espirituales.

Será indispensable que se desarrolle un carácter firme, perseverante y determinado, para que la investigación sea seria, específica, profunda, coherente y continuada, consciente de su situación y contexto. La teología producida debe ser de tal calidad que la misma comunidad científica, por lo menos de las ciencias sociales y de la cultura, reconozca que hay una labor científica respetable.

La parte científica no debe ser inferior en calidad a las otras ciencias, para mantener el nivel de cientificidad que se requiere en el ámbito académico: «La cientificidad y el rigor de la teología nunca es un logro plenamente adquirido, y el saber teológico siempre puede y debe acercarse un poco más al ideal de ciencia, sin perder su carácter específico de sabiduría creyente. Necesita por eso confrontarse con el modo y estilo de otras disciplinas profanas y con los rasgos generales de la teoría normativa de la ciencia»[51].

---

50. Rafael Farina, *Metodología, normas para la técnica del trabajo científico,* Barcelona-Sarriá, España, 1979. Es un buen libro de referencia para la investigación científica paso a paso, aplicado al ámbito de la teología.

51. José Morales, *Introducción a la teología,* p. 228, Eunsa, Navarra, 2008.

V

Las exigencias en la tarea de la teología

Aspectos generales

La labor teológica sana, sus requerimientos y sus características.
Es una combinación de espiritualidad y estudio

La tarea de la teología consiste, a nuestro criterio, en recibir, creer, comprender y expresar el conocimiento de Dios en Cristo a la iglesia y al mundo. Es también un percibir, contemplar y meditar. Éste se obtiene por medio de la fe, la oración, la iluminación del Espíritu y el estudio.

El estudio se realiza con detenimiento y perseverancia. Dios no bendice al teólogo haragán, reprueba la mediocridad y exalta la diligencia. Hay un precio alto que pagar. Es necesario que el estudiante siga una traza: «el proceso de la investigación con los fondos bibliográficos, seguirá una serie de pasos propios del método teológico y científico que resulta en un esfuerzo intelectual, lógico racional, sistemático»[1].

Es una erudición piadosa

La erudición es diferente del estudio. Se puede ser un estudioso, pero no ser un erudito. El teólogo debe tener en la mira el objetivo de escalar a una erudición en el sentido pleno de la palabra. No existen argumentos válidos para sostener que la erudición teológica es incompatible con la *pietas* que es la dependencia absoluta de Dios por medio de la fe, la oración, la adoración y el Espíritu. Es posible que la piedad se complemente con la erudición. Si buscamos solo la erudición teológica, sin vivir la piedad, caemos en el intelectualismo. Si practicamos solo la piedad, sin erudición, caemos en legalismos y algunas veces en herejías. Si practicamos la piedad y alcanzamos la erudición estamos en el balance que nos sostendrá.

Es un oír, entender y hablar

Otro de los aspectos de la labor teológica que destaca Barth es «El oír, entender, y hablar de la consumación de la palabra de Dios en su perfección

1. Millard Erickson, *Christian theology*, p. 1252, Baker Academic, Michigan, 2005.

intensiva y extensiva como la Palabra del pacto de la gracia y la paz».
Y esto lo relaciona directamente con Jesucristo: «El Cristo de Israel, es el
salvador del mundo. Toda esta palabra de Dios en Cristo es la palabra a la
que la teología ha de escuchar y responder»[2]. Refuerza este argumento con
una singular anécdota de Kierkegaard, afirmando que toda la labor de la
teología, existe, depende y gira alrededor de la muerte de Jesucristo: «La
labor teológica se realiza a la sombra del juicio efectuado sobre el hombre
en la cruz del Gólgota y hay profesores de teología porque alguien distinto
de ellos fue crucificado, dijo Kierkegaard»[3].

Es una actividad gozosa

Es un llamado urgente a los teólogos a no sucumbir en la rutina. Es una
solemne y grata exhortación a que no trabajen en la tarea teológica en pilo-
to automático, cayendo en una teológica enferma y estática. La teología es
dinámica. La verdadera labor teológica se realiza ante un Dios vivo, móvil,
siempre actuante, que se revela escondiéndose, y escondiéndose se revela,
haciendo su voluntad y no la nuestra: «Si no quiere sucumbir ante la arteriosclerosis, a la esterilidad y a la aburrida obstinación, la labor teológica
no debe convertirse en una rutina en ningún tramo del camino, ni debe
realizarse como una función automática. Puesto que esa labor debe estar
siendo renovada sin cesar, debe ser siempre original y debe estar siempre
dispuesta a someterse al juicio propio de Dios y únicamente a Dios»[4].

Se realiza con una actitud e intención sinceras

La labor teológica no se realiza como pasatiempo, por competitividad,
por dinero, por contienda o por orgullo. Se hace por vocación, por amor a
la verdad, con buenos propósitos, con una conciencia limpia ante Dios y
ante los hombres. Porque no cabe duda, que habrá más de algún «teólogo»
que aparecerá con sus escritos teológicos bajo el brazo, trayendo no solo
primeras intenciones, sino con segundas y aún con terceras. Esas malas acciones y lóbregos propósitos van en contra de la naturaleza de la teología.
La actitud en labor teológica debe ser limpia, espontanea y libre: «… Debe
emprenderse con la pureza de corazón, rectas intenciones, con la mente
clara, con buena conciencia»[5].

2. Ibíd., p. 41.
3. Ibíd., p. 180.
4. Ibíd., p. 193.
5. Ibíd., p. 195.

Requerimientos decisivos en la tarea teológica

1. La fe

La fe ha sido decisiva en el conocimiento teológico. Pannenberg retoma la afirmación que enseña «que la fe es una forma de comportamiento respecto de la verdad, que admite comparación con el conocer y el saber. Así la fe significa la confianza que se afianza en lo que de suyo es firme, para que alcance el que confía firmeza y solidez»[6]. Este pensamiento lo obtiene y lo amplia desde el concepto hebreo de fe, que en sus raíces va lingüísticamente unido al significado de «verdad» y «confiar»[7].

En el Nuevo Testamento la *pistis* como sustantivo y como verbo de la misma raíz *pisteuein* tienen significados distintos dependiendo de la ocasión y del contexto en que aparecen. A pesar de la variedad de matices se une a estos significados: la convicción que descansa sobre el testimonio de otro; una actitud confiada en Dios que se ha revelado en Jesús el Cristo[8]. Y que la vida y la existencia dependen totalmente de otro: El Señor del cielo y la tierra creador de todo lo que existe. Así la fe en «el sentido cristiano es la transferencia de toda la existencia del hombre a Dios. Creer es un suceso personal (por excelencia). No se cree en algo, una aseveración o una cosa, por importante que sea... se cree en alguien... en otro personal, en Dios»[9]. La fe no es una fe ciega, etérea, sin sustancia, sin asidero, es el resultado del mismo objeto de fe: Jesucristo el *Kyrios*.

La fe también es confesar, obedecer, esperar, es certeza y convicción anticipadas[10]. Además, la fe es un oír, un conocer y un fiarse. En efecto el hombre de fe solo puede comprenderse a sí mismo si cree y su vida tiene sentido únicamente en el camino que está marcado por un punto inicial y una meta de llegada. La entrada al camino inicial es Jesucristo y la meta de llegada es el retorno glorioso de Jesucristo[11].

La labor teológica se inicia con la *pistis*, se sostiene y culmina con ésta. Su fundamento es la convicción sobre el testimonio de la Escritura, sobre la confianza que Dios se ha revelado en Cristo. Una labor teológica que no procede de la fe es pura religiosidad, un malabarismo mental y una

6. Wolfhart Pannenberg, *Teología sistemática III*, p. 144, Upco, Madrid, 2007.

7. Ibíd.

8. Luis Berkhof, *Teología sistemática*, p. 590, T.E.L.L., Michigan, 1995.

9. Kern Niemann, *El conocimiento teológico*, p. 19, Herder, Barcelona, 1986.

10. VA., *Explorando nuestra fe cristiana*, p. 20, Casa Nazarena de Publicaciones, Kansas City, E.U.A., 1988.

11. R. Fisichella, *Introducción a la teología fundamental*, p. 111, Verbo Divino, España, 1992.

teología natural. La relación entre Dios y el hombre refleja un carácter dialógico que acontece únicamente por la fe en Jesucristo y este crucificado[12].

La labor teológica es necesario que se realice con fe. Ésta es primordial en la mediación entre la revelación de Dios y la respuesta del hombre. La fe abre las puertas del conocimiento y embelesa a Dios. Es una premisa fundamental creer en un Dios real y personal que se complace cuando creemos que Él recompensa a los que le buscan: «Sin fe es imposible agradar a Dios; porque es necesario que el que se acerca a Dios crea que le hay, y que es galardonador de los que le buscan.» (Hebreos 11:6). El Señor se siente agradado, amado, complacido, deleitado, atraído, honrado, respetado, glorificado, movido, cuando la fe del teólogo, por pequeña que resulte, se activa hacia su objeto de estudio, su palabra, su revelación, progresa así en el conocimiento de Cristo.

En el evangelio la justicia de Dios acontece, de principio a fin, por medio de la fe. Y es por eso que el teólogo para entrar a esa justicia debe vivir una vida de fe (Romanos 1:17). Si la revelación, la salvación, la justificación acontecen por gracia, por medio de la fe, el conocimiento de esa revelación, de esa salvación y de esa justicia se reciben también por la fe (Efesios 2:8).

La labor teológica se realiza *por fe y no por vista* (2 Corintios 5:7). Se camina a tientas pero confiando. Se avanza pese a la duda, a la tentación, al ataque, al desprecio, a la crisis, a los peligros, a las amenazas de todo tipo, porque hay promesas que cree, porque se tiene confianza en el autor y consumador de la fe: nuestro Señor Jesucristo. Le esperamos velando y orando «venga tu reino» para la consumación de su gobierno y dominio universales. Tenemos la confianza que finalmente el bien triunfará sobre el mal, la justicia sobre la injusticia. No ponemos la mirada en «la tormenta, los vientos, las lluvias», tampoco en el «valle de sombra de muerte» porque esas cosas son engañosas a la vista, pero no prevalecen ante la fe.

En la labor teológica, la oposición del sistema del mundo y las oposiciones Satánicas se vencen por la fe: «porque todo lo que es nacido de Dios vence al mundo; y esta es la victoria que ha vencido al mundo, nuestra fe» (1 Juan 5:4).

El teólogo sin fe es como un soldado sin armas, expuesto a la derrota. Pero la fe puesta en Jesucristo es el arma que ha vencido y nos garantiza que resistiremos y venceremos. Esa es nuestra confianza. La fe «es el escudo» que nos permite «apagar todos los dardos de fuego del maligno». Recordemos que «nuestra lucha no es contra carne y sangre» es contra «huestes espirituales de maldad en las regiones celestes». La labor teológica

---

12. José Gómez- Heras, *Teología protestante, sistema e historia*, p. 31, BAC, 1972.

permanecerá firme ante los embates y diversidad de padecimientos; permanecerá a través de los tiempos; permanecerá pese a las persecuciones, por la fe: «... porque por la fe estáis firmes» (2Corintios 1:24).

La labor teológica es una empresa de fe comprometida, no de lógica ni de razones puras y subjetivas. Es una fe que cree lo ilógico y que hace lo ilógico a semejanza de la fe de Noe que le mueve a construir el arca para sobrevivir ante las torrenciales lluvias que nunca había visto. Es la fe que impulsa a Abrahán para que obedezca una orden absurda: sacrificar a su hijo único. Es la fe que define a Moisés para no llamarse hijo de la hija de faraón, ni gozar los placeres temporales, rechazando los tesoros de los egipcios, considerando mejores el sufrimiento y los vituperios de Cristo, porque tiene puesta la mirada en la recompensa prometida.

Es esa fe que hace a los cristianos teólogos y no teólogos creer hasta la sangre. Que prefieren morir antes que claudicar en su fe. Es una fe que no se confunde con religiosidad moldeable y barata, sino que va hasta las últimas consecuencias. Bien lo dice Bonhoeffer hablando de la falta de compromiso de la fe y de la perversión de ésta cuando es impactada y penetrada por el hombre religioso: «Nosotros reunidos como cuervos alrededor del cadáver de la fe barata hemos chupado del veneno que ha hecho morir en nosotros el compromiso con Jesús»[13].

2. La oración

La oración cristiana es imprescindible en el conocimiento de Dios. Para algunos teólogos, de hecho, la teología ha de ser un acto de oración. Pablo nos deja claro que para ser llenos del conocimiento pleno (*epignosis*) de la voluntad de Dios, es necesario orar incesantemente. Para obtener toda clase de sabiduría hay que orar, para recibir toda clase de inteligencia espiritual hay que orar: «Por lo cual nosotros... no cesamos de orar por vosotros, y de pedir que seáis llenos del conocimiento de su voluntad en toda sabiduría e inteligencia espiritual» (Colosenses 1: 9). En otro pasaje Pablo afirma que no cesa de agradecer por los hermanos de la iglesia, acordándose de ellos en sus oraciones para que Dios Padre les dé espíritu de sabiduría y de revelación (Apocalipsis) en el conocimiento (epignosis) de Él. Así, conocimiento, sabiduría, revelación, inteligencia espiritual, en el conocimiento de Cristo y en el conocimiento de Dios, se inician con oración. Luego vendrá un estudio serio, racional y metodológico para consolidar la teología. Aunque, no debemos perder de vista,

13. Dietrich Bonhoeffer, *El precio de la gracia, el seguimiento*, p. 23, Sígueme, Salamanca, 1986.

como dice Pannenberg que «... debe concederse que la oración presupone a Dios, y cierto saber sobre Dios»[14]

Nadie debe pensar que el acto de la oración menoscaba el aspecto de la investigación metodológica, al contrario prepara y facilita dicha investigación. Siempre que oramos pidiendo la iluminación del Espíritu podemos confiar que Él nos guiará a toda verdad.

Si somos humildes, reconoceremos que en la oración implícitamente estamos diciendo Señor que se haga tu voluntad en la tierra así como se hace en el cielo: «La labor teológica se realiza cuando no se logra ninguna otra cosa que la humilde confesión: No se haga lo que yo quiera, sino lo que tú quieras. Esta oración y confesión no menoscabará en lo más mínimo la voluntad y disposición del hombre para aceptar la tarea de un teólogo, consistente en ajustarse a los requisitos del intellectus fidei en buscar la verdad, en indagar y pensar acerca de ella, rompe la dura cáscara y en exprimir los jugos de los problemas con que se enfrenta»[15].

La tarea teológica debe ser bañada en oración, solo así podrá ser viva, fructífera. La oración es el medio y la herramienta espiritual que el Señor nos concede para ir recibiendo luz y penetrando en el conocimiento divino: «la inteligencia de la fe debe ser, permanecer y convertirse de manera continua en una obra humana que sea vigorosa, fresca, interesante y útil todo esto en la labor de la oración»[16]. Barth está convencido, de modo pleno, que la labor teológica depende de la oración continua. Sin la oración que pide el auxilio del Espíritu Santo no habrá una teología para la gloria de Dios. Tampoco el hombre será beneficiado: «Por eso, la labor teológica vive de la petición y en la petición de la venida del Espíritu Santo. Todas las preguntas, investigaciones y declaraciones teológicas no pueden ser sino formas de esa petición»[17]. Agrega que no solo se debe orar, sino esperar que Dios conteste, pues si no hay una respuesta, la labor teológica no tendrá un buen final. Él tiene la certeza y la experiencia que Dios escucha la oración auténtica: «Y tan solo cuando Dios escucha esta súplica, la labor teológica resulta siempre una obra lograda y útil»[18].

---

14. Wholfhart Pannenberg, *Teología sistemática V.III*, p. 228, Upco, Madrid, 2007.
15. Karl Barth, Op. Cit, p. 194.
16. Ibíd.
17. Ibíd., p. 196.
18. Ibíd.

3. La adoración

a) La labor teológica es un acto de adoración

Si en el acto tan cotidiano de comer y beber el Señor pide que sea un acto de adoración a Él por medio de la oración, la acción de gracias y la exaltación; si el presentar a Dios nuestro propio cuerpo en plena consagración y santidad, como se presentaban los sacrificios perfectos, sin tacha, sin mancha, es un acto de adoración como dice Romanos 12.1 NVI: «Por lo tanto, hermanos, tomando en cuenta la misericordia de Dios, les ruego que cada uno de ustedes, en adoración espiritual, ofrezca su cuerpo como sacrificio vivo, santo y agradable a Dios». ¿Acaso nuestra labor teológica no debiera ser un ofrecimiento de adoración a Dios también? Claro que sí, toda nuestra existencia, nuestro vivir, nuestro respirar, nuestro vestir, etc., es necesario que se haga como una expresión del reconocimiento y un acto de adoración.

El encuentro con la majestad y la gloria de Dios produce en nosotros humildad, un deseo vivo de adorarlo, alabarlo y contemplarlo. ¡Claro! Porque vislumbramos su grandeza miramos nuestra propia bajeza. Y, ése es un avance en el conocimiento de Dios y de nosotros. En la Biblia leemos que todos aquellos hombres contemplaron su gloria, que conocieron, en parte, la grandeza y la misericordia de Dios; su poder y su gracia; su majestad y su amor; su intervención milagrosa, indefectiblemente se postraron y adoraron a Dios.

En la tarea de la teología, el estudio racional comparte con la adoración y la contemplación. Son dos vías que no se oponen, sino que se complementan: «La teología sin medida alguna de contemplación degenera fácilmente en una ciencia de puros conceptos, y la contemplación sin teología podría convertirse en autoengaño y fantasía espiritual»[19].

Barth ve en la labor teológica, por pequeña que sea, un acto de adoración. No un trabajo frío intelectual, ni siquiera una labor espiritual, religiosa y ética, sino algo que va más allá: una ofrenda sacrificial que se presenta a Dios, esperando que sea de olor grato al Señor: «Cada acto de la labor teológica debe tener el carácter de un ofrecimiento por el cual todo se presente como ofrenda al Dios vivo. Dicha labor será este ofrecimiento en todas sus dimensiones, aunque se trate del más pequeño problema exegético, dogmático, esclarecimiento del más insignificante fragmento de la historia de la iglesia de Jesucristo... En este acto de ofrecimiento, toda meta a la que se haya tendido antes, todo conocimiento que se haya adquirido con anterioridad y sobre todo, cualquier método que se haya practicado

---

19. José Morales, *Introducción a la teología*, p. 180ss, Eunsa, Pamplona, 2008.

previamente y que al parecer se ha demostrado que es bueno, ha de arrojarse de nuevo al horno, ha de entregarse de nuevo al Dios vivo y ha de ofrecerse a Él como un sacrificio total »[20].

4. El estudio

Hemos indicado de manera detallada en el apartado del método en teología las maneras de llegar y obtener el conocimiento teológico. Aquí abordaremos algunas características desde otro ángulo, aunque están implícitos el conocimiento revelado y el conocimiento investigado.

a) El estudio y sus elementos

El estudio de la teología requiere del interesado que sea una persona espiritual, consagrada, ejercitada, y que use un método y una estrategia adecuados. Esto implica procesos, prácticas que conduzcan a buenos resultados[21].

b) El estudio enfocado

El estudio de la teología evangélica se enfoca en la comprensión de las verdades cristianas plasmadas en las Escrituras y las disciplinas teológicas e históricas afines. Se esfuerza por interpretar correctamente desde el punto de vista cristiano las realidades existenciales y contextuales[22].

c) Estudio concentrado

El consejo de Barth, uno de los teólogos más experimentados, es que el estudio debe ser concentrado, tomando en cuenta todo lo relacionado a la existencia teológica en diálogo con los acontecimientos del mundo que se reflejan en los diarios, la música, el deporte, eso será una señal que al teólogo y su labor le interesan las personas y sus realidades[23]. Se realiza en forma de preguntas y respuestas humanas. Es un buscar y un hallar que tiene que ver con la obra y la palabra de Dios[24].

20. Karl Barth, Op. Cit., p. 193.
21. W. Nee, *Escudriñad las Escrituras*, p. 9ss, 89ss, CLIE, Barcelona, 1998.
22. Millard, Erickson, *Teología sistemática*, p. 7, CLIE, Barcelona, 2008.
23. Karl Barth, Op. Cit., p. 156.
24. Ibíd., p. 194.

d) Parte de las Sagradas Escrituras

La teología parte de las declaraciones esenciales de las sagradas Escrituras. Son las de mayor peso. Luego están las implicaciones directas, las implicaciones probables, las conclusiones inductivas como probabilidades y las formulaciones que resultan de este proceso. El estudio de la teología no ha de realizarse solamente con los escritos de los teólogos de ayer y hoy. No se debe quedar afincado solo en la historia de la teología, sino que, debe entrar en «el principal diálogo» cuyos actores son los protagonistas de los libros del Antiguo Testamento. Luego debe enfocarse en el «diálogo» central con Jesucristo, los apóstoles en el Nuevo Testamento donde alcanza el culmen la explicación de la fe dada una vez a los santos.

e) Es un diálogo con los teólogos de ayer y hoy

Ésta es la parte secundaria pero importante. Ningún teólogo puede partir de cero en el sentido estricto. No puede ignorar todo el conocimiento acumulado y expresado a lo largo de la historia de la iglesia y la teología cristianas. Es cierto que debe adentrarse con sumo cuidado e ir leyendo a los teólogos más sólidos, que han servido como puntos de referencia insoslayables. Pero no debe tenerlos como infalibles, permitiendo que sus opiniones apaguen la voz de las Escrituras. Muchos han resbalado al embelesarse con teólogos y teologías dudosas, resultando contaminados. No olvidemos la advertencia Paulina «Un poco de levadura leuda toda la masa». En este diálogo son importantes los teólogos paradigmáticos de todas las épocas: «El estudioso debe aceptar que se le den indirectamente las necesarias directrices y advertencias para el camino hacia la respuesta que él busca. Tales instrucciones secundarias se reciben de los teólogos del pasado remoto, del pasado reciente y de los inmediatos predecesores, a través del examen de sus exposiciones de exégesis bíblica y de la teología dogmática y de sus investigaciones históricas y prácticas»[25].

f) Es un estudio de la historia de la Iglesia y de las doctrinas

El buen teólogo estudia la historia de la iglesia y sus doctrinas. No tiene que ser necesariamente un especialista en la historia, pero si debe conocer los aspectos relevantes de los avances, las dinámicas de expansión, retrocesos, desviaciones, confusiones, cambios, trasformaciones, conflictos, reformas y contrarreformas de la iglesia. Paralelo a esto es importante el estudio del desarrollo de las doctrinas, que al final, se han pulido a base de

---

25. Ibíd., p. 202ss.

tanta reflexión, discusión y diálogo. Este estudio lo debe realizar el teólogo con el propósito de no cometer los mismos errores. Barth llama diálogo secundario a este estudio y lo considera como parte obligatoria de la tarea teológica: «Se trata de estudiar la historia de la iglesia, su vida teórica y práctica, sus acciones y confesiones de fe y por tanto, de su teología. Lo que está implicado en ello es el largo camino que el conocimiento cristianos -ese elemento fundamental de la vida comunitaria- emprendió y viene realizando desde los días de los profetas y de los apóstoles hasta el momento presente»[26].

g) El estudio de las doctrinas ortodoxas

El estudio teológico incluye todas aquellas doctrinas que se han tenido como antiguas, rectas y que se han transmitido desde la antigüedad hasta nuestros días. No puede darse por sentado, el hecho de que por ser antiguas son correctas. Toda doctrina enseñada y recibida debe someterse de nuevo al escrutinio de la palabra de Dios con el auxilio de la exégesis, la hermenéutica y los puntos de referencia no negociables que rescató la Reforma del siglo XVI. De ahí la importancia de que el buen teólogo, en su estudio, tenga un buen manejo instrumental de los idiomas en los que fue escrita la Biblia: el hebreo y el griego. Esto nos ayudará a revisar los caminos bíblicos y teológicos recorridos, haciendo eco del principio reformado *Ecclesia semper reformanda*[27], que exige e implica una actitud crítica ante las realidades eclesiales establecidas que pueden contener una desviación o una deformación. El propósito es impulsar una continua reformación de las formas y los contenidos de la vida eclesial. Así las cosas, es importante oír también las siguientes exhortaciones: «Ningún artículo o dogma del credo puede ser aceptado sin examen por la teología, tomándolo de la antigüedad, cada uno de ellos ha de ser medido, desde los comienzos mismos, contrastándolos con la Sagrada Escritura. Y en ninguna circunstancia la teología debe proceder a hacer suyas algunas proposiciones de fe, simplemente porque éstas son antiguas y se hallan muy difundidas y son famosas. La teología se halla comprometida seriamente con la búsqueda de la verdad, tendrá que renunciar a granjearse el renombre y la fama de ser una ortodoxia fiel a la tradición. No existe heterodoxia peor que esa ortodoxia. La teología no conoce y no practica más que una sola fidelidad»[28].

---

26. Ibíd., p. 207.
27. José Gómez-Heras, *Teología protestante, sistema e historia*, p. 63, BAC, Madrid, 1972.
28. Karl Barth, Op. Cit., *Introducción a la teología*, p. 67.

h) La importancia de las herramientas en el estudio

Si la teología patrística, con casi nada de recursos, hizo su mejor esfuerzo en la labor exegética, hermenéutica, bíblica, teológica y apologética; si los reformadores con más recursos, pero limitados, hicieron una extraordinaria labor que marcó para siempre la historia de la iglesia y la teología cristianas; el estudio teológico actual debiera ser más fructífero y acertado. Hoy el estudio se facilita muchísimo más, no solo por la distancia del tiempo, sino por tener acceso a la tecnología y a los recursos bibliográficos en cantidad, variedad y calidad, para adentrarse con holgura en el conocimiento de los idiomas bíblicos y teológicos. Nos debería dar vergüenza al ver las grandes obras de calidad que produjeron los teólogos de la época antigua con pocas herramientas de estudio, comparado con lo poco que se produce hoy en América Latina, eternizando pretextos: somos países subdesarrollados –complejo de inferioridad- estamos muy ocupados -síndrome de la agenda llena- tenemos que hacer de todo un poco, –síndrome contradictorio de la *especialidad en todología*. Es cierto que la mayoría de teólogos latinoamericanos son bivocacionales, pero muchos grandes y prolíficos teólogos del pasado lo fueron también; o quizás no nos hemos liberado del complejo que todo lo *made in Latinoamérica no sirve*. Esto no debería ser así.

5. El conocimiento

No estamos hablando del conocimiento, como posibilidad que tiene que ver con el escepticismo, el subjetivismo, relativismo, pragmatismo y criticismo. Tampoco nos referimos al conocimiento que se origina en la razón, la experiencia, o en la intelectualidad; ni al camino que conducen el buscar un realismo, un idealismo, un fenomenalismo[29], sino del conocimiento divino que se le conoce como acontecimiento espiritual que procede de Dios en Cristo por el Espíritu Santo testificado y plasmado en la Escritura.

a) No es buscar un mero conocimiento racional

Hemos de insistir en que la actividad teológica, en primer lugar, no consiste en un conocimiento que quiera satisfacer el intelecto, el alma, la razón, el ego como los paganos eruditos que se sienten satisfechos consigo mismos por dominar cierta área del conocimiento. El objetivo del conocimiento en teología es buscar magnificar la gloria de Dios, para beneficio

29. Johannes Hessen, *Teoría del conocimiento*, p. 75ss, Espasa-Calpe, Madrid, 1991.

de la iglesia, para dar respuestas a los hombres y al mundo. Barth con su singular estilo, nos habla de no perder de vista el objetivo del conocimiento en teología: «La meta de la labor teológica no es una gnosis que sirva únicamente para el placer intelectual y estético del teólogo. No es una gnosis de tipo especulativo y mitológico como la de los famosos y menos famosos herejes de los primeros siglos, tampoco es una gnosis histórico crítica como la del siglo XVIII, considerándose a sí misma como la única y verdadera ciencia teológica lo cual condujo a algunos al escepticismo y el ateísmo»[30].

b) El conocimiento propio de la teología

El progreso en el conocimiento teológico no depende del avance del conocimiento en los otros ámbitos del conocimiento humano. Hoy las universidades tienen facultades de muchas ciencias antiguas y recientes. Se han multiplicado. Pero funcionan de acuerdo a las leyes de su propio conocimiento. El conocimiento propio de la teología tampoco se da en proporción a circunstancias de la época actual. Es cierto que tiene que estar al día con una serena apertura a los desafíos que plantean dichas ciencias sobre la condición del hombre, el mundo, las realidades últimas, etcétera. La teología deberá responder desde el conocimiento propio, que parte de la Escritura y la revelación que tiene que se relaciona más con los aspectos de la auto-revelación de Dios, su creación, su amor, su gloria, su plan de salvación para la humanidad, la liberación del hombre del pecado, del sistema del mundo, del mundo espiritual maligno y de la muerte. También responderá cómo debe el hombre vivir aquí en la tierra en relación al mundo, a la familia, a la sociedad.

Hay que aclarar también que la teología no tiene nada que responder a cuestiones sobre los contenidos de las ciencias exactas, naturales, sociales, de la cultura o del espíritu, en cuanto que tiene sus propias leyes, contenidos y objeto de estudio. La teología conserva su capacidad al hacer uso de cualquier competencia humana, de percepción, juicio y lenguaje, sin estar ligada a cualquier epistemología presupuesta. En ese sentido se opone a la ortodoxia, a la neortodoxia. En su libertad hace un uso ecléctico de las capacidades humanas. A lo único que ella tiende es a la obediencia que le exige hoy y ahora su objeto, que es el Dios vivo en Jesucristo y en el poder vivificante del Espíritu Santo[31].

---

30. Karl Barth, Op. Cit., p. 216.
31. Ibíd., p. 212.

c) El conocimiento teológico y la tecnología

Aprovechemos la tecnología. Vivimos en un mundo globalizado, pero no esperemos tampoco que el desarrollo o crecimiento del conocimiento teológico va a avanzar por el hecho solo del gran avance de la tecnología. Es cierto que se hace necesario que la teología utilice toda la tecnología a su disposición, que debiera facilitar la investigación, la ubicación de información, de fondos bibliográficos, conectividad con el estado actual de la labor teológica en otras latitudes. Pero está comprobado que la tecnología por sí misma no incide en dicho progreso. Hoy estamos con meras repeticiones de teologías anteriores o con incipientes teologías, diluidas, de espaldas débiles y huesos artríticos. Es verdad que se han multiplicados los escritos, pero la mayoría están carentes de contenidos sólidos que conlleven a un crecimiento, a un auténtico desarrollo. En las últimas cinco décadas se dispone de más tecnología que en los seis mil años anteriores, pero vemos que no han surgido grandes escuelas del pensamiento teológico[32].

d) El conocimiento como sabiduría

Hemos afirmado que el conocimiento teológico viene, en primer lugar, como sabiduría y como revelación de Dios. Ésta es una sabiduría oculta que se desvela encubriéndose. A ésta se accede por medio de la fe, la oración, la guía del Espíritu y el estudio de la Escritura. No es una sabiduría popular que se refleja en los refranes que encierran verdades que se verifican de generación en generación. Tampoco es una sabiduría moralista y humanista, que muchas veces resulta contradictoria en la vida de quienes la promulgan. Por ejemplo, Sócrates, el tema único de su filosofía fue la moral, pero recomendaba la adivinación, el placer homosexual, la fornicación. Platón, discípulo de Sócrates, enseñó que era honorable mentir. Séneca, un brillante pensador moralista, toleró la fornicación, recomendó el suicidio y lo cometió. Catón reconocido como un hombre de virtud fue reo por prostitución, abogó por el suicidio y también se suicidó[33].

Esta sabiduría se refiere a la que viene del Espíritu Santo, la que guía a poner por obra la palabra de Dios. También es una declaración sabia dirigida por el Espíritu Santo a una situación o a un problema específico. No se refiere a la sabiduría que se necesita para el diario vivir, ésta viene de conocer los principios y valores de la palabra de Dios. No tiene que ver

32. Ibíd., p. 114.
33. Bynney- Steele, *Compendio de teología*, p. 11ss, CNP, Kansas, 1984.

con la sabiduría humanista, ni la diabólica. Es una sabiduría sobrenatural, como venida del cielo, para las situaciones y problemas concretos de la vida. Es un degustar anticipado de los poderes que han de manifestarse, de manera plena, en el establecimiento del reino de Dios.

El conocimiento teológico, como sabiduría, es semejante al cedro: alto, recto, frondoso, fuerte, preciado, con un aroma agradable, que da frescura, y una delicada fragancia al que se cobija bajo su sombra.

6. La esperanza

a) En la tarea teológica la esperanza es esencial

La esperanza bíblica no defrauda a la labor teológica. Es una esperanza singular que se fundamenta en el mensaje de la resurrección, el retorno de Jesucristo y la consumación de su reino. Nos hace avanzar en el camino de la fe aguardando con esperanza el cumplimiento pleno de lo prometido: «La esperanza bíblica y la esperanza cristiana, están, pues, fundadas en la fe. Es por eso que en los salmos la esperanza del orante se dirige siempre, una y otra vez, a Dios. La única esperanza es la que no se levanta de la propia vitalidad de los hombres y no pende de nada pasajero, sino que se pone en Dios y en él se funda»[34].

La esperanza bíblica trae paz y gozo aquietando, apagando los conatos de desesperación en medio de los grandes sufrimientos. Barth habla de la grandeza de esa esperanza: «Esto lleva a los hombres a una esperanza inmensamente gozosa, la esperanza que hace palidecer a todas la demás, la esperanza de la gloria de Dios… es la esperanza que no defrauda, ella tiene su nervio vital no en una competencia humana, sino en la meta que Dios le ha asignado y en el contenido dado con la meta»[35].

La esperanza está conectada a su objeto de estudio el cual es «el Dios de la esperanza» y a la máxima revelación de Dios: Cristo. En Él están cimentadas la iglesia y la doctrina cristianas. Él es la esperanza del cristiano: «… que es Cristo en ustedes, la esperanza de gloria» (Col. 1:27a). La labor teológica tendrá futuro mientras tenga la esperanza bíblica que nada tiene que ver con el concepto griego de esperanza que habla de anhelos e ilusiones puramente humanas: «Aristóteles puede afirmar, ciertamente, que la esperanza es un soñar despierto»[36]. La esperanza bíblica neo-testamentaria es esperanza de resurrección centrada en Jesucristo quien es la esperanza

34. Wholfhart Pannenberg, *Teología sistemática III*, p. 183ss, Upco, Madrid, 2007.

35. Karl Barth, *Carta a los romanos*, p. 265ss, BAC, España, 1988.

36. Jürgen Moltmann, *Teología de la esperanza*, p. 22, Sígueme, Salamanca, 1981,

(1 Timoteo 1:1, 1 Pedro 1:3), es la herencia de los creyentes de la vida eterna (Tito 3:7), es la bienaventurada y gloriosa manifestación de Jesucristo (Tito 2:13), es la esperanza de justicia (Gálatas 5:5).

Así la esperanza bíblica no avergüenza porque el amor de Dios ha sido derramado en nuestros corazones por medio del Espíritu Santo (Romanos 5:5). Nuestra verdadera esperanza de la vida no procede de los sentimientos de nuestra juventud, por bellos que éstos sean. Tampoco procede de las posibilidades objetivas de la historia, por ilimitadas que puedan ser. Nuestra verdadera esperanza de la vida es despertada y sostenida y finalmente cumplida por el misterio grande y divino, que está sobre nosotros y en nosotros y en torno a nosotros, más cerca nuestro de lo que nosotros mismos podemos estar. Nos encuentra como la gran promesa de nuestra vida en este mundo: ¡Nada pasará en vano –saldrá bien– al fin todo se volverá bueno! Nos encuentra asimismo en el llamamiento a la vida. «¡Yo vivo y vosotros también debéis vivir!»[37].

Moltmann, el autor del libro «Teología de la esperanza», catalogado como una de las exposiciones más pujantes e iluminadas de todos los tiempos, afirma que la esperanza es el fundamento del pensar teológico, de la correcta escatología aunada a presupuestos importantes de la fe cristiana y la historia: «Mucho más importante es mostrar que la esperanza constituye el fundamento y el resorte del pensar teológico en general, e introducir la perspectiva escatológica en los enunciados de la teología que hablan de la revelación de Dios, la resurrección de Jesucristo, la misión de la fe, y la historia»[38].

b) La esperanza es insustituible en la teología

Se ha hablado suficiente de la fe, y se ha relegado la esperanza a semejanza de la escatología que ha sido colocada como un apéndice de la teología sistemática «que solo tiene que ver con las cosas últimas» y trágicas, más que con la alegría de manifestación y la consumación del reino de Jesucristo. Pero la esperanza es insustituible en la labor teológica. Y tiene una función importante con relación a la fe.

Calvino ya hablaba de la importancia de la esperanza con relación a la fe. De cómo la esperanza es la expectación de lo que cree la fe y como la esperanza es quien fortalece y retroalimenta a la fe. «… La esperanza no es otra cosa sino una expectación de aquellas cosas que la fe cree

---

37. Jürgen Moltmann, *El Espíritu Santo y la teología de la vida*, p. 54, Sígueme, Salamanca, España, 2000.

38. Ibíd., p. 24.

indudablemente que Dios a su debido tiempo revelará la verdad. La fe cree que Dios es nuestro padre; la esperanza confía que siempre se ha de demostrar tal con nosotros. La fe cree que nos es dada la vida eterna; la esperanza espera que llegue el momento en que podamos gozar de ella. La fe es el fundamento en el que reposa la esperanza; la esperanza alimenta y sostiene la fe. Porque como nadie puede esperar cosa alguna de Dios, si antes no ha creído en sus promesas, de la misma manera es necesario que la fragilidad de nuestra fe sea mantenida y sustentada esperando pacientemente, a fin de que no desfallezca»[39].

Incluso, Moltmann, afirma que la esperanza es de orden primario aunque la fe precede a la esperanza: «... En la vida cristiana la fe posee el prius, pero la esperanza tiene la primacía. Sin el conocimiento de la fe, fundado en Cristo, la esperanza se convierte en utopía. Pero sin la esperanza, la fe decae, se transforma en pusilanimidad y, por fin, en fe muerta: Mediante la fe encuentra el hombre la senda de la verdadera vida, pero solo la esperanza le mantiene en esa senda. Así la fe en Cristo transforma la esperanza en confianza. Y la esperanza dilata la fe en Cristo y la introduce en la vida»[40].

Aunque el mundo se encuentre en una situación de desengaño, casi que entrando en la angustia y la desesperación, buscando soluciones en todas partes, Jesucristo sigue siendo la única respuesta y la verdadera esperanza: «pero Cristo es factor que interrumpe y cambia todos los cálculos: la realidad de Dios es la que de hecho nos sostiene a todos nosotros»[41].

7. El amor

La teología no funciona con los tipos de amor que conocían y enseñaban los griegos: *erao* el amor que acontece cuando hay una relación egoísta meramente carnal; *latreúo* el amor a los dioses; *sofíazo* el amor al conocimiento; *onomazo* el amor por puro interés y conveniencia personal; *logíazo* el amor por parentesco; *storge* el amor instintivo; *fileo* es un amor condicional de respeto y cariño, es una respuesta humana a algo que se ha encontrado muy agradable. Conocido como *amor fraternal*, de amistad, de cariño y de respeto recíproco. El amor *fileo* se da de manera única entre iguales, entre los que tienen la misma clase social, la misma posición económica, los del mismo grupo, los de la misma iglesia. Este

39. Juan Calvino, *Institución de la religión cristiana*, Vol. I, p. 445, FELíRé, Países bajos, 1986.

40. Jürgen Moltmann, Óp. Cit., p. 26.

41. Jürgen Moltmann, *Teología política ética política*, p. 142, Sígueme, Salamanca, 1987.

amor también cambia cuando cambia las circunstancias y las posiciones sociales, económicas [42].

El conocimiento teológico bebe y se nutre del amor *agapao*, el amor verdadero. El amor de Dios que nos amó primero. Ese amor es el que nos trae el «conocer a Dios». No es el amor que asciende hacia Dios, en el sentido platónico-agustiniano, sino es el amor que desciende, con Dios en Cristo hacia el mundo[43].

El amor ágape es el amor de Dios expresado y demostrado a la humanidad en la entrega de Cristo Jesús. Procede de dos raíces: *ag* que significa *yo* y *pao* que significa clavar un puñal, «morir, dejar de ser». Es decir, dejar de ser para que otro sea. La distinción de este amor frente a los tipos de amor es el sacrificio incondicional en beneficio del otro[44].

El conocimiento teológico que entiende los misterios, sin ágape nada es: «Y si tuviese profecía y entendiese todos los misterios y toda ciencia... y no tengo amor nada soy» (1 Corintios 13:2). La teología y la práctica de misericordia que ayuda a los enfermos y los necesitados sin el ágape de Dios serviría para nada, caería en un filantropismo vacío: «Y si repartiese todos mis bienes para dar de comer a los pobres, y si entregase mi cuerpo para ser quemado y no tengo amor, de nada me sirve» (1 Corintios 13:3).

La teología acabará un día, pero el amor nunca dejará de ser. Por eso lo que debe motivarnos para hacer teología es el amor a Dios, la exaltación de su gloria, el amor a la iglesia y el amor a los hombres perdidos. En la teología son importantes la fe, la esperanza y el amor, pero la fe y la esperanza no serán necesarias un día, cuando se manifieste nuestro Señor Jesucristo en la consumación del reino, el ágape es el que permanecerá para siempre.

Otro detalle interesante es que en ninguna parte de la Escritura dice que Dios es fe o que Dios es esperanza, pero si dice que Dios es amor. La teología entonces debe estar cimentada, construida, sostenida y adornada por el amor de Dios en Cristo. El amor de Dios es la fuerza más poderosa que existe, es más grande que el universo, más potente que la bomba atómica, más enérgico que la vida y que la muerte. Si, el amor edifica, pero el conocimiento, por sí solo, conduce a la vanidad y por lo tanto a la destrucción. El amor ágape y filial son la objetividad de la labor teológica lo cual la hace una ciencia modesta, libre, crítica y feliz[45].

---

42. Yattency Bonilla, *Cristo y el cristianismo dos grandes enemigos*, p. 113ss, Grupo el valle, Ecuador, 2007. Véase para mayor precisión y explicación de cada uno de estos conceptos.

43. Wholfhart Pannenberg, *Teología sistemática III*, p. 194, Upco, Madrid, 2007.

44. Yattency Bonilla, Op. Cit., p. 114.

45. Bynney- Steele, Op. Cit., p. 41.

La naturaleza de Dios es amor. Por ese amor es que Dios conoce y la teología conoce «así como por espejo». La teología que busca el conocimiento de Dios, en última instancia se convierte en amor: «El que no ama, no ha conocido a Dios; porque Dios es amor» (1 Juan 4:8). Dios no tiene amor, es amor. En toda la Biblia vemos que a Dios le interesa el hombre y la razón es que Dios es amor. Si Dios no lo amara, no le interesaría salvarlo. La salvación acontece porque el hombre pecó, pero también porque Dios amó. La teología existe porque se dan estos dos elementos: el pecado y el amor. Son dos hechos ineludibles. Si uno de los dos no estuviera, quedaría anulada la salvación. Si quedará únicamente el pecado, habría muerte. Si hubiera solo amor, no habría justicia. Dios tiene amor y el hombre tiene pecado. Pero el amor de Dios es más fuerte que el pecado y lo ha vencido en la muerte de su hijo Jesucristo nuestro Señor.

Es necesario que la teología destaque el amor de Dios porque es una de las mayores revelaciones que descubrimos en la palabra de Dios. De manera general, el hombre tiene un concepto errado de quién y qué es Dios. Muchas personas piensan que Dios es severo. Es como un juez que está presto para alzar la mano y castigar al que ha pecado. Y dicen frases como estas: «Si Dios fuera bueno no habría tanta maldad, tanta hambre», «Dios es injusto puesto que unos tienen más que otros», «Unos sufren más que otros», «Dios se deleita en hacernos sufrir». Hay quienes creen que Dios es neutral, ni bueno ni malo: «Él solo nos creó, pero luego nos dejó por nuestro propio camino». Quizá los hombres piensen así porque al hombre le cuesta amar. Es más fácil para él odiar. En verdad, todos estos que expresan que en Dios hay desamor, no conocen la palabra de Dios, no saben que es lo qué dice Dios para ellos, qué piensa de ellos, cuál es la intención para con ellos, en fin, desconocen el amor de Dios.

La teología bíblica no habla únicamente de que Dios es amor. Esta habla, además, que Dios ama al hombre y que Él ha expresado este amor. Estos tres aspectos les he llamado los tres niveles del amor de Dios. El primero habla de la esencia de Dios: Dios es amor. El segundo del sentimiento de Dios: Dios ama al hombre. El tercero de la acción concreta de Dios en la que demuestra su amor: «... Porque de tal manera amó Dios al mundo que entregó a su hijo unigénito... «(Juan 3:16a).

En la primera carta de Juan 4:16, vuelve a decir que Dios es amor: «Dios es amor; y el que permanece en amor, permanece en Dios, y Dios en él.» Este es el primer nivel. Cuando el texto sagrado dice que Dios es amor, significa que el ser, la esencia, la naturaleza de Dios es amor. En Él no cabe ni una pizca de odio. Es imposible para él tener o mostrar odio. De manera justa, él no puede. Si Él tuviera odio, entonces Él sería un pecador. En otras palabras, cuando hablamos de que Dios es amor, hablamos de un sustantivo y un verbo, no de un adjetivo. No decimos «Dios es amoroso». ¡No!

Él «es» no «tiene». Aunque el hombre lo ignore, lo insulte, lo desprecie, lo crea inexistente, Dios sigue siendo amor.

El segundo nivel nos habla de que «Dios ama al hombre». En la primera carta de Juan 4:16, en la primera parte, nos habla del amor expresado: «Y nosotros hemos conocido y creído el amor que Dios tiene para nosotros...» Si Dios es amor, pero si no lo sintiera y lo expresara al hombre pecador, sería un amor egoísta, un amor eros, que no tendría salida. Sería un amor para él mismo y por él mismo, entonces Dios sería un pecador.

Si la esencia de Dios es amor no puede comportarse de otra manera distinta de su esencia. El texto que hemos leído nos confirma que Dios ama al hombre. Y si Él lo dice es cierto. Él no podría quedarse tranquilo si no amara al hombre, que es el objeto de su amor.

El tercer nivel del amor de Dios completa el ciclo. Es la acción concreta del amor de Dios. Romanos 5:8 nos habla de esta demostración de su amor: «Más Dios muestra su amor para con nosotros, en que siendo aún pecadores, Cristo murió por nosotros.» Eso es amor, no teoría del amor. Dios es amor, lo siente y lo expresa, pero se lo demuestra al hombre indigente de salvación. Esta es la perfección del amor de Dios. El amor se expresa en acciones específicas. La teología que no se fundamenta sobre el amor es conocimiento que envanece. Dios en Cristo nos ha dado el ejemplo del amor ágape. Así el teólogo y su teología son convocados para que sigan sus huellas y sientan el amor ágape, lo expresen y lo demuestren a Dios, al prójimo, al mundo, a la iglesia, incluyendo a los enemigos.

Es interesante que en el ámbito del matrimonio, el Señor haga un llamado a los cónyuges a que vivan en el amor ágape: "Esposos, amen a sus esposas, así como Cristo amó a la iglesia y se entregó por ella«(Efesios 5:25, NVI). En este pasaje la palabra griega traducida por amor es el ágape, el amor sacrificial completo. El esposo debe amar a su mujer de esa manera. Así el matrimonio es un ámbito en el que se debe practicar el amor que no cambia. Si el cónyuge dice que ama, pero cree que no es necesario decírselo con palabras a su cónyuge, está equivocado. El cónyuge con razón diría: Sé que me ama pero «nunca me dice que me ama». Puede ser que el esposo sienta amor por su esposa y se lo diga, pero que no se lo demuestres con acciones, tampoco es un amor genuino. No ha alcanzado madurez. El cónyuge diría: él siempre me dice que me ama, pero nunca me dedica tiempo, no me compra lo que necesito, no salimos juntos, no compartimos en familia. El esposo tiene que tener amor en él, debe decirlo con palabras y demostrarlo con hechos.

Así las cosas, la razón de toda erudición debiera ser la gloria de Dios, nuestro amor hacia él y hacia el prójimo. Los trabajos académicos que carecen de referencia al amor de Dios y que no se convierten en una demostración del amor de Dios al prójimo, resultan en un despojar la razón de ser de la vocación teológica.

Su amor no es un sentimiento dentro de él es una expresión y una demostración. Este amor ha originado la misión de la iglesia. Y nosotros como iglesia tenemos que dar a conocer el amor de Dios en Cristo. Y para eso tenemos que tenerlo y expresarlo al hombre necesitado. La misión de la iglesia no puede llevarse a cabo sin el amor de Dios. Este es el fundamento de todo. La teología debe consumarse en el amor ágape.

Todo saber debe rendirse en amor a Dios: «Todas las ramas del aprendizaje existen en última instancia a efectos de conocer a Dios, amar a Dios y amar al hombre por medio de Jesús, ya que amar al hombre significa, a fin de cuentas, ayudarlo a ver y a deleitarse en Dios por medio de Cristo para siempre, es profundamente correcto decir que todo pensamiento, todo aprendizaje, toda educación y toda investigación son para conocer a Dios, amarlo y mostrarlo»[46].

Así que el amor en la labor teológica es el amor cristiano, pues éste es el que da, es el que causa más dicha en dar que en recibir. Por el contrario el amor meramente humano es un eros, que recibe y se deleita solamente en recibir: «Allí donde se ama, allí tiene Dios puesta su cabaña en medio de los pecadores. Quien en verdad ama es sin duda una persona alegre»[47].

46. John Piper, *Piense, la vida intelectual y el amor de Dios*, p. 183, Tyndale House Publishers, Illinois, 2011.

47. Karl Barth, *Instantes*, textos para la reflexión escogidos por Eberhard Busch, p. 88, Sal Terrae, Santander, 2005.

VI
La vulnerabilidad de la teología

Debido a la naturaleza de la teología, el objeto de su estudio, su misión en la búsqueda de la verdad, las implicaciones eternas, la contracultura del reino, la teología y los teólogos están expuestos a la fragilidad inherente. De manera externa, son las pruebas de fuego y la opresión satánica que intentan destruirla o debilitarla.

También es vulnerable a la soledad, al abandono, a la incomprensión humana, académica y aún cristiana. Es un blanco fácil para el rechazo, el ataque y el desprecio mundano con su sistema y sus deseos. No se puede evitar el correr esos riesgos. No se puede esperar menos porque está escrito que el peregrinaje cristiano y teológico tienen que enfrentarse contra las huestes espirituales de maldad, con el sufrimiento y aborrecimiento del mundo; porque no somos del mundo, aunque estamos en el mundo.

Jesús hablando a sus discípulos del sufrimiento que padecerían les dijo: «Estas cosas os he hablado para que en mí tengáis paz. En el mundo tendréis aflicción; pero confiad, yo he vencido al mundo» (Juan 16:33).

Si Jesucristo hizo muchos bienes y sufrió soledad, abandono e incomprensión por parte de los religiosos, rechazo de su nación, indiferencia de su familia y de sus discípulos, lo harán con los teólogos. Si sufrió ataque por el sistema religioso, político y mundano, la teología y los teólogos verdaderos también sufrirán. Jesucristo murió crucificado, el apóstol y teólogo Pablo, según la tradición, murió decapitado. Otros tantos teólogos sufrieron destierro, persecución y martirio. Algunos fueron echados a los leones, otros fueron quemados vivos en la hoguera, como Juan Huss, otros perseguidos como Lutero, otros desterrados como Barth, algunos fueron arrestados, encarcelados y finalmente colgados como Bonhoeffer. Así, la teología y los teólogos están y estarán expuestos a toda clase de sufrimiento.

Existen otros riesgos menores en apariencia, pero no menos peligrosos. El teólogo corre el riesgo, pese a sus mejores esfuerzos, de caer en desviaciones, errores, crisis e incluso malas teologías. Pese a todas las vicisitudes y flaquezas de la teología, vale la pena emprender una de la más nobles, honrosas, útiles y bellas de las tareas a las que un mortal puede ser llamado: emprender el camino hacia el conocimiento de Dios.

Es necesario estar conscientes de la vulnerabilidad de la teología. Uno de los teólogos que más reconoce honestamente dicha vulnerabilidad es Barth. Quizás se deba, de modo justo y preciso, a su apasionada búsqueda de la verdad teológica en medio de las aguas turbulentas de la teología liberal, las utopías de la teoría del progreso que se derrumba a causa de la catastrófica segunda guerra mundial. Además, su peregrinaje teológico, su intensa labor teológica plasmada en su densa y magna obra: la dogmática de la Iglesia y otros escritos importantes de menor extensión, le hacen ver una perspectiva más real del alcance de la teología, sus limitaciones y su vulnerabilidad. Se cumple la verdad que «entre más sabemos, más nos percatamos cuanto desconocemos». Que se estudia no solo para saber más, sino para ignorar menos.

En cuanto a esas limitaciones y fragilidades Barth expone: «La teología camina a tientas, en gran medida, en medio de la oscuridad, contando únicamente con un conocimiento gradual, variable y parcial. No obstante, incluso un conocimiento limitado puede proporcionar, como una mirada a través del ojo de una cerradura, una visión de las riquezas de la gloria de Dios, que se halla reflejada en la totalidad del testimonio bíblico»[48]. Agrega que la teología siempre será transitoria e inconclusa. Será un conocer inacabado y cita el conocido pasaje de 1 Corintios 13.12. «Ahora vemos por espejo, oscuramente; mas entonces veremos cara a cara. Ahora conozco en parte; pero entonces conoceré como fui conocido». La teología no puede llegar a ser un asunto consumado aquí y ahora. No pueden agotarse las aguas vivas y profundas de su conocimiento especial que se deriva de su objeto de estudio que es inconmensurable. El carácter de la teología sigue siendo fragmentario, es un conocer parcialmente[49].

José Grau también tiene en la mira las limitaciones y la vulnerabilidad de la teología. Cita a Wescott: «La teología es una aproximación progresiva y parcial, de la expresión intelectual de la verdad manifestada a los hombres» y en seguida cita al profesor Kevan: «la finitud del entendimiento humano: Job 11:7 ¿Descubrirás tu los secretos de Dios? ¿Llegarás tú a la perfección del Todopoderoso?»; Romanos 11: 33 «¡Oh profundidad de las riquezas de la sabiduría y la ciencia de Dios! ¡Cuán insondables son sus juicios, e inescrutables sus caminos!» No podemos saberlo todo[50].

La teología es finita y su objeto de estudio es infinito. La teología participa de carne y sangre. Todos los procesos de reflexión que se aproximan

---

48. Karl Barth, *Introducción a la teología evangélica*, p. 66, Sígueme, Madrid, 2006.

49. Karl Barth, Op. Cit., p. 150.

50. José Grau, *Introducción a la teología, revelación, palabra, y autoridad*, p. 49, CLIE, Barcelona, 1990.

a la revelación de la grandeza y la inconmensurable gloria y conocimiento de Dios son, por lo tanto, finitos. Alfaro afirma que «... la teología está limitada no solo en sentido cuantitativo, sino también en el cualitativo... la teología podría seguir hablando de Dios con frescura durante miles de años sin agotar en nada la riqueza de Dios»[51].

Los santos teólogos, en toda su vida, tendrán conocimiento certero, pero muy poco, comparado con la extensión y dimensión del pleno conocimiento de Dios. Uno puede tener en un recipiente agua de mar, y es claro que nos da conocimiento cierto del principal componente del mar, pero eso no equivale al conocimiento de las profundidades y realidades del mar. La teología cristiana con más de dos mil años, tiene certeza sobre conocimientos fundamentales de la revelación de Dios y las doctrinas más importantes del plan salvífico, pero todavía sigue teniendo puntos ciegos y espacios en claroscuro, por lo que continúan los debates de cierta importancia, pero también continúan los debates bizantinos dentro de las mismas posturas teológicas. Y no terminarán hasta que venga lo perfecto.

Es más, los mismos ángeles no tienen el conocimiento total de Dios, en cuanto que es inagotable, además son criaturas, no el creador. Si Luzbel hubiera tenido el pleno y total conocimiento de Dios, no se hubiera levantado en rebelión. Sin más, Dios Espíritu Santo, y Jesucristo, el Dios hecho hombre, el Hijo obediente, conocen perfectamente, en su interrelación intra-trinitaria a Dios Padre. Con razón muchos teólogos han afirmado que podemos conocer únicamente de Dios, lo que Dios mismo ha dado a conocer. Sí, pero aún ese conocimiento que es accesible desde la sabiduría y revelación de Dios en primer lugar, luego por medio de los estatutos epistemológicos de la teología propios de una investigación sistemática, no nos bastarían cien años de vida para aprehenderlo y comprenderlo. A la conclusión que llegamos es que tenemos conocimiento certero a semejanza del rayo de luz que entra por la ventana y que nos hacer ver las partículas de polvo que pululan en nuestra habitación. Pero nada más.

1. Los ataques contra la teología

Los ataques contra la teología son diversos. Algunos son directos y arrogantes: pastores que abiertamente desde el púlpito advierten a sus fieles el peligro de estudiar teología asegurando que los va a «enfriar espiritualmente», si no es que los va a matar; que «no vayan a los seminarios teológicos porque son cementerios». Otros afirman que la teología es anti-fe

---

51. Gerardo Alfaro, *¿Cómo hacer teología evangélica? Preliminares de un método teológico evangélico, en teología evangélica para el contexto latinoamericano*, p. 59, Kairós, Buenos Aires, 2004.

y lo único que provoca es la duda, «la teología y la espiritualidad son incompatibles». Otros ataques son indirectos: «la teología no es necesaria para los hombres que Dios más usa»; «estudiar teología es bueno, pero no necesario». También acontecen los ataques solapados y astutos: «la teología es buena», dicen, pero no la estudian y tampoco la promueven. Muestran buena cara a la teología y a sus estudiosos, sin embargo en su corazón está ausente.

Otros señalan que la teología es incompetente para ocuparse del contenido y del estudio que ha escogido, de los cuales tendría que ser intérprete, en todo caso, de segunda o tercera categoría[52]. Estos ataques contra la teología provienen de círculos intelectuales que desconocen la verdad de Jesucristo, que hace verdaderamente libres a quienes la reciben. En otros casos, se origina de lo que José Grau llama una especie de indecencia de manera justa y pertinente. «… procede del libertinaje intelectual que no quiere someterse a fronteras, es decir, a los límites que impone todo sistema bíblico completo»[53]. También se da porque los mismos que atacan, no han podido tener, por cualquier razón, una formación teológica seria. Y a menos que haya humildad, ninguno de ellos va hablar mal de su casa aunque se les esté cayendo. Recordemos que la cabeza piensa desde donde pisan los pies.

Roldán señala otra clase de ataques más sarcásticos: «Para muchos, la teología es una tarea de quienes les sobra el tiempo… Para otros, la teología constituye una especie de hobby o entretenimiento propio de quienes no toman la vida cristiana demasiado en serio»[54].

Filósofos y otros críticos de la teología han cuestionado si Dios realmente actúa y habla en la historia de Jesús de Nazaret, de Israel, de la Iglesia y de la propia teología. David Strauss afirmaba que la doctrina del testimonio del Espíritu Santo es el talón de Aquiles de la teología protestante. Creo que a Strauss el Espíritu Santo no le daba ningún testimonio porque no había nacido de nuevo. Para algunos, sin embargo, esta doctrina sigue en debate, poniéndola en duda. Pese a que es una doctrina cardinal en la teología de Calvino, de las Sagradas Escrituras, la cual nos asegura la existencia de Dios, su actividad y sus palabras anunciadas a través de esa historia[55]. Los creyentes genuinos damos fe que el Espíritu nos da testimonio que somos hijos de Dios (Romanos 8:16).

---

52. L. Berkhof, *Introducción a la teología sistemática*, p. 37, The Evangelical Literature, Grand Rapids, 1982.

53. José Grau, *Introducción a la teología*, p. 18, CLIE, Barcelona, 1973.

54. Alberto Roldan. Op. Cit., p. 63.

55. Ibíd., p 148.

Barth menciona otros tipos de ataques: «La teología recibe ataque desde afuera, desde adentro y desde arriba, el ataque desde afuera es la soledad, el ataque desde adentro es la duda, y el ataque desde arriba es Dios mismo. En este último caso para Dios toda nuestra teología puede ser al final solamente heno, hojarasca o paja»[56].

Este último tipo de ataque es al que debemos temer, los anteriores ataques descritos lanzados por los hombres no tienen conocimiento de causa y ni de corazón. El Señor sí. Pesa los espíritus y los corazones. Conoce lo más íntimo de nuestro ser. Ante él estamos descubiertos.

Los ataques le vienen a la teología por todos lados, como lluvia y granizo, pero a pesar de todo, por la pura gracia de Dios, hoy sigue de pie.

2. El desprecio por la teología

Resulta insólita e imprecisa, para la mayoría de personas, la cuestión de la teología, sus temas, sus contenidos y quienes, de alguna manera, se involucran en ella: «Al espíritu menos observador le es conocida la extrañeza que la palabra teología provoca en la inmensa mayoría de nuestros contemporáneos. Si alguien afirma ser estudiante o profesor de teología no se hace esperar la reacción inquisitiva de los oyentes... ¿Qué es eso? ¿De qué se trata?[57].

Los teólogos, casi sin excepción, nos hemos encontrado en una situación embarazosa cuando intercambiamos información con otras personas acerca de nuestra vocación. Aun en el ámbito profesional, con sorpresa, para nosotros y para nuestros interlocutores, observamos la reacción de confusión y desasosiego o miradas perdidas de escepticismo, cuando sale a colación que somos teólogos. En esta línea, Rubén Alves cuenta sus experiencias, que son frecuentes, con relación al desconcierto que causa en las personas la profesión de teólogo: «¿Mi profesión?... soy teólogo. No, el señor no me oyó bien. No soy geólogo. Teólogo. Eso mismo... No es necesario disimular el espanto puesto que yo mismo me espanto, frecuentemente. Ni esconder la sonrisa. Yo comprendo. Tampoco es necesario pedir disculpas. Sé que su intención fue buena. Preguntó por mi profesión solo para iniciar una conversación. El viaje es largo. Es fácil hablar sobre profesiones. Todo habría andado bien si mi profesión fuese una de las que conoce todo el mundo. Si yo hubiese dicho dentista, médico, mecánico, agente fúnebre, estaríamos ya en medio de una animada charla. De la profesión

---

56. Karl Barth, *Introducción a la teología evangélica*, p. 159, Sígueme, Salamanca, 2006.

57. Felicísimo Martínez, *Teología latinoamericana y teología europea*, p. 9, Paulinas, Madrid, 1989.

pasaríamos a la crisis económica, de la crisis económica saltaríamos hacia la política y el mundo sería nuestro…»[58].

Padilla capta el sentir, de la mayoría de evangélicos latinoamericanos, en un apartado titulado: ¿Para qué sirve la teología? No sin antes aclarar que los teólogos son culpables, en buena medida, de esas actitudes reacias. Con relación al desinterés y el menosprecio de la teología escribe: «Relativamente pocos evangélicos latinoamericanos consideran que la reflexión teológica es indispensable para la vida y misión de la iglesia. La idea que prima entre nosotros es que la teología es un mero pasatiempo de intelectuales. Un ejercicio mental que distrae la atención de una élite que no tiene interés en los aspectos prácticos de la obra. Un juego efímero, inútil»[59].

El desprecio por la teología ha sido una constante a partir del periodo de la ilustración. Se han multiplicado los impulsos anti-intelectualistas, que al final resultan pocos serviciales en la misión de la iglesia. Dentro de estos impulsos se encuentran el pragmatismo y el subjetivismo. El primero afirma que el pensamiento es útil, de manera justa, como medio para hacer que las cosas funcionen. El segundo afirma que el pensamiento sirve como medio para justificar los deseos subjetivos[60].

También ha existido una tradición anti intelectualista. Uno de los que pertenecen a esa tradición, que la ha defendido a capa y espada es Charles Finney. Su posición férrea está, de manera total, en contra de los ministros que estudian teología. Se suma Peter Catwrigt el incansable líder metodista que escribe: «los analfabetos predicadores metodistas en realidad prendieron fuego al mundo (al mundo estadounidense por lo menos) ¡cuando estaban encendiendo los fósforos!… No subestimo la educación, pero en realidad he visto a tantos de estos predicadores instruidos que me hacen recordar a la lechuga que crece a la sombra de un duraznero, o a un ansarino que se ha despatarrado por caminar en el rocío, que me alejo enfermo y mareado… ¡Qué ha hecho por el bien del mundo el clero instruido que ha estudiado la divinidad como una ciencia!». También Moody denigró a la teología formal, al responder irónicamente, cuando se le preguntó cuál era su teología, él dijo: «¡Mi teología! no sabía que tenía alguna, ojalá usted me dijera cuál es mi teología»[61].

---

58. Rubem Alves, *La teología como juego*, p. 9, Ed. La Aurora, Buenos Aires, 1982, en Alberto Roldan Óp. Cit. p. 25.

59. René Padilla, *Discipulado y misión, compromiso con el reino de Dios*, p. 13, Kairós, Buenos Aires, 1997.

60. John Piper, *Piense, la vida intelectual y el amor de Dios*, p. 116, Tyndale House Publishers, Illinois, 2011.

61. Ibíd., p. 118ss.

En el siglo IX el pastor George Ripley, acusó a la lógica, al pensamiento y al estudio formal de inútiles, pues, según él, no son efectivos en la batalla contra pecado, en la práctica de la piedad cristiana y en el procedo de santificación. Él afirmó: «La lógica puede detectar el error, pero no puede dar siquiera un vistazo de la gloria de Dios» (2 Corintios 4:4). Agrega: «La lógica puede refutar las falacias, pero no puede vincular al corazón con el amor por la santidad»[62].

Es inconcebible que a estas alturas, dirigentes de la iglesia, apóstoles, profetas, pastores, miembros activos de iglesias locales predicadores, consejeros y apologetas, se les oiga decir, con buen humor y también con un poco de repulsa, que la teología después de todo no es asunto suyo. Expresiones como «yo soy un siervo de Dios no un teólogo»; «El pastor y el cristiano no deben perder su tiempo en teologizar su ministerio»; «No soy un teólogo, yo soy un administrador». Estas perspectivas no son pertinentes en cuanto que la teología presta servicio a la comunidad, a la sociedad y al mundo por medio de ellos. No pueden estar exentos de la responsabilidad de forjar el conocimiento en el fuego de la sana teología. Y si han logrado formación teológica no están autorizados moralmente a que se olviden de ésta por causa de su servicio práctico. No es un acto digno el dejar atrás la teología como la mariposa abandona su existencia de oruga.

La vida cristiana y ministerial «debe forjarse incesantemente sobre el fuego de la verdad». De lo contrario en ningún caso y en ningún momento podrá ser un testimonio sustancial, responsable, y por consiguiente fidedigno. La teología no puede ser encomendada alegremente a otros por cualquiera que no esté vinculado[67].

Hay quienes piensan que la teología es innecesaria. Que no ocasiona algún problema el prescindir de ella. Grau afirma que la misma teología responde a aquellos que piensan de esa manera: «Si todos los sistemas teológicos fueran destruidos hoy, mañana se levantarían otros en su lugar... podemos comprobar que aquellos que desprecian a la teología, se han hecho, ellos mismos, una teología para su gusto, una teología que generalmente, es bien pobre y confusa»[64].

Aunque la teología en este siglo ha tomado cierta notoriedad, haciendo presencia en muchas escuelas, en seminarios y en facultades universitarias, como lo demostramos en otro apartado, a pocos les importa: «Hoy la teología no le interesa a nadie. He aquí el problema que abordaremos impúdicamente. Se trata de indagar acerca de las causas por

---

62. Ibíd., p. 123.

63. Karl Barth, *Introducción a la teología evangélica*, p. 61, Sígueme, Salamanca, 2006.

64. José Grau, *Introducción a la teología*, p. 18, CLIE, Barcelona, 1973.

las cuales se da el fenómeno de que los teólogos producen algo que, a primera vista, no le interesa a nadie o, para evitar dramatismos, le interesa a muy pocos[65].

Algunos han apostado que la teología no logrará reconocimiento de otras ramas del conocimiento. No habrá ni siquiera una tan pobre que la respete y le muestre reverencia. Incluso la mayoría de personas creyentes participan del desprecio que los hombres de ciencia sienten por la teología[66].

A pesar de la falta de interés o la burla hacia la teología, hoy es más necesario que nunca que produzcamos buena teología. Solo así se garantizará el seguir construyendo una iglesia fuerte con doctrinas sólidas, capaz de soportar cualquier embate. Sigamos el consejo antiguo, pero no anticuado, de un buen predicador y un buen teólogo: «Sed bien instruidos en teología, y no hagáis caso del desprecio de los que se burlan de ella porque la ignoran. Muchos predicadores no son teólogos. Y de ello proceden los errores que cometen. En nada puede perjudicar al más dinámico evangelista el ser también un teólogo sano, y a menudo puede ser el medio que le salve de cometer enormes disparates»[67].

Hay que reconocer, con honestidad, que muchas de las sospechas que ha despertado la teología, en los que la critican, tienen algo de razón. En la historia de la teología se encuentran registros de nefastas desviaciones, teorías teológicas racionalistas, proliferación de herejías, mezclas tóxicas de filosofía, sociología, antropología y teología. Éstas han hecho más daño que bien a la iglesia, al ministerio de la enseñanza, de la evangelización y la extensión del reino de Jesucristo. Es necesario que, con coraje, nos sacudamos las partículas de estas malas teologías como Pablo se sacudió rápidamente la serpiente que le prendió la mano y retomemos el camino de las sendas antiguas, volviendo *ad fontes* y bebamos de la sana teología.

3. Las crisis de la teología

Las crisis de la teología comienzan adentro. Ese principio se demuestra en la crisis que ocasionó la derrota del pueblo de Israel al perder una batalla contra una ciudad y un ejército frágiles, después de haber vencido a una ciudad grande y a un ejército más fuerte. La causa fue el pecado de Acán. Pese a la prohibición divina que nadie tomara nada del pueblo

65. David Roldán, *La teología: ¿una profesión en vías de extinción?*, p. 1, en *Teología y cultura*, año 3, vol. 5, 2006.

66. L. Berkhof, *Introducción a la teología sistemática*, p. 37, The Evangelical Literature, Grand Rapids, 1982.

67. Charles Spurgeon, *Un ministerio ideal I*, p. 39, El Estandarte de la Verdad, Barcelona, 1993.

conquistado anteriormente, Acán escondió, y tomó para sí, un lingote de oro y un manto babilónico. Por eso el Señor hizo que perdieran la siguiente batalla. Esto muestra que la causa de la derrota del ejército Israelita fue interna. De igual manera las crisis de la teología no son exógenas, sino endógenas.

Las crisis de la teología se han dado a lo largo de su historia. El rasgo distintivo es que las crisis se han originado desde adentro en la teología. La misma iglesia del principio y su teología tuvo una serie de crisis doctrinales, morales, de liderazgo, de testimonio. Una de esas crisis doctrinales fue tratada en el Concilio de Jerusalén descrito en el libro de los Hechos capítulo 15. Pablo, el apóstol, en sus cartas reprende una y otra vez, exhorta, motiva, a hacer las correcciones necesarias a las iglesias locales.

Más adelante, la llamada «gran crisis de la fe cristiana, y también de la teología cristiana en el siglo XVII no sucede por el modernismo incipiente, el absolutismo del estado, sino por la división y oposición de las tres confesiones cristianas, sellada oficial y demostrativamente en la Paz de Westfalia, representaba la pretensión de cada una de ellas de ofrecer en exclusiva la revelación, relativizando así las pretensiones de las demás»[68].

Otra de las crisis que ha afectado a la teología en ciertas épocas, y creo que la nuestra no es la excepción, es que no se muestra como una opción atractiva y relevante frente al mundo secularizado. No tiene la fuerza del espíritu y la convicción certera para contrarrestar la avalancha del pensamiento humanista, las propuestas de las religiones y las sectas. No hay presencia para con el mundo. Opciones seculares abundan: el humanismo que hace del ser humano el objeto de más alto valor, el hedonismo, el adonismo, el sensualismo, el materialismo, el consumismo, el arribismo, el intelectualismo, etc., a todas estas opciones no les interesa saber nada acerca de los asuntos divinos y espirituales. Es un hecho que «otras religiones compiten ahora con el cristianismo, incluso supuestamente aseguran la civilización occidental... La religión oriental está ahora también desafiando al que alguna vez fuera dominio virtualmente exclusivo del cristianismo. El Islam está creciendo rápidamente en los Estados Unidos, especialmente entre los hombres afroamericanos. Numerosas cuasi-religiones también se hacen atractivas. Innumerables sistemas psicológicos de autoayuda se recomiendan. Las sectas no se limitan a las variedades de renombre»[69].

La teología entra en grave crisis cuando pierde el punto de referencia sobre el cual debe girar: El Dios grande, majestuoso que ha sido, que es y que será, antes y después de nosotros es desplazado en el mundo teológico

---

68. Karl Barth, *Introducción a la teología cristiana*, p. 152, Sígueme, Salamanca, 2006.
69. Millard Ericson, *Christian theology*, p. 31, Baker Academic, 2005.

moderno. La teología está en grave crisis cuando Cristo, que es la encarnación del «Gran yo soy» del único Dios verdadero, llega a ser solo lenguaje, concepto, seudo-historia y no es la vida misma en nosotros que vivifique a nuestros cuerpos mortales y a la teología misma. Es así como la teología puede centrarse en sí misma,… puede deslizarse con facilidad y volcarse en cualquier otra cosa de este mundo, legítima o ilegítima, sobre cualquier otro sistema y perder de vista de dónde ha caído. Cuando la teología se aleja de la gloria de Dios y su Cristo todo lo demás comienza alejarse y a entrar en estado de coma.

La teología cristiana entra en crisis cuando la autoridad de la Escritura no es la fuente primaria de la teología. Por ejemplo, aparte de ella no conocemos nada de Jesucristo que se pueda citar con confianza. Sabemos que existen documentos apócrifos que hablan de Jesús, pero no llenaron los requisitos mínimos para que la primera comunidad los considerara como inspirados y formara parte del canon. Los mismos teólogos que han cuestionado los relatos que se encuentran en la Biblia acerca de la vida, el carácter, la conducta, la enseñanza de Jesús, reduciéndolos a puros testimonios pos-pascuales, tampoco han aportado otras fuentes que nos lleven a la vida y la obra de Jesús el Cristo. Señalan, pero no dan respuestas en torno a este tema.

4. Los peligros de la teología

a) El peligro de la cerrazón

Este peligro consiste en que la teología se enfoque tanto en los aspectos espirituales, celestiales, angelicales y los eventos del futuro que descuide el vigilar lo que sucede en su entorno y las realidades del mundo. No le interesa, por lo menos, saber a nivel general, a través de los periódicos y otros medios de comunicación, lo que está aconteciendo en la actualidad en la sociedad, el arte, la ciencia, el deporte, la historia, la literatura[70], la tecnología, el consumismo, las comunicaciones, la diversidad de los problemas sociales, la economía, la cultura, etc., aquella teología que no le interesa nada más que su labor teológica sin conexión con su época y su situación concreta es una teología enferma, cerrada y peligrosa.

La teología debe estar abierta a la iglesia y al mundo. Debe mantener su fidelidad en dos direcciones: una hacia la palabra de Dios y otra a la realidad que tiene delante del hombre de su tiempo. La primera tiene que levantar en una mano la Escritura y en la otra tener el periódico, como solía decir Barth, para estar al tanto de las realidades y necesidades de

---

70. Ibíd., p. 155.

cada época. De modo preciso el Espíritu, el espíritu de libertad, se mantiene en tensión con las estructuras teológicas, institucionales, eclesiales. A la teología no se le puede enmarcar de manera rígida, porque entonces sería una teología cautiva y no espiritual. Este principio rector se constata tanto en las Escritura del Antiguo como Nuevo Testamentos, así como de las reformas que han ocurrido a lo largo de la historia. Pelikan explica claramente esta cuestión: «*Ecclesia semper reformanda*: ésta es la tensión perenne entre Espíritu y estructura. Cuando el profeta Jeremías denunciaba una falsa confianza en las engañosas palabras Éste es el templo de Yahvé, y prometía que la nueva alianza y la nueva ley no se fundarían en una estructura externa, sino en el espíritu interior, proclamaba el tema de esta tensión. Aquel tema fue repetido muchas veces, con las mismas palabras de Jeremías, por Lutero y otros reformadores del siglo XVI»[71].

b) El peligro de una teología no espiritual

Consiste en reducir la teología a un mero conocimiento frío. El teólogo se convierte en un ratón de biblioteca. El peligro es perder de vista que la teología sigue siendo incompleta, aunque tiene certezas, avanza por tramos, de manera progresiva, orando, pidiendo, investigando, y que necesita indefectiblemente el auxilio del Espíritu. Así la teología llega a ser no-espiritual. No permite que le llegue el aire fresco y el soplo del Espíritu porque se pone a distancia o va en sentido contrario al mover del Espíritu. Resulta en una teología fría, seca, inútil que no es congruente con las necesidades espirituales y las necesidades vitales del hombre en este mundo: «La desaparición y ausencia del Espíritu puede experimentarla la teología de dos maneras. La primera posibilidad es que la teología, tanto la primitiva como la excesivamente cultivada, la anticuada como la absolutamente de moda, incluso aquella que es puesta en práctica con mayor o menor celo, inteligencia e incluso piedad, considere en todo ello de vez en cuando el problema del Espíritu Santo; pero no tenga la valentía y la confianza para someterse a sí misma sin temor y sin reservas a la iluminación, exhortación y consuelo del Espíritu y se niegue a dejarse conducir por Él a la verdad plena»[72].

c) El peligro del orgullo

Erickson ve el orgullo como el peligro de caer en el complejo de superioridad. Manifiesta que eso sucede cuando hemos adquirido una

---

71. VA., *Teología de la renovación*, p. 25, Sígueme, Salamanca, 1972.

72. Ibíd., p. 78.

considerable sofisticación en asuntos de teología, y nos sentimos superiores a otros. Y usamos ese conocimiento, particularmente la jerga que hemos adquirido, para intimidar a otros que están menos informados. Concluye que podemos aprovechar nuestras habilidades superiores, convirtiéndonos en asesinos intelectuales. O nuestro conocimiento de teología nos conduce a un tipo de astucia teológica, en la que argumentar una teoría en contra de otra, se convierte en todo nuestro propósito en la vida[73]. Para alejarnos de ese peligro recordemos las palabras de Jesús que debemos ser como niños, Dios ha escondido su verdad a los sabios de este mundo y revelado a los niños (Mateo 11:25).

d) El peligro de la desnaturalización

Es dejar de ser una teología eminentemente cristiana. Siempre es uno de los peligros latentes el que se desenfoque de su objeto de estudio, su naturaleza, su propósito y termine sirviendo a otros dioses hablando en lengua cananea: «Por extraño que pueda parecer, también la teología corre el peligro de no ser cristiana. Puede hacerse de nuevo pagana reemplazando a su Dios por un dios que no es el de Jesús. Puede sencillamente cansarse de ser teología y contentarse con hablar el lenguaje del mundo»[74].

5. Las desviaciones de la teología

a) El extravío hacia la frialdad e indiferencia

Para algunos puede resultar escandaloso hablar o ver un avivamiento del Espíritu en la teología. Les parece más bien que la teología debe tomarse muy en serio a sí misma y guardar la compostura. Es sospechoso, para algunos, cuando la teología quiere buscar el equilibro entre Espíritu y Palabra. Se mira con cierta reserva, por otros, cuando la teología quiere saturarse del conocimiento de la Palabra y manifestarla con demostración de poder. Es ahí cuando pueden suceder algunas de las desviaciones que se han advertido por largo tiempo: «Tan pronto como el Espíritu Santo comienza agitarse en su interior, la teología teme estar cayendo en el fanatismo, entonces comienza a deambular por el historicismo, el moralismo, el dogmatismo o el intelectualismo, sin sospechar que en torno suyo hay verdes y agradables praderas[75].

---

73. Millard Erickson, *Christian theology*, p. 1251, Baker Academic, Michigan, 2005.

74. Henri Denis, *Teología ¿para qué?*, p. 175, Desclée de Brouwer, Bilbao, 1981.

75. Karl Barth, *Introducción a la teología evangélica*, p. 78, Sígueme, Salamanca, 2006.

b) Culto al intelectualismo

Debemos estar atentos a que nuestra intelectualidad, nuestro conocimiento, nuestro entendimiento y nuestra imaginación, no nos extravíen de la fe. Eso sería semejante al acto denigrante de prostituirse. Esto le aconteció al pueblo de Israel, esto le ha sucedido a la iglesia, en algunas épocas, y le ha sucedido a la teología. Sheed advierte los peligros del entendimiento y la imaginación: «La Escritura compara a menudo la idolatría con la fornicación. Los israelitas se prostituyeron con las imágenes. El entendimiento puede también hacer esto, y la mayor parte de nuestros entendimientos han estado haciéndolo. Aun después de haberse convertido hacia mejores caminos, todavía suspiran por sus antiguos pecados, muy parecido a como lo hizo san Agustín»[76].

Esta es otra desviación siempre latente: la de inclinarse a una fe que no corresponde a un genuino conocimiento espiritual. Es llegar a afirmar que el razonamiento es irrelevante en la fe cristiana. Lo cual no es cierto pues con la razón damos cuenta del por qué creemos. De manera precisa, esa es una de las funciones básicas de toda teología sana. «No es una fe ciega que sacrifica el intelecto, sino una fe que busca entender. Si la teología se construye sobre una fe ciega está construyendo casa con naipes, en la que un cristiano y como teólogo, hará muy bien en no alojarse»[77].

c) Convertir a la teología en un tratado de la fe

Esta es otra de las desviaciones posibles en la teología. Si así acontece, la teología pierde el enfoque correcto sobre su verdadero objeto de estudio y se inclina ante el postulado de la fe sola como la razón de su existencia: «Es lo que ha sucedido en amplios sectores del protestantismo moderno, que acentúa excesivamente el deseo de entender y cultivar la teología como una pisteología, como la ciencia y la doctrina de la fe cristiana. La Biblia y la historia de la Iglesia se investigan entonces de manera exclusiva y decisiva para encontrar testigos y si es posible héroes de la fe»[78].

d) Migración a otros caminos antropológicos

La teología siempre ha sido expuesta al extravío y a la tentación de dejar el camino de la revelación divina como punto de partida. La historia de la teología pone en evidencia las desviaciones que han ocurrido en las

76. F. J. Sheed, *Teología y sensatez*, p. 34, Herder, Barcelona, 1984.
77. Ibíd., p. 122.
78. Ibíd., p. 123.

migraciones hacia la filosofía, la sociología, el racionalismo, el moralismo, la psicología, a la teología de las religiones, incluso a la superstición y a la religiosidad espuria. Esto ocurre, según Barth, por el amor egoísta a la ciencia en lugar de amar libremente a Dios: «Todo lo que el teólogo se permite a sí mismo que esté regido y motivado por el eros tiene una notabilísima capacidad para emigrar, ayer el teólogo pudo hallarse en los campos del idealismo, del positivismo, o del existencialismo, hoy día (quizá por amor al cambio) puede hallarse en el ámbito del Antiguo y del Nuevo Testamento y mañana (quién sabe) podrá encontrarse con igual facilidad en los ámbitos del antropomorfismo, de la astrología y del espiritismo»[79]. Es trágico y vergonzoso que la teología llegue a volar tan bajo que termine arrastrándose en la superstición y hasta el engaño. Según nuestro criterio, de la astrología y del espiritismo, que menciona Barth, hay solamente un paso cortito al fraude barato como el fraude de feria.

6. Los errores de la teología

Con la ventaja de la distancia del tiempo podemos ver claramente que aún los grandes de la teología tienen los pies de barro. El gran teólogo, el Doctor Martín Lutero, el padre de la Reforma del Siglo XVI, tuvo puntos ciegos. Podrían enumerarse varios de sus errores, pero quizá el error más craso y decisivo, que se arrastra hasta hoy en la teología luterana y por extensión al protestantismo, es el antisemitismo despiadado e inmisericorde manifestado e impulsado con tanto desprecio y rechazo hacia los judíos en su libro *Sobre los judíos y sus mentiras*[80]. Al leer el escrito observamos siempre la vehemencia, el celo, la confrontación, el lenguaje persuasivo, duro, como golpe de espada, que le caracteriza a Lutero. Hace señalamientos y reproches específicos basados en una incursión exegética y teológica, recorriendo toda la Escritura. Comienza con los patriarcas, pasa por la ley, los escritos, los profetas, por los evangelios, por las cartas de Pablo hablando de los pecados del pueblo de Israel y de los judíos: la ceguera y la rebelión continuas, su obstinación, su terquedad, su orgullo, su avaricia, su usura, su injusticia, su idolatría, su vanagloria, rechazando a Dios, rechazando a su Mesías y a los cristianos gentiles. Muchas de las afirmaciones e interpretaciones son bíblicas e históricas, pero hay afirmaciones en su libro que ya no son ni bíblicas, ni cristianas, ni siquiera humanas, entre otras las siguientes:

«Por lo tanto, cristiano querido, ten cuidado y que no te quepa ninguna duda de que, después del diablo, no tienes enemigo más amargo,

79. Ibíd., p. 230.

80. Martin Lutero, *Sobre los judíos y sus mentiras*, 1543, versión digital, consta de 120 páginas.

venenoso, y vehemente que un auténtico judío que obstinadamente busca ser un judío»[81].

«En primer lugar, debemos prender fuego a sus sinagogas o escuelas y enterrar y tapar con suciedad todo lo que no prendamos fuego, para que ningún hombre vuelva a ver de ellos piedra o ceniza. Esto ha de hacerse en honor a Nuestro Señor y a la cristiandad, de modo que Dios vea que nosotros somos cristianos y que no aprobamos ni toleramos a sabiendas tales mentiras, maldiciones y blasfemias a Su Hijo y a sus cristianos. En segundo lugar, también aconsejo que sus casas sean arrasadas y destruidas. Porque en ellas persiguen los mismos fines que en sus sinagogas. En cambio, deberían ser alojados bajo un techo o en un granero, como los gitanos. Esto les hará ver que ellos no son los amos en nuestro país, como se jactan, sino que están viviendo en el exilio y cautivos, como incesantemente se lamentan de nosotros ante Dios. En tercer lugar, aconsejo que sus libros de plegarias y escritos talmúdicos, por medio de los cuales se enseñan la idolatría, las mentiras, maldiciones y blasfemias, les sean quitados»[82].

Cuesta creer que el autor de éstas y otras afirmaciones similares sea el Dr. Martín Lutero. Un hombre que buscó sinceramente la verdad, la justicia y la misericordia de Dios y que las halló en el evangelio de amor y de gracia de nuestro Señor Jesucristo, la máxima revelación de Dios, que vino a buscar y a salvar lo que se había perdido. Que pidió clemencia y comprensión cuando querían quemar todos sus escritos acusándolo de hereje. Pero hay que aceptar que si los grandes yerran, ¿dónde quedamos nosotros?

Otro dramático ejemplo de los errores de los grandes de la teología es la responsabilidad de Juan Calvino, el mejor exégeta de la Reforma, en la ejecución de Miguel de Servet. Hasta hoy la teología de Calvino se ve empañada por uno de los actos más catastróficos de la historia de la teología y el cristianismo. El gran reformador fue el promotor de la muerte de un erudito cristiano que cometió herejía, una de las obras de la carne, según Gálatas 5:16 González relata: «Servet negaba la doctrina de la trinidad, la eternidad de Cristo y la personalidad del Espíritu Santo. En Ginebra Servet fue arrestado, y Calvino preparó una lista de treinta y ocho acusaciones contra él. Puesto que Servet era un erudito, y además había sido acusado de herejía por los católicos, el partido que se oponía a Calvino en Ginebra adoptó su causa. Pero el gobierno de la ciudad le pidió consejo a los cantones protestantes de Suiza, y todos concordaron en que Servet era hereje. Esto acalló la oposición, y se resolvió condenar a Servet a ser quemado vivo. Aunque Calvino trató de que en lugar de ello se le decapitara, por ser

81. Ibíd., p. 57.
82. Ibíd., p. 93ss.

una pena menos cruel»[83]. Éste es uno de los más grandes errores de uno de los más grandes teólogos de la historia.

Basten estos dos ejemplos de huellas trágicas de los errores de la teología. Esto debe ser una solemne advertencia para todos los cristianos teólogos y no teólogos. Somos, sin lugar a dudas, totalmente falibles. La teología y los teólogos debemos ser humildes creyendo que no somos dueños absolutos de la verdad. Nunca lo olvidemos para nuestro propio bien.

7. Las malas teologías

Las malas teologías son como los «malos milagros» convierten el vino en agua. Éstas echan malos fundamentos, utilizan métodos defectuosos, diluyen las verdades únicas de la revelación con otras verdades relativas. Lo que ha resultado en mezclas avinagradas que dejan un sabor rancio a moralismos, filosofías y racionalismos. Aún con sus elaboradas teorías y a veces originales, elocuentes e impresionantes puntos de vista, están construidas sobre la arena con madera, heno y hojarasca. Barth al hablar de las malas y vacías teologías, lo hace con símiles que destacan que éstas tienen andamiaje, recursos, metodología, pero sin contenido que las sustente y les de vida: «La labor intelectual de los teólogos puede ser excelente, pero su teología puede ser una teología vacía, mala. Todo está en orden, pero todo se halla también en el mayor de los desórdenes. La rueda del molino sigue girando, pero sin nada que moler. Todas las velas están desplegadas, pero no sopla viento para impulsar la nave. La fuente posee muchos caños, pero no brota agua de ninguno de ellos. Hay ciencia, pero no hay conocimiento iluminado por el poder de su objeto»[84].

Las malas teologías no solo carecen de un buen contenido, sino quienes las realizan carecen de una intima relación con Dios a semejanza del pueblo de Israel que con sus labios honraban a Dios, pero su corazón estaba lejos de Él. Hay pecados ocultos de desobediencia, rebeldía, jactancia, injusticia, orgullo, avaricia, codicia, impureza sexual, etc., lo cual deviene en una teología leudada. Barth describe tal situación de la teología, los teólogos y su relación con Dios con una variación del capítulo cinco del profeta Amós: «Aborrezco y abomino vuestras lecciones y seminarios, vuestros sermones, conferencias y estudios bíblicos, y no me complazco en vuestros diálogos, reuniones y convenciones. Porque cuando desplegáis en ellas vuestros conocimientos hermenéuticos, dogmáticos, éticos y pastorales, unos ante otros y en presencia mía, no encuentro ningún agrado en vuestras ofrendas y no fijo mi mirada en vuestros corderos engordados. ¡Quitad de mí el parloteo

---

83. Justo González, *Historia del cristianismo II*, p. 77, Caribe, Miami, 2006.

84. Ibíd., p. 161.

y griterío de vosotros, viejos, armáis con vuestros voluminosos libros, y vosotros, jóvenes, con vuestras disertaciones! ¡No escucharé las melodías de las recensiones que componéis en vuestras revistas teológicas y en vuestras circulares mensuales y trimestrales!»[85].

Una teología sin la aprobación de Dios es una mala teología. Si Dios en Cristo, quien es el objeto y el centro de la teología, no la aprueba es porque esa teología es vana y está lejos de Dios. No resulta en beneficio de la iglesia y tampoco tiene un impacto positivo en el mundo.

Estoy decepcionado de algunos congresos teológicos porque todo queda en palabras, ponencias, discursos, críticas, señalamientos, propuestas, folletos, pero nada se lleva a cabo. Y lo poco que intentan realizar no prospera de manera completa y continuada. Mientras en dichos congresos ellos critican, otros siguen trabajando. Esa teología es experta en señalar los males de otros, pero no es capaz de examinar su propia miseria, no es capaz de autocriticar su discurso ni es congruente con sus hechos. Esa teología dice, pero no hace. Si se trata de llevar a cabo acciones concretas de cambio, de fortalecimiento en la iglesia y de ser una opción en el mundo, congruente con sus reflexiones, no construye nada, ni siquiera es capaz de construir una pequeña jaula para loros. Critican a las iglesias pequeñas y a las mega-iglesias; critican a sus fundadores y los métodos que usan, pero ellos no son capaces de levantar ni siquiera una pequeña congregación o participar de manera provechosa y edificante en ella. Critican a los que usan los medios masivos de comunicación para la evangelización, pero no mueven un dedo para intentar abrir o fundar un medio de comunicación. Critican a los que se atreven a escribir, y muchos de ellos, no son capaces de presentar mejores propuestas. En fin, la teología en sí misma por buena que parezca, sin un buen contenido y sin una práctica efectiva, nada es: «... y como tal, una obra humana, una obra pecadora, imperfecta, corrompida de hecho y sujeta a los poderes de la destrucción, Dios tiene derecho a mostrar que esa obra, en sí misma, es completamente incapaz de prestar servicio a Dios y a su comunidad en el mundo»[86].

Barth tuvo la valentía, la sensatez y la autoridad de señalar las graves deficiencias de la mala y egoísta teología liberal con sus racionalismos naturalistas que estaba reduciendo al cristianismo a un fenómeno de la religiosidad subjetivo-natural del hombre. Además no le satisfizo la exégesis histórico-filológica. Pero no se quedó en críticas solamente, sino que durante su peregrinaje construyó paciente y de manera sostenida durante treinta años, en medio de muchos otros compromisos pastorales y docentes, una de las empresas teológicas más grandes que ha existido, que ha

85. Ibíd., p. 162.
86. Ibíd., p. 163.

influenciado e influenciará para siempre a la teología y a la iglesia inter-confesional: la Dogmática de la iglesia.

Barth se percató de los desvaríos, de la incoherencia, del amor propio de la obra de esa mala teología. La llamada de atención a esa teología la hace de manera singular, incisiva y frontal: «Una mala teología también es aquella que se enmarca en el eros científico y que desemboca en un antropocentrismo. Pues está motivada para emigrar al idealismo, positivismo, existencialismo, antropomorfismo [...] Cuando el eros científico va desarrollándose en el campo de la teología, entonces confunde y cambia el objeto de la teología por otros objetos. Mientras el eros sea el motivo de la labor teológica, Dios no será amado ni conocido por ser Dios, ni el hombre lo será por ser el hombre[87].

Barth también llama mala teología aquella que se postra de rodillas ante la historiografía y ante la alta crítica, las cuales despotrican los milagros enmarcándolos dentro de leyendas. Confronta a la teología y le hace un llamado urgente a que se levante de esa postración, que abra sus ojos y se dedique a investigar el significado de esas señales que conllevan un mensaje importante: «La mala teología en lugar de postrarse de rodillas ante los criterios de la historiografía moderna en torno a los milagros, etiquetándolos de leyendas o sagas proponiendo eliminarlos, más bien debieran averiguar cuál es el papel de esos relatos, que no son otra cosas que un anuncio de alarma, por eso se le llaman signos o señales porque algo totalmente nuevo está pasando. La palabra que ha hablado y habla es fundamentalmente nueva»[88]. Más adelante reaccionará contra las teologías de sus contemporáneos Gogarten, Bultmann, Tillich que siguen un camino diferente, orientando su teología hacia una dialéctica de la existencia inspirada en la filosofía existencial de Heidegger, que para Barth resultan en malas teologías, pues la obra de estos se posiciona en la órbita del filosofismo[89].

Pese a la vulnerabilidad de la teología, ésta seguirá siendo una de las más insignes y honrosas de las tareas que el hombre pueda realizar. Por eso es necesario que se lleve a cabo con esfuerzo, esmero y entusiasmo, para producir una teología nutrida, fresca, perdurable, fructífera y bendita, a semejanza del árbol plantado junto a las aguas, que junto a la corriente echará sus raíces, y no verá cuando viene el calor, sino que su hoja estará verde; y en el año de sequía no se fatigará, ni dejará de dar fruto (Jeremías 17:8).

---

87. Ibíd., p. 130.
88. Ibíd., p. 87.
89. José Gómez-Heras, Op. Cit., p. 164.

En el sentido negativo, podemos aplicar otro símil que se ha usado para la iglesia, pero viene al caso usarla también en la teología; cuando se trata de evitar el producir teologías anémicas, escleróticas, en contraste con teologías que crecen a plenitud: «La teología tiene que optar por ser un bonsái o un árbol de mostaza. El bonsái es un milagro de la jardinería: árbol enano de belleza exótica. El secreto es éste: una mano hábil le corta la raíz principal y deja que el árbol viva en sus raicillas secundarias. Y deja de crecer. Y hay "teologías" bonsái: les cortan la raíz principal –la palabra, el testimonio, el temor del Señor– y dejan de crecer. No tienen ramas ni follajes para dar sombra, ni para acoger en sus hojas a las aves del campo, como el árbol de mostaza. Adornan con su presencia, pero no transforman porque carecen de raíz y de fruto: teologías bonsái… teologías enanas, pigmeas»[90].

90. Cecilio Arrastia, *Tentación y misión, reflexiones sobre la misión de la iglesia*, p. 81, CBA, El Paso, Texas, 1993. En este texto citado, hemos intercambiado, a propósito, para una aplicación, la palabra *iglesias* por la palabra *teologías*. La frase escrita entre paréntesis es mía.

VII
La singularidad de la teología cristiana

Teologías vienen, teologías van. Unas no soportan la prueba del tiempo, otras sucumben, finalmente, ante sus deficiencias de cimiento y estructura. Otras se dan por superadas por cuanto a quienes van dirigidas optan por el rechazo porque no funcionan para ellos en la *praxis*. Se ha vuelto un refrán popular lo que aconteció con la teología de la liberación: «La teología de la liberación optó por los pobres y los pobres optaron por el pentecostalismo»[1].

Mientras tanto el mensaje sencillo y transformador de Jesucristo, el evangelio y la iglesia permanecen pese a la diversidad de embates que ha sufrido y seguirá sufriendo a lo largo de su existencia. Así la teología evangélica también está viva, pese a que ha sido aguijoneada, vilipendiada, ocultada bajo los escombros de la razón filosófica, el moralismo, la religiosidad espuria, el racionalismo, el romanticismo, el liberalismo. Hoy, nuevamente, es necesario que la desenterremos, le quitemos el polvo y hagamos que responda sabiamente, de manera frontal y decisiva al desafío de la «teología» de las religiones.

1. ¿Una teología de las religiones?

Desde que surgió el cristianismo se ha abordado la cuestión de las religiones paganas. Hace décadas se habla de la fe cristiana y las grandes religiones. Pero es, hasta cierto punto, reciente la conformación de lo que denominan «una teología de las religiones», dándole, con cierto atrevimiento, el nombre de teología cristiana de las religiones.

Los promotores de la teología de las religiones encuentran, según ellos, ciertas condiciones que posibilitan la conformación de semejante teología. Aducen que a cambios socioculturales que se están dando a gran escala, sumados a una época en que se aprecia y se necesita el diálogo, el respeto y la tolerancia mutuos, cae de su peso la necesidad de una teología de las religiones.

---

1. Theológica Xaveriana, vol. 57, no. 163 (471-484). Julio-septiembre, p. 20, Bogotá, Colombia, 2007.

En cuanto a la discusión del valor salvífico de las religiones se han levantado ciertas preguntas para discusión: ¿son las religiones mediaciones de salvación paras sus miembros? ¿Son mediaciones salvíficas autónomas o es la salvación de Jesucristo la que en ellas se realiza?

Afirman que, frente a esas realidades, es pertinente una teología cristiana de las religiones –frase que ya contiene graves contradicciones– que se dé a la tarea de abordar cuatro cuestiones:

a) El cristianismo debe comprenderse a sí mismo y evaluarse en el contexto de la pluralidad de las religiones, b) reflexionar en concreto sobre la verdad y la universalidad reivindicadas por éste, c) buscar el sentido, la función y el valor propio de las religiones en la totalidad de la historia de la salvación, d) finalmente, la teología cristiana deberá estudiar y examinar las religiones concretas para ser confrontadas con los contenidos de la fe cristiana[2].

De resultas, hoy se puede hablar ya de una teología de las religiones. Según la percepción de dicha teología existe factibilidad de revelación y de salvación en todas las religiones. Es claro que el tema del cristianismo y la relación con otras religiones es un asunto que se ha venido tratando a lo largo de la historia de la iglesia y la historia de la teología cristiana. Pero en los últimos años el surgimiento de un nuevo contexto sociocultural ha favorecido, en el pensamiento teológico católico el desarrollo de la teología de las religiones que ya muestra contornos bien definidos, y que plantea serias cuestiones, poniendo en duda la autoridad del evangelio, su singularidad y su unicidad en la salvación.

a) Definición de teología de las religiones

Los impulsores de ésta teología han clasificado a la teología cristiana de las religiones como una de las disciplinas que se ocupa de la religión en todas sus formas y expresiones, incluso le han dado categoría de ciencia: «La teología cristiana de las religiones es una de las diversas ciencias que se ocupan de la religión y del hecho religioso humano. Recoge los datos que le suministran la historia de la salvación y diversas disciplinas religiosas y profanas, y trata de sistematizarlos y valorarlos a la luz de la doctrina cristiana. Estudia por lo tanto, la significación de las religiones desde la revelación divina que se contiene en el Antiguo y el Nuevo Testamento. Es así una rama de la teología propiamente dicha, que se entiende a sí misma como *fides quarens intellectum*, fe que busca entender, o fe pensada»[3].

2. Comisión teológica internacional, *Status de la teología de las religiones, fuente cristianismo y religiones en el sitio web:* http://es.catholic.net/ecumenismoydialogointerreligioso/790/2674/articulo.php?id=26297.

3. José Morales, *Teología de las religiones*, p. 13, Rialp, Madrid, 2008.

En algunas universidades, principalmente de corte católico romano, ya es parte de los programas de educación teológica. Por ejemplo en la facultad de teología de la Universidad de Navarra el curso es obligatorio. Se puede acceder vía internet al programa. Describimos a continuación un resumen del curso, sus competencias y la modalidad:

«En este curso, después de aclarar qué es la Teología de las religiones, se exponen los momentos históricos más significativos sobre la relación entre el cristianismo y las religiones, prestando una especial atención a la especulación teológica y al magisterio eclesial del siglo XX. Se reflexiona sobre lo específico del cristianismo, y sobre la verdad y la salvación en las religiones. También se pone el acento en la misión *ad gentes* y en el diálogo interreligioso como elementos ineludibles de la evangelización de la iglesia, estudiando tanto las elaboraciones teológicas como los documentos magisteriales al respecto[4].

- Asignatura que se imparte en el Ciclo II de la Facultad de Teología. Este Ciclo está encaminado al grado de Licenciatura en Teología.

- Facultad: Teología, Universidad de Navarra (Pamplona, España)

- Departamento: Teología dogmática

- Duración: Semestral (Primer semestre)

- Número de créditos: 3 ECTS (aprox. 80 h de trabajo por parte del alumno)

- Profesor: el asignado

- Tipo de asignatura: Obligatoria

- Idioma en que se imparte: castellano. Se requieren conocimientos básicos de latín, francés, inglés e italiano.

- Informaciones de interés sobre la marcha de las clases, y acceso a diversos materiales, en el programa ADI[5].

En cuanto a material escrito, existen definiciones, metodologías y contenidos en libros que ya abordan de manera sería la propuesta de una teología de las religiones. José Morales, catedrático de la facultad de teología de la Universidad de Navarra, es uno de los escritores que ha abordado en sus libros dicha cuestión[6].

4. http://www.unav.es/adi/servlet/Web2?course=80981151
5. Ibíd.
6. José Morales, *Teología de las religiones*, p. 15ss, Rialp, Madrid, 2008.

2. Las posturas de la teología de las religiones

Primera postura[7].

a) Cristo contra las religiones: Exclusivismo
b) Cristo dentro las religiones: Inclusivismo
c) Cristo por encima de las religiones: Pluralismo normativo
d) Cristo junto a las religiones: Pluralismo no normativo

Segunda postura

a) Universo ecleocéntrico o cristología exclusiva
b) Universo cristocéntrico o cristología inclusiva
c) Universo teocéntrico con una cristología normativa
d) Universo teocéntrico con una cristología no normativa

Tercera postura

a) Exclusivismo
b) Inclusivismo
c) Pluralismo (normativo y no normativo)
d) Esta postura es paralela a la siguiente:

Cuarta postura

a) Ecleocentrismo
b) Cristocentrismo
c) Pluralismo

Las posturas anteriores son, en general, las mismas con diferentes nombres, pequeños matices y pequeños agregados. Hecha la aclaración, nos aproximamos a las diversas posturas de la teología de las religiones, tomando de base la tercera: Exclusivismo, inclusivismo, pluralismo normativo, pluralismo no normativo.

---

7. Comisión Teológica Internacional, *Status de la teología de las religiones, fuente: cristianismo y religiones.*

a) Exclusivismo

Dentro de la teología de las religiones Karl Barth es el exponente sobresaliente de la postura exclusivista. Siempre atento para levantar la voz contra toda idolatría, contra toda teología natural, contra toda maniobra del anticristo, apoyado en la teología de los reformadores, dice un no a las religiones y un si a la revelación, un No a los moralismos y a las mediaciones de las religiones y un Si a la única mediación verdadera: Jesucristo.

Michel Fédou justifica, en alguna medida, la postura Barthiana y luego extracta un pasaje en el que habla el propio Barth: «Frente a los peligros del relativismo que en su opinión amenazan al pensamiento cristiano, Karl Barth (1886-1968), enlazando con la inspiración fundamental de los reformadores Lutero y Calvino, invita a la teología a considerar ante todo la revelación que Dios ha hecho de sí mismo, de una vez por todas, en Jesucristo. Sobre esa base desarrolla la famosa tesis sobre «la revelación como asunción[8] de la religión»[9]... «La revelación de Dios por la efusión del Espíritu Santo es su presencia crítica y reconciliadora en el mundo de las religiones humanas, es decir, en el terreno de los intentos hechos por el hombre para justificarse y santificarse él mismo, ante la imagen de la divinidad, que el se crea por sí mismo y arbitrariamente. La iglesia es el lugar de la verdadera religión únicamente en la medida en que, por gracia, vive de la gracia»[10].

Así, fuera de Cristo no hay salvación. Solo Cristo es el único mediador. Por tanto solo en el cristianismo hay salvación. En exclusiva los cristianos y los bautizados tienen acceso a la redención. Nadie se salva sin la fe específica en la fe cristiana. Esta postura ya no es defendida por teólogos católicos, debido a las declaraciones de Pío XII y del Concilio Vaticano II sobre la factibilidad del valor salvífico de las religiones. En el campo protestante algunos teólogos, con pequeñas variantes, sostienen la postura exclusivista[11].

b) Inclusivismo

En esta postura se admite que las religiones, a pesar que son ambiguas y pecaminosas, también son portadoras de elementos de verdad que, al final, pueden estar incluidos en el misterio de Cristo. De resultas, pueden

8. Algunos autores afirman que la traducción de la palabra alemana al español *abolición* no es la correcta. Por eso algunos, como Fédou, la traducen como asunción.

9. Michel Fédou, *Las religiones según la fe cristiana*, p. 72, Descleé, Bilbao, 2000.

10. K. Barth, *Dogmatique I, T. II, Cap. II, Sec. No. 17* (original alemán, Labor et Fides) p. 71 en Michel Fédou, *Las religiones según la fe cristiana*, p. 72ss, Descleé, Bilbao, 2000.

11. José Morales, *Teología de las religiones*, p. 143, Rialp, Madrid, 2008.

contribuir y ser parte de la iglesia universal. Esta corriente estuvo, en un principio, representada por hombres como De Lubac, Congar, Daniélou. Rahner se suma a estos teólogos con su ingeniosa y discutida teoría rahneriana de los *cristianos anónimos*, afirmando que la voluntad de Dios en cuanto a la salvación es asequible en cada religión particular, en una existencia concreta, en un entorno cultural e histórico condicionados. El cristianismo no debe considerar al hombre que profesa otra religión con un pagano, sino como cristiano anónimo[12].

El inclusivismo afirma que todo lo verdadero y bueno que contienen todas las otras religiones está incluido y trascendido en Jesucristo. Acepta que la salvación acontece en las religiones, porque la voluntad de Dios es universal en cuanto a la salvación de todos los hombres y de todas las culturas, pero las religiones no tienen autonomía salvífica debido a la unicidad y la universalidad de la salvación en Cristo. Las religiones «son vías de salvación… positivamente dentro del plan salvífico de Dios. Ayudan a sus adeptos a recibir la gracia de Cristo para ser salvos». Este planteamiento comporta cierto matiz. Aunque deja en última instancia la salvación por medio de la gracia de Cristo en la cual la fe ya está implícita en dicha gracia, pero dejan en manos de las religiones la mediación y el soporte para conducir a sus fieles, conscientes o no, a la salvación[13].

c) *Pluralismo*

El pluralismo religioso tiene dos ramificaciones:

a) *Pluralismo con una cristología normativa*

En este pluralismo Jesucristo se considera normativo para la salvación. Las religiones pueden mediar para la salvación, pero es en Jesucristo en quien el Padre mejor expresa su amor y el plan de salvación. Esta postura valora las religiones desde el punto de mira de la revelación bíblica y toma en cuenta en última instancia la providencia del Padre, que en Jesucristo y por el Espíritu desea que todos procedan al arrepentimiento y nadie se pierda[14].

b) *Pluralismo con una cristología no normativa*

Es la postura uniformista y niveladora de todas las religiones. Las religiones son, sin más, caminos para la salvación. En este modelo ni siquiera se considera a Jesucristo como constitutivo ni normativo para la salvación

---

12. Michel Fédou, Op. Cit, p. 75ss.

13. Comisión Teológica Internacional, *Status de la teología de las religiones, fuente artículo en cristianismo y religiones*.

14. José Morales, *Teología de las religiones*, Rialp, Madrid, 2008, p. 143

de la humanidad. Los cristianos están totalmente comprometidos con Jesucristo, pero al mismo tiempo están abiertos al posible mensaje que Dios da por medio de las otras religiones. Es la posición pluralista que procura eliminar del cristianismo cualquier pretensión de exclusividad. Hace énfasis en el relativismo cultural, asignándole a cada religión la expresión de su cultura. El cristianismo es verdadero para nosotros los de occidente, pero no para las religiones hinduistas, budistas etc. De resultas las religiones son vías independientes de salvación.

Este presupuesto no toma en cuenta nada del cristianismo en cuanto que haya salvación en otras religiones, pero conectadas al pacto o las religiones como preparación para que reciban la gracia de Cristo para salvación. Afirma que en las religiones no hay presencia, de alguna manera, de Cristo. Tampoco están orientadas a la revelación cristiana, son caminos absolutamente independientes de salvación[15]. Esta afirmación ya se había sostenido antes de que se diera una enseñanza y una teología formal de las religiones. Se basan en el pacto que Dios hizo con Noe, que, según sus proponentes, alcanza una dimensión cósmica que se muestra en la revelación de Dios en la naturaleza y en la conciencia y por lo tanto en las religiones[16]. Revive la antigua declaración «las religiones son como los ríos que finalmente todos desembocan en el océano que es Dios», solamente que ahora se incorpora y se magnifica en toda una teoría estructurada y conformada en la teología de las religiones.

d) Separación entre la teología de las religiones y las ciencias de las religiones

Es interesante que los promotores de ésta teología hacen una radical diferencia entre la teología de las religiones y la ciencia de las religiones que aborda el hecho religioso desde varias perspectivas. Afirman que no tiene nada que ver dicha teología con las diversas ramas del saber humano acerca de la religión: la historia de las religiones, la sociología, la psicología, la fenomenología y la filosofía de la religión, incluyendo dos ciencias que se ha sumado recientemente a la investigación del hecho religiosos, tales como la antropología y la lingüística[17]. Una de las razones que salta a la vista es que quieren dejar en claro que la teología de las religiones es una nueva ciencia, con una nueva perspectiva, con originalidad en un tema tan antiguo como es el de la religión.

15. Paul Knitter «Concilium» 203 (Enero, 1986), p. 123-134.

16. Comisión teológica internacional, *Status de la teología de las religiones, fuente cristianismo y religiones.*

17. José Morales, *Teología de las religiones*, p. 14ss, Rialp, Madrid, 2008.

Es pertinente que definamos cada una de las ciencias que abordan, desde diferentes puntos de mira, el hecho religioso y que se agrupan bajo la sombrilla de la ciencia de las religiones, para dejar en claro lo que Morales afirma: que la teología de las religiones tiene su propio objeto de estudio, bajo una perspectiva diferente, por lo que no tienen nada que ver con cada una de éstas.

1. La ciencia de la religión

Se reconoce como el padre de la ciencia de la religión al indólogo Max Müller a raíz de la publicación de su libro: Una introducción a la ciencia de la religión. Desde sus inicios, ésta fue concebida aparte de la teología y se orientaba hacia un análisis comparativo de creencias religiosas y mitos usando el recurso metodológico de la filología[18].

2. La historia de la religión

Una de las definiciones más recientes de la historia de las religiones, sencilla y clara es la que Guerra articula: «La Historia de las religiones es una ciencia positiva. Por ello no le compete demostrar la verdad ni el grado de error de una religión determinada, sino mostrar el abanico polícromo de las creencias religiosas de las mujeres y de los hombres de las diferentes épocas y regiones[19]».

3. La sociología de la religión

Investiga las relaciones bilaterales entre la sociedad y la religión, la conectividad y mutua influencia entre ambas. Estudia los procesos sociales que son configurados, en buena medida, por la religión. Se reconoce como iniciadores de esta disciplina a Emilio Durkheim y Max Weber. El aporte fundamental de Durkheim es su punto de partida metodológico. No ve a la religión como una cuestión meramente cognitiva individual, sino la primacía de la religión en la sociedad. Por su parte Weber incursiona, de manera muy original, en la investigación de la estratificación social y religiosidad identificando determinados básicos del comportamiento religioso[20].

---

18. Universidad Complutense de Madrid, Publicación asociada a la Revista Nómadas. Revista Crítica de Ciencias Sociales y Jurídicas | 30 (2011.2).

19. Manuel Guerra, *Historia de las religiones*, p. 13, 2da. Ed., BAC, Madrid, 2010.

20. Fiedrich Fürstenberg, *Sociología de la religión,* p. 32ss, Sígueme, Salamanca, 1976. Para profundizar en las formas elementales de la vida religiosa de Durkheim; y en las páginas 110ss se aborda detalladamente el tema de estratificación social y religiosidad de Max Weber.

4. La fenomenología de la religión

Estudia las dimensiones de la experiencia religiosa con sus respectivas manifestaciones tales como el símbolo, el rito, el mito la doctrina y el arte analizando el fenómeno religioso en el contexto de sus diversas dimensiones. Pretende aislar lo peculiar y distintivo de la religión con independencia de la circunstancia histórica, viendo en el sentimiento su elemento constitutivo[21].

5. Psicología de la religión

Indaga, con planteamientos y métodos Psicológicos, las causas y los efectos del contenido de la religión y sus implicancias de tipo psíquico, cultural y social[22].

6. Filosofía de la religión

Es el intento de pensar ardua y profundamente, de manera sistemática acerca de preguntas tan fundamentales tales como ¿Existe Dios? ¿Por qué Dios permite el sufrimiento? ¿Qué le pasa a una persona en la muerte? Es la reflexión crítica «sobre creencias religiosas»[23]. «El método de la filosofía de la religión es idéntico al método de la Geisteswissenschaft normativa en general»[24]. Otros abogan, además, por los métodos apriorísticos deductivos y el empírico deductivo.

3. La singularidad de la escritura y de Jesucristo

Hemos afirmado desde el inicio que tres luces alumbrarían, de manera amplia, este libro: la Escritura, los presupuestos fundamentales de la reforma del siglo XVI, y los teólogos protestantes evangélicos de ayer y hoy, sin perder de vista nuestro contexto latinoamericano. Esas premisas, según nuestro criterio, no cambian porque son los fundamentos de la revelación, la fe y la teología cristianas. Si estos se destruyen o se cambian ¿qué certeza habrá? Como dice la Escritura en Salmos 11:3: «Si fueren destruidos los fundamentos», ¿Qué ha de hacer el justo? Dichos fundamentos son nuestras premisas para responder a los desafíos de la *teología de las religiones y la teología cristiana de las religiones.*

21. Juan de Sahagun, *Interpretación del hecho religioso, filosofía y fenomenología de la religión*, p. 27, Sígueme, Salamanca 1982.

22. Hans Zolnner, *Psicología de la región, artículo,* Instituto de Psicología de la Pontificia Universidad Gregoriana, Roma. Traducción: Fátima Godiño.

23. Stephen Evans, *Filosofía de la religión*, p. 10, Mundo Hispano, El paso Texas, 1990.

24. Paul Tillich, *Filosofía de la religión*, p. 21, Aurora, Buenos Aires, 1973.

El libro de José Grau sobre la introducción a la teología, en principio, me pareció exagerado y desproporcionado en la distribución de su contenido. Dedica únicamente 63 páginas a las definiciones de la teología, a los grandes sistemas teológicos, a las posibilidades y límites de la teología, a los grandes temas teológicos y a los grandes teólogos. Y dedica 258 páginas a la revelación general y a la revelación especial. En la revelación general aborda todas sus implicaciones, complicaciones y confusiones: la teología natural que procede de la revelación general y cómo las respuestas del hombre a la revelación general son las grandes religiones. En la revelación especial aborda sus diversas manifestaciones, la singularidad de la Escritura, de Jesucristo, la inspiración de las Escrituras, las diversas posturas frente a la revelación especial y el testimonio del Espíritu sobre el hombre pecador, la obra redentora de Dios, la palabra de Dios y la iglesia. Todo esto para desvirtuar la posibilidad de revelación y salvación en las grandes religiones. Hace un estudio detallado y comparado de dichas religiones frente a la revelación especial como única, de carácter vinculante y normativa para la salvación en Jesucristo. Al final, como apéndice, habla de la apologética que debemos sostener: la eterna apologética de la revelación, la apologética de la palabra de Dios[25].

Hoy, ya no la veo tan desproporcionada en el sentido que, con una visión anticipada, trató de responder a lo que sería el enorme desafío y, hasta cierto punto, el peligro de la las religiones como caminos de revelación y de salvación. Grau vio ese grande atrevimiento y, aunque no se hablaba en ese entonces de una *teología de las religiones,* tomó la delantera, al igual que Barth, al dar una respuesta en proporción a dicho peligro: incisiva, extensa y detallada.

Por cuestión de espacio retomaremos solo algunos elementos que destaca Grau, de la singularidad de la revelación escritural frente a las religiones, y de Cristo frente a los demás fundadores de religiones. Además, reflexionaremos de manera breve sobre su análisis detallado y una comparación amplia de los escritos de las grandes religiones[26].

Bien, Grau explica que los textos y las tradiciones orales de dichas religiones todos se orientan a los deseos y esfuerzos del hombre por hallar sentido a la vida; ser mejores moralmente, tratando de entender el cosmos y las realidades últimas. En el sentido opuesto, la Biblia, de principio a fin, muestra el constante esfuerzo y la intensa búsqueda de Dios a los hombres, a semejanza del pastor que deja las noventa y nueve y va tras la oveja perdida, para comunicarles su voluntad y sus designios redentores. Otro gran

25. José Grau, *Introducción a la teología*, CLIE, Barcelona, 1973.

26. Ibíd., p. 131. Aparece en detalle un cuadro con textos, tradiciones, orales, fechas, filosofías y enseñanzas con las subsecuentes críticas.

contraste, que hace, es que la Biblia afirma, sin más, ser revelación de Dios. No con el inicio de Cristo, sino desde los mismos comienzos, afirmando promesas hechas a Abraham y otros patriarcas, confirmándolas a los profetas, guardando unidad tanto en la historia de la salvación en Israel como en el cumplimiento de la venida de Jesucristo el Mesías. Son escritos que se escribieron durante 1200 a 1600 años aproximadamente. Tenemos más o menos 5,000 manuscritos que dan por sentado ser revelación de Dios. Agrega que la Biblia no puede ser el resultado de una sacralización posterior como lo son algunos de los libros de las otras religiones. Más bien son los testimonios de profetas y apóstoles que afirman ser inspirados por Dios y están conscientes de comunicar palabra de Dios. De allí el hecho significativo de la frase reiterada: *Así dice el Señor*[27]. Así que la Escritura es revelación, canonicidad, autoridad, Palabra de Dios, confirmada por el testimonio interno y externo de la Escritura misma y por el Espíritu, frente a los escritos de las grandes religiones.

a) Monoteísmo Vetero-testamentario

Wright argumenta que en el Antiguo Testamento encontramos una historia de la salvación única, pero como una meta universal. Está consciente que a muchos no les gusta la idea de un pueblo escogido en contraste con el resto de las naciones. Sin embargo, con agudeza, logra mostrar que no hay una separación tajante entre el plan salvífico de Israel, de las naciones y la unicidad de Jesucristo quien es el cumplimiento de esa historia única y de la promesa de salvación, tanto para los judíos como para los gentiles: «El Antiguo Testamento pretende que veamos la historia de Israel no como un fin en sí misma, o solo para beneficio de Israel, sino más bien para el beneficio del resto de las naciones dentro de la humanidad... El Antiguo Testamento saca a Israel al escenario (aun en los riñones de Abraham) en Génesis 12 , solo después de una extensa introducción al dilema de toda la raza humana. Génesis 1-11 se ocupa por completo de la humanidad como un todo, el mundo de todas las naciones y del problema –en apariencia insoluble– de su pecado colectivo. De forma que la historia de Israel que comienza en el capítulo 12, en realidad es la respuesta divina al problema de la humanidad»[28]. Es en ese contexto en el que se reiterará y ratificará en el pentateuco, los salmos y los profetas la promesa de bendición y redención a todas las naciones «Y serán benditas en ti todas las naciones de la tierra» (Génesis 2:13). Esto

---

27. Ibíd., p. 132.

28. Christopher Wright, *Conociendo a Jesús a través del Antiguo Testamento, redescubriendo las raíces de nuestra fe*, p. 46, Andamio, Barcelona, 1996.

acontecería por medio de simiente de Abraham (Cristo): ahora bien, a Abraham fueron hechas las promesas, y a su simiente no dice: y a las simientes, como si hablase de muchos, sino como de uno: y a tu simiente, la cual es Cristo. (Gálatas 3.16).

He aquí la singularidad de la soberanía del Dios de Israel en quien las naciones podrán hallar salvación. He aquí la singularidad de Jesucristo como el único camino de salvación provisto para todas las naciones. Pero no hay que perder de vista que la promesa hecha, ratificada y personalizada en Jesucristo exige una respuesta en fe como señal de aceptación y una entrega de relación.

Para Wright es clara no solo la singularidad del Dios, de la Biblia, sino la universalidad de Dios en Cristo como único camino de salvación para todas las naciones: «... En el momento que Dios está revelando su identidad y su única misión entre las naciones no deja ninguna duda de que él no es en absoluto una deidad local menor, ni siquiera un dios nacional y general. El alcance de su interés y su soberanía es universal... la particularidad de la historia de Israel es un medio particular para un fin universal... El resto del mundo no estaba ausente de la mente y del propósito divinos»[29].

El Dios de la Biblia reclama para sí singularidad, supremacía, dominio por encima de todo el universo, la creación en el cielo, la tierra y debajo de la tierra. Es un Dios que revela su nombre que por sí mismo habla de su eternidad y su particularidad: «Oye, Israel: Jehová nuestro Dios, Jehová uno es »(Deuteronomio 6:4); «Aprende pues, hoy, y reflexiona en tu corazón que Jehová es Dios arriba en el cielo y abajo en la tierra, y no hay otro» (Deuteronomio 4:39); «Dijo Moisés a Dios: He aquí que llego yo a los hijos de Israel, y les digo: El Dios de vuestros padres me ha enviado a vosotros. Si ellos me preguntaren: ¿Cuál es su nombre?, ¿qué les responderé? Y respondió Dios a Moisés: YO SOY EL QUE SOY. Y dijo: Así dirás a los hijos de Israel: YO SOY me envió a vosotros» (Éxodo 3:13-14). La relación entre YHWH y los dioses del entorno religioso de Israel se determina en sentido exclusivo desde el pentateuco, y de forma marcada a partir de los profetas, en especial en el Deuteroisaías[30].

---

29. Ibíd., p. 50.

30. Reinhold Bernhardt, *Religiones en diálogo, pretensión de absolutez del cristianismo*, p. 76, Descleé, Bilbao, 2000. Esta fuente aunque va por el camino del pluralismo religioso, demarca con honestidad las otras posturas, incluyendo el exclusivismo. El término Deuteroisaías se refiere al segundo bloque del libro de Isaías que comprende del capítulo 40 al 55. Por sus características singulares de redacción y mensaje, los biblistas lo consideran un segundo libro dentro del mencionado libro.

b) Cristianismo Neotestamentario

En el cristianismo del principio se mantiene la perspectiva del exclusivismo de Cristo en la salvación para toda la humanidad. El único Dios soberano creador, que no comparte su gloria con nadie, ha decidido revelarse salvíficamente única y plenamente en Jesucristo. En el contexto del nuevo testamento los religiosos y los paganos de todas las naciones, tanto judíos como gentiles deben llegar a Dios por medio de Jesucristo.

Beuade afirma que en los evangelios se percibe claramente que la salvación de todos los pueblos acontece solo por Jesucristo. En ese sentido Mateo se muestra universalista: «Unos magos paganos acuden a adorar al niño (Mt 2). Al volver de Egipto, el niño Jesús y sus padres se instalan en Galilea, definida un poco más adelante como la tierra de los paganos... El evangelio de Lucas, escrito por un cristiano de origen pagano, se presenta como inmediata y naturalmente universalista... Juan Bautista había preparado el terreno. En Lucas 3:14 También los paganos acudían a escucharle. La predicación se dirigía a todos y la urgencia de la conversión frente a la cólera de Dios se dejaba sentir para cada uno, sea cual fuere sus situación socio-religiosa... Por eso el reino de Dios al final de los tiempos, estaba para él, abierto a las naciones paganas: llegarán muchos de oriente y de occidente a ocupar un sitio en el banquete con Abrahán, Isaac y Jacob en el reino de los cielos (Mt. 8:11)»[31].

El proyecto de Jesús es de alcance universal en cuanto a tiempo y extensión de su objeto. Se deja entrever que él no espera que se realice en una generación, ni dos, sino en cientos, y él sabe que su cumplimiento pleno es escatológico. Su esperanza trasciende su propia muerte[32].

Es claro en los evangelios que las buenas nuevas de salvación se dirigen, en primer lugar, a las ovejas perdidas de Israel. Luego se extienden al mundo entero con tal claridad y precisión que los mandatos de dar a conocer el plan de salvación son para todas las naciones: «Por tanto id y haced discípulos a todas las naciones bautizándolos en el nombre del Padre, y del hijo, y del Espíritu Santo». (Mateo 19:20).

En esa misma vena Moltmann no solo ve la reconciliación, la redención sino la justicia como fruto de los sufrimientos singulares de Jesucristo. Ve también el alcance cósmico de la salvación, de la nueva creación para la glorificación de Dios. Esto puede acontecer solo por el camino de Jesucristo en su resurrección. Esa resurrección que ha traído «reconciliación con miras a la transformación y nueva creación del mundo, y rehabilitación de

---

31. Pierre Beaude, *Jesús de Nazaret*, p. 149ss, Verbo Divino, Navarra, 1988.
32. Horacio Bushnell, *¿Quien es el Cristo?*, p. 45-46, CLIE, Barcelona, 1986.

los pecadores con miras a un mundo justo para todos los seres»[33]. Según esta perspectiva nada de esto ocurre desde las demás religiones. Se deja entrever un exclusivismo y la centralidad de Jesucristo en la justicia, reconciliación de los hombres y de la creación de Dios.

c) La singularidad de Jesucristo frente a los demás fundadores de religiones

En cuanto a Cristo, la palabra encarnada, en comparación con los demás fundadores de religiones, Grau resalta diferencias y contrastes: Cristo es el cumplimiento y culminación de la esperanza profética de Israel. No inicia algo nuevo, no parte de cero como los otros fundadores. Cristo es el culmen de la revelación de Dios. Es el centro de toda la profecía la cual se cumple a cabalidad en Jesús de Nazaret, y esto no sucede por casualidad en lo que es imposible en los cálculos humanos. Agrega que Jesucristo no buscaba la verdad, como Buda, Zoroastro y los demás fundadores de religiones, sino el dijo: «Yo soy la verdad». Cristo no señalaba algún posible camino de salvación, él dijo: «Yo soy el camino». Además, ningún fundador de religión afirmó que resucitaría. Jesús anunció que moriría, pero resucitaría al tercer día. Todos los fundadores de religiones, de manera única, buscaban ayudar a los demás a encontrar el camino que les proporcionara rectitud, moral, buenas costumbres, paz interna, dominio de emociones, pero nada más[34].

1. Jesús es la puerta

Jesucristo afirmó: «Yo soy la puerta, el que por mi entrare, será salvo; y entrará, y saldrá, y hallará pastos.» (Juan 10:9). El artículo definido *la* en griego denota la exclusividad de esa puerta, que representa a Jesucristo para entrar a la salvación. En el contexto del pasaje, en el cual pronuncia esas palabras, Jesús llama a los religiosos ladrones y salteadores porque no entran por la puerta y porque desvían a otros para que no encuentren la puerta. Dicha afirmación fue expresada también en el contexto del señalamiento de la hipocresía y la ceguera espiritual de los religiosos fariseos, diciéndoles que los que habían venido antes que Él eran ladrones y salteadores. Haciendo alusión a la religión farisaica dice otra frase contundente en cuanto a que roba en lugar de dar bienestar: «El ladrón no viene sino para hurtar y matar y destruir; yo he venido para que tengan vida, y para que la tengan en abundancia» (Juan 10: 10). En contraste, Jesucristo es quien da *zoe*, la vida plena.

33. Jürgen Moltmann, *El camino de Jesucristo*, p. 261, Sígueme, Salamanca, 1993.

34. José Grau, *Introducción a la teología*, p. 133, CLIE, Barcelona, 1973.

2. Jesús es el camino

«Jesús dijo: yo soy el camino… y nadie viene al padre sino es por mí» (Juan 14:6). El artículo definido *el* en griego denota exclusividad. Se habla entonces de un único camino, no varios caminos. Él es el camino no solo por designación del padre, sino por su obra, su vida, su ejemplo y especialmente por su muerte expiatoria. Él es el camino de la salvación, en consecuencia no hay otros caminos de salvación.

3. Jesús es la verdad

«Jesús dijo: yo soy el camino y la verdad… nadie viene al padre, sino por mí» (Juan 14:6). Jesucristo es la verdad revelada por el padre. Él es la verdad con nombre propio, no solo por la doctrina que enseña del padre, sino que él es la encarnación de la verdad absoluta. Todas las otras verdades son relativas o subordinadas.

4. Jesús es la vida

«Jesús dijo: Yo soy el camino y la verdad y la vida: nadie viene al Padre sino por mí» (Juan 14:6). Él es la vida *zoe*, la vida plena, la vida de Dios, la vida en abundancia, la vida verdadera, la vida completa. Otra vez, el artículo definido *la* denota exclusividad. No hay vida de Dios auténtica y completa que se pueda obtener por medio de otros fundadores de religiones u otras religiones. El es la vida ahora y siempre.

5. Jesús es el Señor

A Jesucristo se le ha concedido el nombre y título de Señor. Kyrios en griego es un nombre sobre todo nombre. Aunque Jesucristo tiene más de setecientos nombres en toda la Biblia[35], uno de los más significativos es Kyrios. Es el nombre sin igual, excelente y sublime, que se le ha concedido a Jesucristo: el título de Señor. Es uno de los nombres de Dios recurrentes en todo el Antiguo Testamento y que se le reconoce en la revelación neotestamentaria: Filipenses 2:9-11 «Por lo cual Dios también le exaltó, y le dio un nombre que es sobre todo nombre, para que el nombre de Jesús se

---

35. Elmer Towns, *The names of Jesus, Over 700 names of Jesus to Help you really Know the lord you love*, Accent, Colorado, 1987. Otras excelentes lecturas para el estudio de los nombres y títulos aplicados a Cristo en el Nuevo Testamento con énfasis en su divinidad y con relación a su obra terrena, su obra futura, su obra presente son, respectivamente, la de Benjamin Warfield, *El Señor de la gloria*, CLIE, Barcelona, 1992, y la de Óscar Cullmann, *Cristología del Nuevo Testamento*, Sígueme, Salamanca, 1998.

doble toda rodilla de los que están en los cielos, y en la tierra, y debajo de la tierra; y toda lengua confiese que Jesucristo es el Señor, para gloria de Dios Padre». Otro pasaje clave es el de 1 Corintios 8:6 «Para nosotros, sin embargo, solo hay un Dios, El padre, del cual proceden todas las cosas, y nosotros somos para él, y un Señor, Jesucristo, por medio del cual son todas las cosas y nosotros por medio del él. Estos dos pasajes son solo una muestra de unicidad, exclusividad y deidad de Jesucristo. Es en este nombre de Jesucristo como Señor que se pueden realizar muchas acciones del reino de Dios[36].

6. Jesucristo es el único mediador entre Dios y los hombres

Esta clara verdad se describe en 1 Timoteo 2:5: «porque hay un solo Dios, y un solo mediador entre Dios y los hombres, Jesucristo hombre». Este texto es contundente, solo un ciego no puede ver aquí la absolutez de la unicidad y singularidad de Jesucristo para salvación. No hay, no existe otros mediadores, ni otras mediaciones: ni santos, ni vírgenes, ni hombres, ni reyes, ni religiones, fundadores de religiones, ni obras, ni moralismos, ni conocimientos, etc., que medien para que los hombres sean salvos. Esto acontece de manera exclusiva a través de Jesucristo.

Aquellos que ven a cristianos anónimos en todas partes del mundo; aquellos que ven a las religiones como preparación y como medio de gracia para ser salvos, finalmente en Jesucristo; aquellos que ven caminos de salvación totalmente independientes de Cristo, están ciegos, no ven la singularidad de la revelación especial, andan buscando a tientas a Dios encendidos en sus propias pasiones y deslumbrados por la revelación general.

4. La reforma protestante frente a las religiones

Martín Lutero es pionero, en buena medida, en posturas teológicas radicales, hizo, por ejemplo, una tajante separación entre la razón –que le llamó la prostituta del diablo– y la fe. El tema de la religión no es la excepción. Aunque, como bien dice José Morales, Lutero no abordó de manera directa la cuestión de las religiones, sí lo hace de manera indirecta en el contexto de la polémica del poder papal y la religiosidad medieval. Pero los planteamientos del prominente reformador sientan las bases y erigen las estructuras de la oposición irreconciliable entre religión y revelación: «La palabra revelada en el Evangelio es la crisis de

---

36. Fernando Saraví, *La divinidad de Jesucristo vindicada*, p. 31ss, CLIE Barcelona, 1989. *para una mejor comprensión de todas las cosas que se le mandan a los cristianos a realizar en la obra de Dios en el nombre de Jesucristo el Señor.*

la religión». Sí reconoce que los paganos tienen acceso al conocimiento universal de Dios, pero que no pueden identificar a ese Dios singular «porque la razón nunca es capaz de encontrarle, y lo que encuentra es al Diablo o a su propia idea de Dios»[37].

Lutero dirige esas críticas a los paganos, a los papistas, a los judíos, pero del mismo modo hace algunas alusiones a la religión de los mahometanos: «El Dios ilusorio de la razón humana no solo es el objeto del culto pagano, sino también el de papistas y el de judíos durante la vida de Cristo en la tierra. Los seguidores del heresiarca Mahoma se vieron igualmente engañados, porque las escrituras musulmanas enseñan solamente lo que el ingenio y la razón humana puedan tolerar»[38]. Les echa el gato a las barbas cuando les dice que todos son buscadores religiosos, que sus religiones son diferentes caminos y diversas formas en sus cultos, pero que todas tienen la misma intención y un último fin: «llegar a ser el pueblo de Dios mediante sus propias obras buenas». Los tilda de falsos modos de fe con dos características comunes: «Derivan su unidad no solo por lo que afirman, sino también por lo que niegan, que es la exclusiva revelación de Dios en la persona de Jesucristo»[39].

Calvino afirma que los destellos del poder de Dios en la creación son un conocimiento natural dudoso y que al final solo sirven para hacer inexcusable al hombre que se ha volcado a sus propias creencias, a fabricar sus propios dioses, o los que van por el camino de la especulación filosófica tan variada y confusa. Esas creencias carecen de toda verdad y son incapaces de conducir a la verdadera salvación. Es necesario conocer a Dios en la Escritura que es la que puede guiar y encaminar al Dios creador y redentor[40]. Insiste Calvino en la enseñanza de los elegidos y los réprobos, la conocida doctrina de la doble predestinación: los del pueblo de Dios, los elegidos para salvación eterna y los paganos para condenación eterna[41]. La opción de la salvación existe, de manera exclusiva, para todos aquellos elegidos que están dentro de la iglesia de Cristo.

Zuinglio, el reformador, tiene dentro de sus muchos y variados escritos uno que no es muy conocido aún llamado *Comentario sobre la verdadera y la falsa religión*, que consta de 29 capítulos. Se ha dicho que es la primera

37. José Morales, *Teología de las religiones*, p. 99, Rialp, Madrid, 2008.

38. Ibíd.

39. Ibíd., p. 100.

40. Juan Calvino, *Institución de la religión cristiana*, Vol. I, p. 13-27, FELiRé, países bajos, 1986.

41. Juan Calvino, *Institución de la religión cristiana*, Vol. II, p. 723ss, FELiRé, países bajos, 1986.

dogmática evangélica publicada en el siglo XVI. En esta sistematización de la enseñanza bíblica y teológica, que él mismo la llama doctrina evangélica, explica por contraste, con ingenio y agudeza las diferencias de la verdadera religión y la falsa. No se refiere a las grandes religiones. Está hablando en el contexto de la falsa religión enseñada y practicada por la iglesia medieval, que posteriormente se constituiría formalmente en la iglesia católica romana, ambas saturadas de religiosidad alienante y de filosofía griega. Para él, entonces, todo lo que no concuerde con el evangelio, con la sagrada Escritura, en su fe, doctrina, y práctica, es una falsa religión que no puede conducir a la salvación verdadera[42]. Para Zuinglio el único camino para salvación es Jesucristo y la única autoridad espiritual, norma de vida y fe, es la Escritura.

5. La teología protestante del siglo XX y XXI

El pensamiento y la iglesia protestantes no han elaborado una teología de las religiones. Las razones son obvias: el trasfondo de la teología bíblica neo-testamentaria que resalta la singularidad de Jesucristo como único camino de salvación; el conocimiento espiritual que acontece por medio de la revelación; la particularidad de la misión de la Iglesia a todas las naciones hasta lo último de la tierra; la postura fundamental de la herencia de la Reforma Protestante del siglo XVI frente a toda religión. Sobre estos fundamentos se erige la teología protestante del siglo XX.

Resalta la postura radical del potente influjo del pensamiento de Karl Barth en cuanto a la total nulidad de las religiones para llegar a Dios. Todo esto ha servido de muro de contención a la avalancha de las nuevas propuestas de la teología religiones: las religiones como preparación para la salvación, como caminos de salvación no normativos y como caminos independientes de salvación.

Barth no hace amagos de conciliación entre revelación y religión. Toda una sección de su dogmatica se titula «La revelación como abolición de la religión»[43]. Para Barth «No hay ninguna conexión entre cristianismo y las religiones paganas. Cristo significa la inhabilitación de la religión», «Es la arbitrariedad del hombre en resistencia contra la revelación de Dios… arbitrariedad que conduciría, por eso, a la idolatría y a la justificación por

---

42. Ulrico Zuinglio, *Comentario sobre la verdadera y falsa religión*, Marzo, 1525, Zurich en M. Gutierrez, *Zuinglio antología*, p. 168-205, Filograf, Barcelona, 1973.

43. Esta parte de su dogmática *«La revelación como abolición de la religión»* ha sido traducida al español y publicada como libro por la editorial Marova, Madrid, pero está agotada.

las propias obras»[44]. En esa línea Rodriguez cita a Barth: «El movimiento del hombre hacia Dios es religión, es decir obra humana, justificación por las obras; Karl Barth no tiene nada contra los científicos, contra los fenomenólogos de la religión, ni muchísimo menos; al contrario, dice que es una disciplina maravillosa que se tiene que cultivar. Contra quien sí lo tiene es contra los que él llama «religionólogos», contra los teólogos que no se sabe lo que son, si científicos de la religión o teólogos»[45]. Posteriormente Barth hablará de las religiones como «una confirmación de que Dios no ha arrojado al hombre de su relación de alianza con él, de que por parte de Dios esa relación no ha sido suspendida». Pero sigue viendo al hombre en pugna contra la relación de la alianza establecida por parte de Dios[46].

Emil Brunner sigue la línea de la centralidad de Cristo para la salvación. Hace un matiz al distinguir entre revelación y salvación. Habla que es posible una revelación entre los gentiles, una revelación que es parte de la revelación original. Así, da lugar a una revelación fuera del cristianismo que no sería el resultado de ideas humanas, sino que representaría, en alguna medida, una acción a través de su Espíritu[47].

Pannenberg afirma el carácter absoluto del cristianismo frente a la pluralidad de religiones. Pasa lista a las diferentes épocas, sus teólogos, filósofos y sociólogos representativos en relación a la concepción de la religión y religiones frente al cristianismo. Su aproximación es cautelosa. Pannenberg concluye su apartado sobre la religión y cristianismo afirmando que «la finitización de lo infinito, característica de la relación religiosa del hombre con Dios, ha sido superada en el cristianismo; no, ciertamente, desde el comportamiento cúltico de los cristianos, pero si en el acontecimiento de la revelación de Dios»[48]. Es así como coloca a las religiones como pretensiones de verdades que son superadas por el cristianismo.

6. La singularidad de la revelación y las religiones

Hemos abordado, con detalles, la revelación especial cristiana. En este apartado lo haremos como «lo velado» y como el encubrimiento de ésta en las religiones. Para hablar, con propiedad de la revelación singular del cristianismo frente a las religiones, es necesario tener algún conocimiento sobre ellas. En este apartado no abordaremos las cosmovisiones y seudo

44. Karl Barth KD I/2 329, I/2 349, en Wolfhart Pannenberg, *Teología sistemática I*, p. 191, Upco, Madrid, 1992.

45. Pedro Rodriguez, *Karl Barth*, artículo en Aula Magna, Santander, 2009.

46. Karl Barth KD IV/1 537, En Op. Cit. Pannenberg, p. 191.

47. José Morales, *Teología de las religiones*, p. 122, Rialp, Madrid, 2008.

48. Wolfhart Pannenberg, *Teología sistemática* I, p. 137-191, Upco, Madrid, 1992.

religiones antiguas[49].Tampoco incluiremos algunos grupos identificados como sectas tanto por la teología católica como la protestante[50]. Tocaremos someramente las grandes religiones mundiales más importantes. Existe abundante información sobre sus escritos, sus tradiciones, sus creencias, sus formas de cultos, sus prácticas religiosas, sus pensamientos, sus filosofías, sus códigos de ética y sus pretensiones. En este escrito, no es el tema principal, es apenas el subtema número seis de este capítulo, por lo que lo abordaremos de manera escueta[51], desde la perspectiva protestante[52].

a) Hinduismo

Fecha de fundación o nacimiento del fundador 1500 a. C. Fundador: ninguno. Deidad: Brahma o varios. Ubicación geográfica: India, diseminada en Rusia. Escrituras: vedas. Creencias y pretensiones: mitología, filosofía panteísta, elevada a categoría de sagrada tardíamente. No es posible considerarla como revelación, sino como filosofía de la divina esencia, creencia panteísta con una estructura social hereditaria de castas[53].

b) Judaísmo

Fecha de fundación: 1200 a. C. Fundador: Moisés. Deidad: Jehová. Ubicación geográfica: Oriente. Escrituras: Antiguo Testamento y escritos rabínicos tardíos. Creencias y pretensiones: salvación por medio de la obediencia a la ley de Moisés que viene de un Dios justiciero[54]. Ni aún los mismos judíos pueden practicar hoy, exactamente los ritos sacrificiales, ni las fiestas

49. Henri-Puech, *Historia de las religiones*, Siglo XXI, España, 1982. Para una descripción detallada de movimientos religiosos antiguos de América del norte, el mesianismo de América del sur, los cultos afroamericanos, y los movimientos religiosos modernos de indonesia, de Oceanía, del África austral, del África negra.

50. Albert Samuel, *Para comprender las religiones en nuestro tiempo*, p. 187-193; 195-200, Verbo Divino, Navarra, 1989. Es un excelente material para profundizar en las sectas: adventistas, mormonas, testigos de Jehová, moon, nueva acrópolis, ciencia cristiana, amigos del hombre, cienciología, meditación trascendental.

51. VA., *Las grandes religiones del mundo*, Paulinas, Caracas, 1992. Para una mayor precisión del conocimiento de cada una de las religiones mundiales, escrita por especialistas prominentes que pertenecen a cada una de las religiones expuestas. Es una perspectiva académica desde adentro.

52. En el punto de vista protestante es una buena fuente para conocer en detalle las grandes religiones mundiales el libro editado por Norman Anderson: VA., *Las religiones del mundo, Mundo Hispano*, El paso. Tx., 1993.

53. Roberto Hume, *Las religiones vivas*, p.18ss, Mundo Hispano, El paso Texas, 1976.

54. Ibíd., p.179ss.

ordenadas del Antiguo Testamento, porque no hay templo en Jerusalén, ni sacerdotes con genealogía registrada. Sus prácticas y sus ritos judaizantes viene más de los escritos tardíos rabínicos.

c) Sintoísmo

Fecha de fundación: 600 a. C. Fundador: ninguno. Deidad: naturaleza divina. Ubicación geográfica inicial: Japón. Escritos: Ko-ji-ki (cursiva) y Nihon-gi (cursiva). Creencias y pretensiones: no pueden considerarse revelación, son una mezcla de panteísmo, espiritismo, politeísmo[55].

d) Zoroastrismo

Fecha de fundación: 600 a. C. Fundador: Zoroastro. Deidad: Ahura Mazda. Ubicación geográfica inicial: Persia e India. Escrituras: avestas elaboradas después de 1300 años del nacimiento de Zoroastro. Creencias y pretensiones: no son revelación, sino una mezcla de magia, de supersticiones y de mitología[56].

e) Taoísmo

Fecha de fundación: 604 a. C. Fundador: Lao tsé. Deidad: el Tao, que significa sendero. Ubicación geográfica inicial: China. Escrituras: Tao-Teh-King (cursiva), muy tardía al nacimiento del fundador. Creencias y pretensiones: no se puede considerar revelación, sino una especie de moralismo con sus trescientas reglas ceremoniales y sus tres mil reglas de los castigos, es un iluminismo intuitivo y supersticioso[57].

f) Jainismo

Fecha de fundación: 599 a. C. Fundador: Vardhamama-Mahavira. Ubicación: India. Escrituras: angas. Creencias y pretensiones: búsqueda de la salvación por medio del ascetismo[58].

g) Budismo

Fecha de fundación: 560 a. C. Fundador: Gautama Buda. Superior: originalmente ninguno, ahora el fundador. Ubicación geográfica inicial:

55. Ibíd., p.154ss.
56. Ibíd., 199ss.
57. Ibíd., p.134.ss.
58. Ibíd., p. 42ss.

Oriente. Escrituras: tripitaka (cursiva), escritos tardíos que sucedieron a una larga tradición oral. Creencias y pretensiones: no pueden considerarse revelación. Su esencia es un estado mental que busca la paz interior; la predicación de una ley moral universal que degenera en un moralismo, sumado a un sincretismo. Al principio no se le concedió siquiera la noción de religión[59].

h) Confucianismo

Fecha de fundación: 551 a. C. Fundador: Confucio. Deidad: cielo o fundador. Ubicación geográfica inicial: China. Escrituras: clásicos de historia y moral. Creencias y pretensiones: no se pueden considerar revelación. Son ensayos de ética, moral y urbanidad social[60].

i) Mahometanismo

Fecha de fundación: 570 d. C. Fundador: Mahoma. Deidad: Alá. Ubicación inicial: Arabia, luego se extendió a muchos países árabes. Escrituras: el Corán. Creencias y pretensiones: no se pueden considerar revelación. Aunque es la única de las religiones que afirma tener revelación. Los especialistas y críticos afirman que son una masa, a veces contradictoria, de creencias tradicionales, prácticas religiosas disciplinadas, leyendas árabes, inclusión de elementos del Zoroastrismo, algunos rezagos del talmud judío, alusiones al Nuevo Testamento, incluyendo a Jesús como profeta[61].

j) La singularidad de la revelación cristiana

Ésta no es una religión de inspiración humana. Ha sido la iniciativa divina la que ha marcado las pautas en su auto revelación al pueblo de Israel y a los gentiles por los distintos medios que hemos indicado desde el principio. Es indiscutible la superioridad del cristianismo en todos los sentidos. Su singularidad contrasta con lo común, lo general y con las variantes de las religiones.

k) Siete hechos sobrenaturales de la revelación cristiana según Gaebelein

Esos hechos no acontecen en las religiones y son los que, de manera justa y precisa, hacen la diferencia abismal entre el cristianismo y las

59. Ibíd., p.61ss.
60. Ibíd., p.113ss.
61. Ibíd., p.221ss.

religiones: 1) un fundamento sobrenatural en la revelación, 2) una persona sobrenatural: la encarnación de Dios en Jesús de Nazaret- la máxima revelación de Dios-, 3) su obra sobrenatural de redención anunciada en el Antiguo Testamento y su cumplimiento en la vida, carácter, enseñanza y obra, orientadas a su muerte expiatoria, 4) su resurrección que viene a ser la piedra angular de la fe cristiana, de la cual fueron testigos los apóstoles y más de quinientos hermanos, 5) un mensaje sobrenatural registrado en la Escritura, que viene revelado del Padre, anunciado por el hijo y testimoniado por el Espíritu Santo a través de la iglesia, 6) el poder sobrenatural manifestado como intervención divina en la historia de Israel, en Jesucristo, sus apóstoles, sus discípulos y la iglesia, 7) una manifestación sobrenatural futura. El reino es escatológico, aunque ha irrumpido en la historia, su consumación está por venir. Esta doctrina ha sido cardinal desde la iglesia primitiva[62].

Así el cristianismo es totalmente contrastante con relación a lo expuesto en las religiones. La Biblia da por sentado que es revelación de Dios que inicia en el Antiguo Testamento, con prominencia en Abraham, y tiene pleno cumplimiento en Jesucristo.

l) Elementos únicos característicos del Cristianismo como revelación según Grau

Grau menciona algunos elementos únicos y diferenciadores de la Escritura Sagrada del Cristianismo en contraste con los escritos religiosos: «Son escritos que se remontan al 1200/1500 a. C. y son siempre contemporáneos... Tenemos más de 4000 manuscritos de porciones del N. T. o del N. T. completo... La Biblia, por otra parte, no es el resultado de una sacralización posterior, como es el caso de todos los demás libros religiosos, sino el testimonio de profetas y apóstoles que se saben inspirados por Dios y son conscientes de dar Palabra de Dios. De ahí la frase tan repetida por ellos: Así dice Jehová... Los libros religiosos de la humanidad registran el testimonio de las inquietudes y esfuerzos del hombre por hallar un sentido a la vida y tratar de comprender algo del cosmos y las realidades últimas... La Biblia registra el testimonio del esfuerzo de Dios para llegar hasta los hombres y revelarles su voluntad y sus propósitos redentores»[63].

Grau también hace seis contrastes claros, sencillos, pero muy acertados entre la singularidad de Jesucristo y los fundadores de religiones:

62. Arno Gaebelein, ¿El cristianismo es religión?, p. 97-195, CLIE, Barcelona, 1985. Este texto no aparece copiado literalmente, está comentado y explicado.

63. José Grau, *Introducción a la teología*, p. 132ss, CLIE, Barcelona, 1973. Los puntos suspensivos son míos. Todo el texto que aparece escrito en itálica está copiado literalmente.

1)»Cristo es la culminación de la esperanza profética de Israel, no inicia nada nuevo fundamentalmente, sino que es el clímax de la Revelación dada por Dios a lo largo de los siglos»… 2) «Cristo no buscaba la verdad, como Buda, Zoroastro y los tenidos por fundadores de religiones. Cristo afirmó desde el comienzo de su ministerio: Yo soy la verdad. Cristo no señalaba algún posible camino; decía. Yo soy el camino… 3) «La muerte de cualquiera de esos hombres es, en el mejor de los casos, la muerte de un sabio. Lo que hace de la muerte de Cristo algo único no es tanto su forma –en la cruz– sino su significado redentor»… 4) »Ningún texto antiguo de esas religiones pretende que sus fundadores resucitaran… la tumba de Cristo está vacía. Cristo resucitó en la presencia de muchos testigos»… 5) «Los textos más antiguos de estas religiones no atribuyen milagros a sus maestros (solamente los escritos tardíos, sacralizados lo hacen) en cambio toda la vida de Jesús es un milagro atestiguado de manera objetiva por los documentos más antiguos»… 6) Algunos de estos hombres (Confucio, Lao Tsé, Zoroastro, etc.,) no pretendieron jamás fundar ninguna religión, sino tan solo ayudar a los hombres a buscar el camino –algún camino– que pudiera satisfacer sus inquietudes morales o espirituales»[64].

m) La singularidad de la misión

Así como son singularísimas la revelación Judeo-cristiana, las sagradas Escrituras, la revelación encarnada, la justificación, la redención, la salvación, la resurrección, la edificación de la Iglesia, la consumación del reino, de modo exacto lo es, en esa proporción, la singularidad de la misión.

Neill ve la conexión imprescindible del acontecimiento histórico Jesucristo, fundamento de la iglesia y la subsecuente, necesaria e importante misión. Lo expresa así: «Sencillamente como historia, el evento de Jesucristo es único. La fe cristiana va muchísimo más allá en su interpretación de ese evento. Sostiene que en Jesús la única cosa que se requería que ocurriese ha ocurrido de tal manera que no se necesita nunca más que ocurra otra vez… Haciendo semejantes aseveraciones, los cristianos están obligados a afirmar que todos los hombres necesitan el evangelio. Para la enfermedad humana, existe un remedio específico, y es éste. No hay otro. Por lo tanto, el evangelio tiene que ser proclamado hasta los confines de la tierra y hasta el fin. La iglesia no puede comprometerse poniendo en peligro su tarea misionera sin dejar de ser la iglesia»[65].

64. Ibíd., p. 133ss. Los puntos suspensivos son míos. Todo el texto que aparece en itálica está copiado literalmente.

65. S.C. Neill, *Christian faith and other faiths*, p. 17ss, OUP, N.Y., 1970, en VA., *Las religiones del mundo*, p. 263, Ed. Mundo Hispano, El Paso, TX., 1993.

7. La teología cristiana y la teología de las religiones

Creemos que la teología cristiana no debe, no quiere y no puede aceptar una teología de las religiones aún con todos sus matices. Esa postura no es por cerrazón, ni capricho, ni falta de propuestas inteligentes, tampoco por una actitud separatista intransigente o falta de interés en dialogar con nuestros prójimos. Revelación y religiones se excluyen mutuamente. Evangelio y religiones son opuestos irreconciliables. El evangelio es locura: escándalo para los griegos y tropezadero para los judíos.

De manera justa y precisa los fundamentos de la teología evangélica ya han sido echados de una vez por todas. El fundamento teocéntrico singular que se centraliza en el «Yo soy el que soy» de la Biblia, no es cualquier *theos*, éste ha decidido auto-revelarse en la historia del Israel de la Biblia y abajarse en su manifestación plena en Jesucristo como punto focal de mediación y salvación.

El fundamento Cristo-céntrico que se identifica de modo único y pleno en Jesús de Nazaret, no es de un Cristo que difiere del Jesús histórico; como el que propone una de las posturas de la teología de las religiones, que resultaría en un fantasma. ¡No! el fundamento Cristo-céntrico está unido para siempre al que tomó carne y hueso judíos en Jesús de Nazaret, que nació en Belén, recorrió las calles de Jerusalén, Judea y Samaria predicando el tiempo oportuno y agradable para los perdidos, ofreciendo el perdón de pecados, llamando al arrepentimiento; Jesús el Cristo que muere crucificado, resucita de entre los muertos al tercer día y, que volverá por segunda vez como lo anunciaron los profetas, como lo ratifica el mismo Jesucristo y que la iglesia lo proclama desde el principio.

El fundamento Biblio-céntrico que hemos venido hablando, como un estribillo, ha tenido desde siempre el carácter vinculante, de canonicidad, de norma, de autoridad, que recoge los registros de la intervención y revelación divinos en la historia de Israel, los profetas, los apóstoles y Jesucristo la máxima revelación de Dios. Es la «sola» y «toda» Escritura de la cual el Espíritu da testimonio interno, como dice Calvino, al convertido que Dios ha hablado por medio de ella. En distintas épocas, escrita por distintos personajes, ha sido cuestionada, desprestigiada, rebajada, pero hasta hoy sigue preservada y transformando vidas.

El fundamento de la fe sola es requisito para acceder a la salvación: «Porque en el evangelio la justicia de Dios se revela por fe y para fe, como está escrito: Más el justo por la fe vivirá». (Romanos 1:17). Es necesaria para mantenerse en el camino de salvación: «… porque por la fe estáis firmes» (2 Corintios 1:24b). Esa fe es la fe bíblica que acontece como un regalo de Dios: «Porque por gracia sois salvos por medio de la fe; y esto no es de vosotros, pues es un don de Dios» (Efesios 2:8). No es una fe humana meritoria, tampoco es una fe ciega, ni una fe religiosa que forcejea en base a sus moralismos, supersticiones, especulaciones y filosofías racionalistas.

El fundamento de la gracia sola, que acontece como el don inmerecido de Dios a los que ponen su confianza en Jesucristo para salvación, está en franca oposición a las obras o cualquier otro tipo de aportación que quieran hacer los hombres para justificarse a sí mismos. Somos justificados por gracia activada por la fe que responde al ágape de Dios, no por la naturaleza o por lo que podamos captar de la revelación general.

El fundamento Ecleocéntrico que resulta en un misterio revelado por Dios al dar a conocer que formaría una *Ekklesia,* un nuevo pueblo integrado tanto por judíos como de gentiles –se refiere a todas personas de todas las naciones que no son judíos–, que de dos pueblos haría uno por medio del evangelio de Cristo. La teología evangélica se ha forjado en y desde la iglesia de Cristo, para la proclamación de la salvación al mundo por medio de Jesucristo Señor del cielo y la tierra, rey del universo.

a) *Una conclusión breve en torno a la teología de las religiones*

Hemos descrito y evaluado a grandes rasgos las propuestas de la teología de las religiones. Hemos indicado como se hace de manera intencional la separación entre ésta y todas las ramas del saber que caben dentro de las ciencias de la religión: Historia de la religión, religiones comparadas, sociología de la religión, filosofía de la religión, sociología de la religión, sicología de la religión, etc. Es, pues, una nueva manera de hacer teología que parte, en general, de los diversos intentos y esfuerzos de las religiones, sus fundadores y sus adeptos para justificarse a sí mismos, por medio de moralismos, panteísmos, legalismos, estados mentales placenteros, intentos rigurosos de obediencia a códigos de ética y urbanidad, politeísmos, sincretismos, mitologías, ascetismos, entre otros.

En el mismo ámbito en el que ha surgido dicha teología, hay cuestionamientos serios. No todos los teólogos están de acuerdo. Es un sector el que está promoviendo la nueva corriente teológica. Uno de los teólogos católicos que plantea las perspectivas sobre las cuales sí pudiera darse un pluralismo y un dialogo inter-religioso, también muestra la contraparte de modo sincero. Las críticas que surgen desde adentro en cuanto al pluralismo y el diálogo interreligioso, que forman parte de la teología de las religiones, las acotaremos aquí de manera resumida:

«… para un buen número de creyentes, no es más que una moda pasajera, que no afecta más que a una fracción de creyentes y teólogos ávidos de novedades… una moda llamada a desaparecer… abre la puerta a un relativismo teológico… conduce indefectiblemente al sincretismo y atenta contra la pureza y la unidad de la fe… es una traición a la tarea de la evangelización… los que no pertenecen a la tradición cristiana, se les presenta como una superchería de los cristianos… la tentación de no tener en cuenta la conversión, amputando así a toda fe de tipo misionero, en especial la cristiana, de un aspecto constitutivo de su naturaleza… desde el punto de vista hindú, el dialogo interreligioso tiende a otorgar prioridad al aspecto doctrinal e institucional de la vida religiosa, a riesgo de impedir el encuentro a un nivel más profundo, verdaderamente espiritual … dado que pone su acento en la palabra y en la palabra inteligible no puede constituir, en especial a los ojos de los budistas, la totalidad del encuentro entre creyentes… sopena de incurrir en un comparatismo superficial o en una reducción a común denominador, el diálogo no puede dejar de chocar con la incomunicabilidad de la fe, subrayada por la tradición judía, en la relación con el carácter inefable de lo divino… el diálogo interreligioso quizá sea con el islam el que presente con mayor claridad la dificultad que supone un diálogo desigual, en virtud de los conflictos del pasado, de las relaciones entre minoría y mayoría, de las luchas de influencia a escala mundial así como de las tentaciones de repliegue sobre la propia identidad…»[66].

Desde la perspectiva teológica evangélica reafirmamos, de modo vehemente, que esas creencias y prácticas son, en las religiones, una respuesta maltrecha y fatigada a la revelación general. Proviene de la insatisfacción y la desesperación de su condición de pecadores no redimidos que les conduce a la perversión de la revelación general, y al rechazo de la autoridad de la Escritura. Todas esas creencias, prácticas y cosmovisiones discrepan enormemente con el pensamiento bíblico teológico evangélico en el terreno del estudio, de la interpretación, de la aplicación y la existencia de la fe.

Los pocos y malos argumentos bíblicos que presentan, como base, para la conformación de una teología de las religiones están fuera de contexto, no solo de los libros bíblicos en que se encuentran, sino del contexto de toda la Escritura. Ésta no tiene nada que decirnos, por ninguna parte, a favor de la inclusión de la religiones como caminos de preparación para salvación, o del pluralismo normativo y menos de un pluralismo no normativo que nivela todas y cada una de las religiones como caminos directos y convergentes para salvación.

La revelación cristiana, en fidelidad a la palabra de Dios, en todas sus aristas, mostrándose exclusiva como mediación y camino de salvación rechaza toda posibilidad de otras mediaciones de salvación. Es claro que

---

66. Jean-Claude Basset, *El diálogo interreligioso*, p. 410-418, Desclée, Bilbao, 1999. Los puntos suspensivos son míos, el contenido entre estos, han sido seleccionados y copiados literalmente.

la teología evangélica protestante no puede darse el lujo de vivir para sí, enamorada de sí misma, a semejanza de Narciso; enclaustrada, como los monjes en monasterios medievales atrincherados en conservadurismos caducos, no, sino con apertura al mundo, a todos los habitantes, a los profesantes de todas las religiones. Diálogo si, concesiones fundamentales no. Un ¡sí! al amor, a la tolerancia, al respeto, a la compasión y a la misericordia al prójimo. Un ¡no! a las componendas niveladoras sustentadas por moralismos, relativismos, obras meritorias, sincretismos, filosofías racionalistas, animismos, creencias, prácticas mágico-religiosas. Pues no seríamos fieles a Jesucristo, al llamamiento santo e irrevocable, a la misión que nos ha sido encomendada.

La teología evangélica no debe ser una teología aguada, maltrecha, enana, artrítica, quejumbrosa, estéril. Por el contrario, nuestra teología debe tener espaldas anchas para soportar los embates que pretendan derrumbar los cimientos milenarios de «la fe dada una vez a los santos»; una columna vertebral fuerte para servir de sostén a toda la estructura y el cuerpo de una teología integrativa; una mente clara para producir una teología de carácter científico en la etapa del conocimiento investigado; un corazón puro para que sea una teología sincera por amor a la verdad; un espíritu guiado por el Espíritu Santo para que sea una teología espiritual; con pies ligeros para no quedarse rezagada y responder a los grandes desafíos actuales; manos extendidas para servir y compartir por gracia, lo que de gracia hemos recibido.

Necesitamos una teología profunda, fuerte, perenne, fértil, para estos tiempos difíciles; como la palmera, que permanece en medio de las sequías, las tormentas, los huracanes, los vientos, las correntadas. Se dobla pero no se quiebra. Sigue dando frutos.

Así la teología evangélica es necesario que busque el equilibro en utilidad y belleza, estructura y profundidad, doctrina y experiencia, conocimiento y poder, palabra y espíritu, libertad y responsabilidad, flexible pero comprometida, que apele al intelecto, pero que no elimine el sentimiento ni la emoción, que apele a la fe pero también a la razón, todo eso dentro del contexto de la comunidad, la sociedad y la época que le ha tocado vivir, proyectándose con misericordia y ayuda social a los necesitados.

Emilio Núñez, un largo tiempo atrás, avizoraba la necesidad de una teología evangélica a la altura, para dar respuestas útiles y acertadas a los desafíos en los distintos ámbitos: «Definitivamente la teología evangélica del futuro tendrá que ser bíblica en sus fundamentos, eclesiástica en su estrecha relación con la comunidad, pastoral en su intento de ser una voz orientadora para el pueblo de Dios; contextualizada en cuanto a lo cultural y social, y misionera en su propósito de alcanzar a los no cristianos con el evangelio»[67].

67. Emilio Núñez, *Teología de la liberación*, p. 187, Caribe, Miami, 1986.

Bibliografía

ALFARO, JUAN, *Revelación cristiana, fe y teología*, Sígueme, Salamanca, 1985.

ALVAREZ, MIGUEL, *La Palabra, el Espíritu y la comunidad de fe*, Editorial Evangélica, Cleveland, 2007.

———, VA. *El rostro hispano de Jesús, hacia una hermenéutica esperanzadora*, Universidad para Líderes, Honduras, 2009.

ANTÚNEZ, JAIME, *Crónicas de las ideas*, Ed. Andrés Bello, 1989.

ARANA, PEDRO, *La revelación de Dios y la Biblia* en Pablo Hoff, *Teología evangélica*, Vida, Miami, 2002.

ARRASTIA, CECILIO, *Tentación y Misión, reflexiones sobre la misión de la iglesia*, CBA, El Paso, Texas, 1993.

BANCROFT, EMERY H., *Fundamentos de teología bíblica*, Portavoz, Michigan, 1997.

BANKS, JUAN, *Manual de doctrina cristiana*, CLIE, Barcelona, 1988.

BARBAGLIO-DIANICH, *Nuevo diccionario de teología II*, Cristiandad, Madrid, 1982.

BARTH, KARL, *Al servicio de la palabra*, Sígueme, Salamanca, 1985.

———, *Carta a los Romanos*, BAC, España, 1988.

———, *Ensayos teológicos*, Herder, Barcelona, 1978.

———, *Esbozo de dogmática*, Sal Terrae, Santander, 2000.

———, *Instantes, textos para la reflexión escogidos por Eberhard Busch*, Sal Terrae, Santander, 2005.

———, *Introducción a la teología evangélica*, Sígueme, Salamanca, 2006. / Aurora, Buenos Aires, 1986.

———, *Introducción a la teología*, Aurora, Buenos Aires, 1986.

———, *La proclamación del evangelio*, Sígueme, Salamanca, 1980.

———, *Dogmatique I, t. II, Cap. II sec. n. 17* (original alemán, Labor et Fides) en Michel Fédou, *Las religiones según la fe cristiana*, Desclée, Bilbao, 2000.

———, *La revelación como abolición de la religión*, Marova, Madrid.

BASSET, JEAN-CLAUDE, *El diálogo interreligioso*, Desclée, Bilbao, 1999.

BEAUDE, PIERRE, *Jesús de Nazaret*, Verbo Divino, Navarra, 1988.

BEINERT, WOLFGANG, *Introducción a la teología*, Herder, Barcelona, 1981.

BENITO, ÁNGEL, *Diccionario de ciencias y técnicas de la comunicación*, Paulinas, Madrid, España, 1991.

BERKHOF, LUIS, *Teología sistemática*, T.E.L.L., Michigan, 1995.

——, *Introducción a la teología sistemática*, The Evangelical Literature, Grand Rapids, 1982.

BERNHARDT, REINHOLD, *Religiones en diálogo, pretensión de absolutez del cristianismo*, Descleé, Bilbao, 2000.

BERZOSA, RAÚL, ¿Qué es teología? una aproximación a su identidad y a su método, Desclée, Bilbao, 1999.

——, *Hacer teología hoy, retos, perspectivas, paradigmas*, San Pablo, Madrid, 1994.

BOFF, CLODOVIS, *Teoría del método teológico*, Dabar, México, 2001.

BOFF, LEONARDO/BOFF, CLODOVIS, *Como hacer teología de la liberación*, Paulinas, Madrid, 1986.

BONHOEFFER, DIETRICH, *El precio de la gracia, el seguimiento*, Sígueme, Salamanca, 1986.

BONILLA, YATTENCY, *Cristo y el cristianismo dos grandes enemigos*, Grupo el Valle, Ecuador, 2007.

BUSCHART, DAVID, *Exploring protestant traditions*, IVP Academic, Illinois, 2006.

BUSHNELL, HORACIO, *¿Quién es el Cristo?* CLIE, Barcelona, 1986.

BUZZI, F., *Martín Lutero*, SC, 1994.

BYNNEY-STEELE, *Compendio de teología*, CNP, Kansas 1984.

CALVINO, JUAN, *Institución de la religión cristiana I-II*, FELiRé, Rijswijk-Países Bajos, 1986.

CHAFER, LEWIS, *Teología Sistemática, V. I*, Publicaciones Españolas, WI, 1986.

CONN, HARVIE, *Teología contemporánea en el mundo*, SLC, Iglesia cristiana reformada, Michigan, 1992.

CORDOVILLA, ÁNGEL, *El ejercicio de la teología*, Sígueme, Salamanca, 2007.

CRUZ, ANTONIO, *Sociología, un enfoque cristiano*, CLIE, España, 2001.

CULLMANN, ÓSCAR, *Cristología del Nuevo Testamento*, Sígueme, Salamanca, 1998

DE AQUINO, TOMÁS, *Suma teológica I*, I.A. Madrid, 1998.

DE ÁVILA, GERARDO, *Volvamos a la fuente*, Vida, Miami, Florida, 2001.

DE MIER, FRANCISCO, *Teología de la cruz*, San Pablo, Madrid, 1996.

DE SAHAGUN, JUAN, *Interpretación del hecho religioso, filosofía y fenomenología de la religión*, Sígueme, Salamanca 1982.

DENIS, HENRI, *Teología ¿para qué?* Desclée de Brouwer, Bilbao, 1981.

DILLENBERGER, JOHN/CALVIN, JOHN, *Selections from his writings*, Scolar Press, Atlanta, 1975, en John Piper, Op. Cit. *El legado del gozo soberano*, Unilit, Miami, 2008.

ERICKSON, MILLARD, *Christian Theology*, Baker Academic, Michigan, 2005.

————, *Teología sistemática*, CLIE, Barcelona, 2008.

ESCOBAR, SAMUEL, *De la misión a la teología*, Kairós, Argentina, 1998.

————, *Evangelio y realidad social*, CBP, El Paso, Texas, 1988.

————, *Heredero de la reforma radical*, en *Hacia una teología evangélica latinoamericana*, Caribe, México, 1984.

EVANS, STEPHEN, *Filosofía de la religión*, Mundo Hispano, El Paso Tx., 1990.

FARINA, RAFAEL, *Metodología, Normas para la técnica del trabajo científico*, Barcelona-Sarriá, España, 1979.

FÉDOU, MICHEL, *Las religiones según la fe cristiana*, Desclee, Bilbao, 2000.

FISICHELLA, R., *Introducción a la teología fundamental*, Verbo Divino, España, 1992.

FORTE, BRUNO, *Teología de la historia*, Sígueme, Salamanca, 1995.

FRIES, H., *Conceptos fundamentales de teología II*, Cristiandad, Madrid, 1979.

FÜRSTENBERG, FIEDRICH, *Sociología de la Religión*, Sígueme, Salamanca, 1976.

GADAMER, HANS-GEORG, *Verdad y método, I*, Sígueme, Salamanca, 1993.

GAEBELEIN, ARNO, *¿El Cristianismo es religión?*, CLIE, Barcelona, 1985.

GÁLVEZ, RIGOBERTO, *El Espíritu del Señor está sobre mí, un estudio sobre la misión del Espíritu y el cristiano*, Fortaleza, Guatemala, 2009.

————, *La misión de la iglesia en prácticas dudosas en el ejercicio de nuestra fe*, 2ª. Ed., Fortaleza, Guatemala, 2009.

————, *La obediencia de Jesús de Nazaret, modelo para la misión de la iglesia*, Fortaleza, Guatemala, 2005.

————, *Teología de la comunicación, un acercamiento bíblico al uso de los medios masivos de comunicación*, CLIE, Barcelona, 2001.

GARCÍA, RICARDO -VILLOSLADA, *Lutero, Martín*, I, p. 363, BAC, Madrid, 1976.

GARRETT, JAMES, *Teología sistemática, bíblica, histórica evangélica* I, CBP., El Paso, Texas, 1996.

GÓMEZ HERAS, JOSÉ, *Teología protestante, sistema e historia*, BAC, Madrid, 1972.

GONZÁLEZ, JOSÉ, *El cristianismo no es un humanismo*, Península, Romanyá/Valls, Barcelona, 1970.

González, JUSTO, *Historia del Cristianismo II*, Caribe, Miami, 2006.

———, *Historia del pensamiento cristiano, III*, Caribe, Miami, 1993.

———, *Teología liberadora*, Kairós, Buenos Aires, 2006.

González, JUSTO-MALDONADO, ZAIDA, *Introducción a la teología cristiana*, Abingdon press, Nashville, 2003.

GONZÁLEZ, OLEGARIO, *El quehacer de la teología*, Sígueme, Salamanca, 2008.

GRAU, JOSÉ, *Introducción a la teología, curso de formación teológica evangélica*, CLIE, Barcelona, 1973.

———, *Introducción a la teología, revelación, palabra, y autoridad*, CLIE, Barcelona, 1990.

GRUDEM, WAYNE, *Teología sistemática*, Vida, Miami Florida, 2007.

GUERRA, MANUEL, *Historia de las religiones*, 2da. Ed., BAC. Madrid, 2010.

GUTIERREZ, GUSTAVO, *Teología de la liberación, perspectivas*, Sígueme, Salamanca, 1987.

GUTIERREZ, M., *Zuinglio, Antología*, PND, Barcelona, 1973.

HENRI-PUECH, *Historia de las religiones*, Siglo XXI, España, 1982.

HESSEN, JOHANNES, *Teoría del conocimiento*, Espasa-Calpe, Madrid, 1991.

HODGE, CHARLES, *Teología sistemática* I, CLIE, Barcelona, 1991.

HOFF, PABLO, *Teología evangélica*, Vida, Miami, 2005.

HOHANN, F., *Manual de historia de la filosofía*, Herder, Barcelona, 1986.

HORTELANO, ANTONIO, *Teología de bolsillo, cuestiones esenciales del misterio cristiano*, Cobarrubias, Madrid, 1991.

HORTON, STANLEY, EDITOR, *Teología sistemática*, Vida, Florida, 1996.

HUME, ROBERTO, *Las religiones vivas*, Mundo Hispano, El paso, Texas, 1976.

ILLANES, JOSÉ, *Historia de la teología*, BAC, Madrid, 1995.

JIMÉNEZ, CARLOS, *Crisis en la teología contemporánea*, Vida, Florida, 1985.

KERN, WALTER-NIEVAN, FRANZ, *El conocimiento teológico*, Herder, Barcelona, 1986.

KÜNG, HANS, *Grandes pensadores cristianos, una pequeña introducción a la teología*, Trota, Valladolid, 1995.

———, *La iglesia*, Herder, Barcelona, 1975.

LACUEVA, FRANCISCO, *Curso práctico de teología bíblica*, CLIE, Barcelona, 1998.

———, *Espiritualidad trinitaria*, CLIE, Barcelona, 1983.

LACY, G. H., *Introducción a la teología sistemática*, CBP, México, 1989.

LATOURELLE, RENÉ, *Milagros de Jesús y teología del milagro*, Sígueme, Salamanca, 1990.

———, *Teología fundamental*, Paulinas, Madrid, 1992.

LATOURELLE, R.-FISICHELLA R., *Diccionario de teología fundamental*, Madrid, 1992.

LATOURELLE, RENÉ, *Teología de la revelación*, Sígueme, Salamanca, 1993.

LEWIS, GORDON R. AND DEMAREST, BRUCE A., *Integrative Theology V. II*, Zondervan Publishing House, Grand Rapids, Michigan, 1995.

LIBANIO, J. B, Y MURAD, ALFONSO, *Introducción a la teología*, Dabar, México, 2009.

LIPOVETSKY, GILLES, *Los tiempos hipermodernos*, Anagrama, Barcelona, 2006.

LOHFINK, NORBERT, *Exégesis bíblica y teología*, Sígueme, Salamanca, 1969.

LONERGAN, BERNARD, *Método en teología*, Sígueme, Salamanca, 1988.

MACKAY, JUAN, *Prefacio a la teología cristiana*, Cupsa, México, 1984.

MALVIDO, EDUARDO, *La perspectiva de la teología cristiana*, San Pio X, Madrid, 1993.

MARTÍNEZ, FELICÍSIMO, *Teología Fundamental, dar razón de la fe cristiana*, Edibesa, Salamanca, 1997.

———, *Teología latinoamericana y teología europea*, Paulinas, Madrid, 1989.

MARTÍNEZ, JOSÉ, *Fundamentos teológicos de la fe cristiana*, CLIE-Andamio, Barcelona, 2001.

MARTÍNEZ, LUIS, *Los caminos de la teología, historia del método teológico*, BAC, Madrid, 1998.

MARTÍNEZ, RAUL, *¿Qué es la teología? Una aproximación a su identidad y a su método*, Descleé Brouwer, Bilboa, 1999.

MÍGUEZ BONINO, JOSÉ, *Rostros del protestantismo*, Nueva Creación, Buenos Aires, 1995.

MIRANDA, JUAN CARLOS, *Manual de iglecrecimiento*, Vida, Miami, 1985.

MOLTMANN, JÜRGEN, *¿Qué es teología hoy? Dos contribuciones para su actualización*, Sígueme, Salamanca, 1992.

————, *El Espíritu Santo y la teología de la vida*, Sígueme, Salamanca, España, 2000.

————, *Teología de la esperanza*, Sígueme, Salamanca, 1981.

————, *Teología política ética política*, Sígueme, Salamanca, 1987.

————, *Trinidad y reino de Dios*, Sígueme, Salamanca, 1986.

————, *El camino de Jesucristo*, Sígueme, Salamanca, 1993.

MONDIN, BATTISTA, *Los teólogos de la liberación*, conclusión mística de una aventura teológica, Edicep, Valencia, 1992.

MORALES, JOSÉ, *Introducción a la teología*, Eunsa, Navarra, 2008.

————, *Teología de las religiones*, Rialp, Madrid, 2008.

MORIONES, FRANCISCO, *Espiritualidad Agustino Recoleta*, Augustinus, Madrid, 1988.

MORRIS, LEON, *Creo en la revelación*, Caribe, Miami, 1979.

MUÑOZ, M.-YVES-CONGAR, M., *Su concepción de teología y de teólogo*, Herder, Barcelona, 1994.

MUÑOZ, MÁXIM-*YVES-CONGAR, M.*, *su concepción de teología y de teólogo*, Herder, Barcelona, 1994.

NEE, W., *Escudriñad las Escrituras*, CLIE, Barcelona, 1998.

NEILL, S.C., *Christian faith and other faiths*, OUP, N.Y., 1970

NIEMANN, KERN, *El conocimiento teológico*, Herder, Barcelona, 1986.

NÚÑEZ, EMILIO, *Teología de la liberación*, Caribe, Miami, 1986.

————, *Teología y misión: perspectivas desde América Latina*, Visión Mundial, San José, Costa Rica, 1995.

————, *Vida y obra, una autobiografía*, Punto Creativo, Guatemala, 2013.

————, *La Biblia y la sanidad divina*, Portavoz evangélico, Barcelona, 1986.

OBERMAN, HEIKO, *Luther: man between God and the devil*, Doubleday, Nueva York, 1992.

OTT, LUDWIG, *Manual de teología dogmática*, Herder, Barcelona, 1969.

PADILLA, RENÉ, *El evangelio hoy*, Buenos Aires, Certeza, 1975.

————, *Discipulado y misión, compromiso con el renio de Dios*, Kairós, Buenos Aires, 1997.

PALMER, EDWIN, *Doctrinas claves*, MAY. estandarte de la verdad, doce puntos, Gran Bretaña, 1976.

PANNENBERG, WOLFHART, *Teoría de la ciencia y la teología*, Cristiandad, Madrid, 1981.

————, *Teología sistemática I*, Ortega, Madrid, 1988.

————, *Teología sistemática, tres volúmenes editada por la UPCO*, Madrid, 1996.

PELIKAN, JAROSLAV EN MICHAEL F. BIRD, *Evangelical Theology, a biblical and systematic introduction*, Zondervan, Gran Rapids, Michigan, 2013.

PÉREZ DE ANTÓN, F., *El gato en la sacristía, cuenta y razón del declive de la iglesia católica en el mundo*, Taurus, Madrid, 2003.

PÉREZ, MARCELO, *Estímulo y respuesta*, Aurora, Buenos Aires, 1969.

PIPER, JOHN, *El legado del gozo soberano, la gracia triunfante de Dios en las vidas de Agustín, Lutero y Calvino*, Unilit, Miami, 2008.

————, *Piense, la vida intelectual y el amor de Dios*, Tyndale House Publishers, Illinois, 2011.

PÓNTICO, EVAGRIO, *Monje oriental* (345-399 DC) en Evangelista Vilanova, *Para comprender la teología*, Verbo Divino, Navarra, 1992.

RAMM, BERNARD, *Teología contemporánea*, CBP, El Paso, Texas, 1990.

ROLDÁN, ALBERTO, *¿Para qué sirve la teología?*, Desafío, Michigan, 2011.

ROPERO, ALFONZO-HUGHES, P., *Teología bíblica del avivamiento*, CLIE, Barcelona, 2000.

ROVIRA, JOSÉ, *Introducción a la teología*, BAC, Madrid, 2007.

S., RICHARDS, *Filosofía y sociología de la ciencia*, Siglo XXI, México, 1987.

SAMUEL, ALBERT, *Para comprender las religiones en nuestro tiempo*, Verbo Divino, Navarra, 1989.

SANDIDGE, JERRY, *Atrévete a pensar*, ICI, Texas, 1997.

SARAVÍ, FERNANDO, *La divinidad de Jesucristo vindicada*, CLIE Barcelona, 1989.

SARANYANA, JOSEP-IGNASI, *Grandes maestros de la teología*, Sociedad de Educación Atenas, Madrid, 1994.

SEEBERG, REINHOLD, *Manual de la historia de las doctrinas* I, CBP, 1967.

SEIFFERT, HELMUTH, *Introducción a la teoría de la ciencia*, Herder, Barcelona España, 1977.

SHEED, F. J., *Teología y Sensatez*, Herder, Barcelona, 1984.

SINCLAIR, JOHN, *En el prólogo de el otro Cristo español de* Juan Mackay, Cupsa, México, 1989.

SÖHNGEN, GOTTLIEB, *El camino de la teología occidental*, Castilla, Madrid, 1961.

SPURGEON, CHARLES, *Un ministerio ideal, el pastor y su mensaje*, Estandarte de la verdad, Barcelona, 1993.

SPYKMAN, GORDON, *Teología reformacional, the evangelical literature league*, Miami, 1994.

STAM, JUAN, *Haciendo teología en América Latina*, Vol. 2, Litografía Ipeca, San José, Costa Rica, 2005.

STILLMAN, DRAKER, *Galileo*, Alianza Editorial, 1983.

TILLICH, PAUL, *Teología sistemática I*, Sígueme, Salamanca, 1982.

———, *Filosofía de la religión*, Aurora, Buenos Aires, 1973.

TOWNS, ELMER, *The names of Jesus, Over 700 names of Jesus to Help you really, know the lord you love*, Accent, Colorado, 1987.

TRESMONTANT, CLAUDE, *Introducción a la Teología Cristiana*, Herder, Barcelona, 1978.

TREVIJANO, MANUEL, *Fe y ciencia, antropología*, Sígueme, Salamanca, 1996.

VA., *¿Qué es teología?*, Encuentro, Madrid, 1979.

VA., *Diccionario de teología fundamental*, Paulinas, Madrid, 1992.

VA., *El don de la verdad, sobre la vocación eclesial del teólogo*, Palabra, Madrid, España, 1993.

VA., *Explorando nuestra fe cristiana*, Casa Nazarena de Publicaciones, Kansas City, E.U.A., 1988.

VA., *Filosofía de la ciencia*, Editorial Universitaria, Guatemala, 1974.

VA., *Globalizing theology, belief and practice in an era of world christianity*, Baker Academic, Grand Rapids, Michigan, 2007.

VA., *Las grandes religiones del mundo*, Paulinas, Caracas, 1992.

VA., *Las religiones del mundo*, Mundo Hispano, El paso. Tx., 1993.

VA., *Nuevo diccionario de teología*, CBP, El Paso, Texas, 1992.

VA., *Pastores del pueblo de Dios en América Latina*, Aurora, Buenos Aires, 1974.

VA., *Teología de la renovación*, Sígueme, Salamanca, 1972.

VA., *Teología en América Latina en iniciación a la práctica de la teología*, introducción, Cristiandad, Huesca, Madrid, 1984.

VA., *The Greek New Testament*, 3ª. Ed., SBU, New York, 1975.

VALVERDE, MANUEL, *El gobierno, una perspectiva judeocristiana*, Litogres, Guatemala, 2012.

VAN HALSEMA, THEA, *Así fue Calvino*, T.E.L.L. Michigan, 1953.

VILA, SAMUEL, *A las fuentes del cristianismo*, CLIE, Barcelona, 1968.

VILANOVA, EVANGELISTA, *Historia de la teología Cristiana V. III*, Herder, Barcelona, 1992.

VINE, W., *Diccionario expositivo de palabras del Nuevo Testamento*, CLIE, Barcelona, 1989, vol. 4.

W. STOTT, JOHN R. *Creer es también pensar*, Certeza, Buenos Aires, 1972.

WAGNER, PEDRO, *Teología latinoamericana ¿izquierdista o evangélica?* Vida, Miami, 1969.

WALDENFELS, HANS, *Teología fundamental contextual*, Sígueme, Salamanca, 1994.

WALKER, WILLISTON, *Historia de la iglesia cristiana*, CNP, Kansas, 1991.

WARFIELD, BENJAMIN, *El Señor de la gloria*, CLIE, Barcelona, 1992.

WARTOFSKY, MARX, *Introducción a la filosofía de la ciencia*, Alianza Editorial, Madrid España, 1987.

WICKS, JARED, *Introducción al método teológico*, Verbo Divino, Navarra, 1998.

WILEY Y CULBERSTON, *Introducción a la teología cristiana*, CNP, Kansas, 1969.

WILLIAMS, J. RODMAN, *Renewal theology, systematic theology from a charismatic perspective*, Zondervan, Grand Rapids, Michigan, 1996.

WRIGHT, CHISTOPHER, *Conociendo a Jesús a través del Antiguo Testamento, redescubriendo las raíces de nuestra fe*, Andamio, Barcelona, 1996.

Zaldívar, RAÚL, *Teología sistemática, desde una perspectiva latinoamericana*, CLIE, Barcelona, 2006.

ZOLNNER, HANS, *Psicología de la región*, artículo Instituto de Psicología de la Pontificia Universidad Gregoriana, Roma. Traducción: Fátima Godiño.

ZUINGLIO, ULRICO, *Comentario sobre la verdadera y falsa religión*, Marzo, 1525.

Revistas

ALFARO, GERARDO, *¿Alguien le importa la teología?* en Kairós No. 34, enero-junio, Guatemala, 2004.

————, *¿Cómo hacer teología evangélica? Preliminares de un método teológico evangélico, en teología evangélica para el contexto latinoamericano*, Kairós, Buenos Aires, 2004.

HENRY, CARL, GOD, *Revelation, and Authority*, Vol. I, en la *Universalidad de la Teología*, en Kairós No. 8, SETECA, Guatemala, 1991.

KNITTER, PAUL, *Concilium* 203 (Enero 1986).

MÉNDEZ, GUILLERMO, *La universalidad de la teología* en Kairós No. 8, SETECA, Guatemala, 1991.

RODRIGUEZ, PEDRO, KARL BARTH, *artículo en Aula Magna*, Santander, 2009.

ROLDÁN, DAVID, *La teología: ¿una profesión en vías de extinción? Teología y cultura*, año 3, vol. 5, 2006.

SICILIANI, JOSÉ, *Bases para una didáctica de la teología desde el «Paradigma Narrativo»*, Revista Actualidades Pedagógicas No. 52 / Julio - Diciembre 2008.

THEOLÓGICA XAVERIANA - Vol. 57 No. 163 (471-484). Julio - Septiembre 2007, 20, Bogotá, Colombia.

UNIVERSIDAD COMPLUTENSE DE MADRID., Publicación asociada a la Revista Nómadas. Revista Crítica de Ciencias Sociales y Jurídicas | 30 (2011.2).

Sitios web

Comisión teológica internacional, *Status de la teología de las religiones, fuente cristianismo y religiones en el sitio web:* http://es.catholic.net/ecumenismoydialogointerreligioso/790/2674/articulo.php?id=26297

Confesión de Westminster, I, VI. http://www.ensenadareformada.org/uploads/9/5/6/2/9562861/confesic3b3ndefedewestminster.pdf

http://timerime.com/es/evento/1978390/Universidades+como+las+actuales

http://www.unav.es/adi/servlet/Web2?course=80981151

Lutero, Martín, *De servo Arbitrio*, 1525, Edición digital.

————, *Obras*, Erlangen, v. 16 en http:/textohistoriadelaiglesia.blogspot.mx/2007 10 01 archive.html.

————, *Sobre los judíos y sus mentiras*, 1543, versión digital.

PADILLA, RENÉ, *Una eclesiología para la misión Integral, la iglesia local, agente de transformación,* http://www.ftl-al.org/clade5, Costa Rica, 2012.